Dr. Bahar Tezcan
Terapi Odasında İyileşen İlişkiler

PSİKOLOJİ
küsurat

Bahar Tezcan

TERAPİ ODASINDA İYİLEŞEN İLİŞKİLER

PSİKOLOJİ

küsurat

Küsurat Yayınları: 39
ISBN 978-605-80328-9-7
Yayıncı Sertifika No: 35019

Genel Yayın Yönetmeni: Burak Aksak
Yayına Hazırlayan: Büşra Hacısalihoğlu Aksak
Editör: Gizem Demir
Düzelti: Ezgi Aydoğanoğlu
Son Okuma: İnci Aksak
Kapak Tasarım ve Sayfa Düzeni: Rabia Erdohan

Birinci Baskı: Ekim, 2020
On Beşinci Baskı: Mayıs, 2023

KÜSURAT YAYINLARI:
Gümüşsuyu Mahallesi, İnönü Caddesi,
Meriç Apartmanı No: 57 D: 4
34437 Beyoğlu/İstanbul
Tel: 0212 243 30 68
www.kusuratyayinlari.com
E-mail: info@kusuratyayinlari.com

Baskı ve Cilt:
Optimum Basım Yayın San. ve Tic. Ltd. Şti.
Tevfikbey Mahallesi, Dr. Ali Demir Caddesi
No: 51/1 34295 Küçükçekmece/İstanbul
Matbaa Sertifika No: 41707

DR. BAHAR TEZCAN

TERAPİ ODASINDA İYİLEŞEN İLİŞKİLER

BAHAR TEZCAN

Akdeniz Üniversitesi Tıp Fakültesi'nden mezun oldu. Afyon Dinar Devlet Hastanesi Acil Servisi'ne devlet hizmetine atandı. Görevini tamamladıktan sonra çeşitli hastanelerde acil servis hekimliği yaptı. Ardından Şişli Etfal Eğitim ve Araştırma Hastanesi'nde psikiyatri ihtisasına başladı. Bir yıl eğitim aldıktan sonra Bakırköy Prof. Dr. Mazhar Osman Ruh Sağlığı ve Sinir Hastalıkları Eğitim ve Araştırma Hastanesi'ne geçiş yaptı ve o dönem beş yıl süreli olan psikiyatri ihtisasını burada tamamladı. Bağcılar Eğitim ve Araştırma Hastanesi'ne uzman doktor olarak atandı. Mecburi hizmetini burada tamamladıktan sonra özel psikiyatri kliniği deneyimi oldu. Halen kendi muayenehanesinde serbest hekim olarak çalışmaktadır.

Meslek yaşamı boyunca depresyon, anksiyete bozuklukları; panik bozukluk, sosyal fobi, obsesif kompulsif bozukluk, duygudurum bozuklukları; bipolar bozukluklar, aile ve çift ilişki sorunları, yeme bozuklukları, obezite, bağımlılık; alkol ve madde kullanım bozuklukları, narsistik ve borderline kişilik bozuklukları mevcut olan pek çok birey ile çalıştı.

Ayrıca Beykent Üniversitesi Güzel Sanatlar Fakültesi Sinema ve Televizyon bölümünde yüksek lisans yaptı. Tezi için Universal Studios Hollywood'da çektiği kısa film ile yüksek lisans programını tamamladı.

İmkânsız İlişkilerden Mümkün İlişkilere adlı kitabı 2019 yılında Küsurat Yayınları tarafından yayımlandı.

küsurat
yayınları

ÖNSÖZ

İnsan, bağlanabildiği için başlayabildi hayata. Sonra da bağ kurabildiği için devam edebildi. Bir tek ölüm tek başına.

İnsan... Bağlanma ve bunu sürdürme konusunda sorunlar yaşadı, aldattı ve aldatıldı, toplumsal yargıların hükmünde ezildi, sevgiyi yanlış tanıdı; kimi zaman şiddeti sevgi sandı, evlilik yaşamında kimliğini kaybetti, zarar gördüğü halde bir ilişkiden kopamadı, istismarı tüm hayatına taşıyarak benlik değerini, özgüvenini yitirdi ve bazen cinsellikle sevgi bütünlüğünü kuramadı. Tüm bu çıkmazlarda terapi odalarının sırlar dolu dünyasında kara kutularını açmaya ve iyileşmeye karar verdi. Çocukluk yaşantılarındaki dinamiklerin ve üzerine eklenen kültürel faktörlerin yarattığı ruhsal yapılanmasının şimdiki ilişkilerine nasıl katkı sağladığını anlaması, sağlıklı ve anlam dolu bir yaşantıyı tekrar nasıl oluşturabileceğine de kılavuz oldu.

Ben, o terapi odalarından birinde iyileşmeleri sırasında insanlara eşlik eden bir terapistim. Ve önce insan, sonra bir psikiyatrist olduğumun bilinciyle insan olmanın kaçınılmaz acılarını da yanıma alarak, psikiyatri biliminin referansında bu bireylerle birlikte umuda yolculuk edenim.

İlişkiler hakkında yapılan her değerlendirme kadınlar ve erkekler hakkında bir miktar genelleme içerir. Zaman zaman benim de bu yönteme başvurmaktaki amacım konu hakkında kalıplaşmış düşüncelere vurgu yapabilmekti. Ancak bu kalıplar dışında çok fazla görüş ve yaşam stili olduğunu da göz ardı etmediğimi belirtmek isterim. Bazen genelleme yapmak; bizi yaygın sorunların içine taşıyıp nedensellik ve çözümcü yaklaşım konularında yardımcı olabilecek bir yöntem olabilir. Bir yandan da bazı konular kendi içinde öyle büyük değişim ve dönüşüm geçirirler ki istisna dediklerimiz çoğalır ve sisteme hakim olur. İlişkilerin değişken doğasını kavramak, konu hakkında farklı bakış açılarına açık olmamız gerektiğini benimsememizi sağlar.

Kitabımdaki vakalarda bulunan kişiler ve olaylar tamamıyla kurgudur. Hasta haklarına duyduğum saygıyı, etik değerleri ve yasal zorunlulukları gözetmemden ötürü seanslarını üstlendiğim bireyler hakkında yazmamayı tercih ettim. Kitap yazmanın sadece mesleki bilgi ve deneyimleri aktarmak değil, aynı zamanda yazarın yaratıcılığını ortaya koymasının değerli bir yolu olduğuna inandığım için de kendi yaratıcılık kapasiteme güvenerek ilerlemek istedim. Bir yandan kişisel görüşlerimi sunarken bir yandan da psikiyatri kuramlarına ve on yedi yıllık psikiyatri geçmişime sırtımı dayadım.

Yol arkadaşlarım Küsurat Yayınları ekibine ve tüm okurlarıma ikinci kitabımda da yanımda oldukları için teşekkür ederim.

Sevgisizliğin, savaşların, acıların kol gezdiği bir dünyada
sevgiden, iyi niyetten, onurdan ve merhametten yana
olmayı başarmış iki kadına;
Meliha Ceviz'e ve Pınar Tezcan'a...

İÇİNDEKİLER

BAĞLANMA FIRTINASI

Yağmurlu, bol telaşlı, çok savaşlı sıradan bir İstanbul günü başlamıştı yine hepimiz için. Hareketin bol olduğu yerlerde sürprizler de olasılıklar da hiç tükenmezdi. Bu şehri seçenlerin hikâyeleri beni bu yüzden hep cezbederdi. Kim, kime, ne sebeplerle yolculuk ederdi? Kimde durur, kimde ilerlerdi?

Yaşamak için seçtiğimiz şehir diğer tüm tercihlerimiz gibi bir anlam içerirdi ve bu, tesadüf değildi. Gün yirmi dört saatten fazla sürerdi böyle şehirlerde. Zaman algınızla oynanırdı, hiçbir şeye yetemezdiniz. Yerleşememenin başkentiydi İstanbul. Belki de yerleşmemek için buradaydınız... Gidebilecek kadar bağlanırdınız. Burada yaşayanların hayali "bir gün gitmek" olurdu ama kimse bir yere gitmezdi. Bedeni burada kalbi uzaklarda yaşardı herkesin. Yavaşlayamazsınız gibi gelirdi, yerinizde duramazdınız. Durursanız yutulmaktan korkardınız. Hep koşmak zorunda kalırdınız. Böyle durumlarda en iyi seçenek kendinize yabancılaşmak olabilirdi. İçinize yerleştirdiğiniz bir sistem sizi otomatik olarak yönetirdi. Oysa sizin de derinlere gizlediğiniz isteğiniz, kök salmak ve bağ kurmaktı. İhtimali bile güzeldi bunun; bağ kuramayanların ama bağ arayanların şehrinde…

Hızlı adımlarla ofisime gidiyordum. "Sessiz bir kasabada olsaydık yüksek ökçelerimin sesini duyabilirdim," diye düşündüm. Yine de dinledim ama duyabildiklerim sadece insanların uğultuları ve kornaların öfkeli, detone sesleriydi.

Ofisime girdiğimde otuzlu yaşlarında, takım elbiseli, sabırsızlığı ve gerginliği yüzünden okunan bir adamla karşılaştım. Randevumuza yarım saat erken gelmişti. Keskin ve kusursuz yüz hatlarıyla bana bir bakış fırlatıp, "Geç kalsaydınız durmayacaktım, gidecektim," dedi.

"Ama kalmadım ve buradayım, hoş geldiniz," dedim.

"Yetişmek zorunda olduğum toplantılarım var, zamanında başlayıp bitirirsek sevinirim," dedi. "Bitirme" kelimesine yaptığı vurgu dikkatimi çekmişti. Sürece değil de sonuca odaklanma, hedefe ilerleme, bu bitsin de hadi gidelim bir sonraki deneyime…

"Belki elli dakikayı sadece kendinize ayırabilmek size de iyi gelebilir," dedim. Aslında hissetmiştim: Yavaşlamaya, kendine kendi içini anlatmaya ihtiyacı vardı.

Bakırköy Prof. Dr. Mazhar Osman Ruh Sağlığı ve Sinir Hastalıkları Eğitim ve Araştırma Hastanesindeki eğitim dönemimde hocalarımız bize, "Kapıdan girdiği anda o kişi hakkında fikir sahibi olacaksınız, bu hastane size bunu verecek, çok yoğun çalışmaktan bu yüzden şikâyet etmeyin," derdi. Bu klinik sezgiyi bize sundukları için o hastaneye ve eğitmenlerime daima minnettar kalacağım.

İlk görüşmede kişinin duruşu, seçtiği sözcükler, kendini ifade etme şekli, duygularının rengi gibi pek çok bulgu ilgiyle takip edilirse kıymetli bir psikiyatrik muayene başlardı. Örneğin Bora gibi azarlayıcı çıkış yapan birine antipati beslemek yerine ardında gizlenen küçük, kırılgan çocuğu sezmek ve onun savunmalarına savunmayla karşılık vermektense çözülmesini beklemek mümkün oluyordu. Bu, bizi değerli bir yolculuğa sürükleyecekti.

Cevabı kolay sorularla başladım.

Kendimizi belirli ve net cevaplarla tanımlamak en konforlu olandı. Biraz güvende hissetmek Bora gibi kontrolcülüğü her halinden belli olan birine iyi gelecekti.

"Otuz sekiz yaşımdayım. Bir şirkette üst düzey yöneticiyim. Ankara'da doğup büyüdüm. Ailem de oralı. Kardeşim yok. Kültürlü ama geleneksel bir aileden geldiğim söylenebilir. Maddi durumumuz hep iyi oldu. Özel bir üniversiteyi burslu kazandım. Ekonomi bölümünü bitirdim. Yüksek lisans ve doktora yaptım. Üç dil biliyorum. Gelecek kaygım yok," diyerek anlatmaya başladı Bora.

"Peki sizi buraya getiren sorun ne?" diye sordum.

Bedeni savunmaya geçti, oturuşunu dikleştirdi. Bir yandan gözlerinin bulutlandığını hissederken bir yandan da gerildiğini fark ettim. Ama köşeye sıkışmış hissetmesine sebep olan şey benim sorum değildi.

Sanırım teslim olmanın en hızlı ve pratik yol olacağını düşündü çünkü acelesi vardı. Derdi kendine yetişmek, kendini tanımak ve yakalamak değildi; kaldığı yerden, ezbere devam etmekti ama ezberlerini bozmamız gerekiyordu. En azından şimdilik sadece ben böyle algılıyordum. O da benim yanıma gelene kadar hızımı ona göre ayarlamaya karar verdim. Nitekim herkes kendi hızında anlar ve değişirdi.

"Bir ay önce sevgilimden ayrıldım. Üstelik hiçbir sorunumuz yoktu. Ama ben bunu hep yapıyorum. İlişkinin başında devam etmeye niyetli olduğumu düşünüyorum. Sonra huzursuz hissetmeye başlıyorum. Bazen sebepsizce, açıklama yapmadan ortadan kayboluyorum bazen de hayatımdaki kadınları aldatıp beni bırakmaları için bunu onlara açıkça söylüyorum. Zaten her zaman hazırda bir listem olur. Yalnız da kalmam. Bazen sadece ismine bazen de saç rengine göre..."

Açıkçası şaşırmıştım. Çok sık rastlamadığımız bir başvuru şekliydi. Büyük ve cesur denebilecek bir itiraf... İronik bir cesaret... İlişki yaşamaya cesareti olmaması ama bunu tüm açıklığıyla itiraf edebilmesi...

İlişkilerini bu şekilde yaşayanlar bunu nadiren kendilerinden kaynaklanan bir sorun gibi algılar ve genelde de, "Benim sorunum ne?" diyerek bir terapiste başvurmazlardı. Oysa Bora kendine hak verdiği savunma cümlelerini hiç eklemeden, günah çıkarır gibi sarf etmişti tüm bu sözcükleri. Durdu ve onu yargılayıp yargılamayacağımı merak ederek bir tepki vermemi bekledi.

Herhangi bir yorum yapmak yerine, "Devam edin lütfen," demeyi tercih ettim.

"İçinizden, 'Ne berbat bir adam bu,' diye geçirdiğinize eminim," dedi ve hızlıca teslim olmaya devam etti: "En uzun ilişkimi son sevgilim olan Ece'yle yaşadım. İlişkimiz on bir ay sürdü ama bir gün daha fazla devam edemeyeceğimi hissettim. Bu kadarını da kendimden ummazdım. Öyle mükemmel bir kadınla da kalamadıysam bir yerlerde, bir şeylerde yanlışlık olduğunu düşündüm."

İşte bu cümlesiyle sorumluluğu üstlenme konusunda çelişkileri olduğunu gösteren veriler gelmeye başlıyordu. Böyle açıklamalar yapan kişilerdeki en belirgin özellik sorumluluk almakla ilgili yetersizlikler yaşamaktır. Bunun farkına varmaları zordur. Hatta sorumluluğu çoğu zaman karşı tarafa yükler ve kapının açık olduğunu, ne zaman isterse gidebileceğini ima ederler. Çünkü bu onları vicdani yönden rahatlatır. Oysa değişim, "Bir yerlerde yanlışlık var," demek yerine, "Bir yerlerde yanlış bir şeyler yapıyor olabilirim," demekle başlayabilirdi ancak. Tabii ki henüz böyle hükümler için çok erkendi. Sustum.

"'Mükemmel bir kadın,' derken tam olarak hangi özelliklerini kastediyorsunuz?" diye sordum.

"Ece çok güzel, her erkeğin sahip olmak isteyeceği türden bir kadındı," dedi.

"Tür mü?" dedim.

Ama içimden. Bora'yı kurduğu cümlelerle yüzleştirmek onun asıl sorununu anlamadan önce savunmaya geçmesine sebep olabilirdi. Ayrıca bu üstten bakışları narsistik bir yapıdan ziyade bir grup insanı hayatından uzak tutmak istemesinin yansımaları gibi gelmişti bana. Cümlelerinin içeriğinden çok onun bu cümleleri söylerkenki ses tonu ve yüzündeki ifade bana böyle hissettirmişti.

"Ece çok zeki bir kadındı. Üniversiteyi yurtdışında okumuştu. Çok iyi bir aileden geliyordu. Bana çok özen gösterirdi. Ne istediğimi ne düşündüğümü ona anlatmama gerek kalmazdı. O anlardı. Neredeyse sırf bana çalışırdı. Herkes böyle bir kadına sahip olduğum için bana gıpta ederdi. Yanınızda taşımaktan gurur duyacağınız kadınlardandı."

"Neredeyse sırf bana çalışırdı" da ne demekti? "Yanında taşımak" mı? Pahalı bir çantayı taşımak gibi bir şeyden mi bahsediyordu? Ama yine sessiz kalarak içime doğru konuştum. Gözlerimdeki bakışsa düşündüklerimi elevermişti sanırım ya da Bora sezgisi güçlü bir adamdı.

"Narsistler gibi cümleler kurduğuma bakmayın lütfen. Ben narsist değilim. Empati kurabilme yeteneğim bence gerçekten çok iyi," dedi.

Belli ki kitap okuyan biriydi. Narsistlerde empati eksikliği olduğunu biliyordu. Benim de zaten ilk sezgilerim Bora'nın her ne kadar narsistik özellikler taşısa da bunun ılımlı ve makul düzeyde olduğu, onu gerçek anlamda bir narsist kategorisine koyamayacağımız yönündeydi. Sorun bu değildi.

Bora biraz bıkkın bir ses tonuyla devam etti.

"Ama ben onunla da kalamadım. Bu niteliklerde biriyle de yapamadıysam ben kiminle kalacağım?"

Nihayet omuzları düştü. Düzenli spor yaptığını belli eden geniş omuzlarını bu egzersizler de güçlü tutmaya yetmemişti işte. Olsun. Çaresiz ve karışık hissedebilmek, kurtuluşun başlangıç noktası olabilirdi.

"Ayrılmaktan da bir adresimin olmamasından da başka bedenlerde ve kişilerde gezmekten de sıkıldım. İşte benim sorunum bu: Sıkılmak."

Sorunu sıkılmak değildi, bağlanamamaktı.

Seansın devamında hayatına giren pek çok kadınla yaşadığı deneyimleri anlattı. "Bu kez olacak, bu nitelikte bir kadın bulmak kolay değil," diyordu ama sonra mutlaka gözü, gönlü, bedeni başka bir kadına kayıyordu. Üstelik bunu birlikte olduğu kadına da kendisi bildiriyordu. Yakalanmıyordu. Tam da sevildiğini düşündüğü bir zamanda açıkça söylüyordu. Kadının ona bağlandığından emin olduğu anlarda bunu yapıp ilişkiyi açıkça sabote ediyordu. Çünkü biriyle sürekli kalmak Bora'ya; demir atmak, durmak hatta yok olmak gibi geliyordu. Birine bağlanmaya yeltendiğinde diğer tüm yaşam olasılıklarından vazgeçmesi gerektiğini düşünüp kaçmanın yollarını arıyordu. Aynı kişiyle zenginleşmek ve bir ilişkiyi geliştirmek hakkında hiçbir fikri yoktu.

Seansı bitirirken yetişkin kostümü içinde çocuk kalmış bu adama yardım etmek istediğime karar vermiştim. Onu kendisiyle buluşturmak, başka biriyle bir bütün olmadan önce kendisi hakkında daha iyi bir fikre sahip olmasını sağlamak gerekiyordu. Belli ki henüz kendisiyle tanışmamıştı. Ancak kendi elini tuttuğunda bir başka ele uzanabileceğini anlayacağı zamana kadar ona eşlik etmek istedim. Başka başka ve çok farklı kadınlarda bulduğu şeyler kendi sureti bile değildi. Sadece bildiğine dair ezberleriydi. Kişilere ve hayata dair beklentileriydi. Kendi aslını bulana kadar da izini sürmeye devam edecekti.

Pek çok başlangıç seansında olduğu gibi, "Seanslarda 'sen' dilini kullandığım zaman daha rahat ve verimli hissediyorum. İzin verirseniz size, 'Sen,' diye hitap edebilir miyim?" diye sordum.

Kravatını gevşetti. "Çok daha rahat hissederim, iyi olur," dedi. Kendini koltuğa bıraktı.

"Teşekkür ederim. Lütfen sen de nasıl rahat hissedeceksen

bana öyle hitap et," dedim.

"Benim güvenmem biraz zaman alır. Şimdilik 'siz' olarak kalın," dedi.

Senli-sizli görüşmemizle yolculuğumuz kendi ritminde, tüm hızıyla başlamıştı.

Ofisimden ayrılırken, "Bugüne kadar kısa bir zaman diliminde birkaç terapist değiştirdim. Sizinle devam edebileceğimizi hissediyorum ama yine de bunun hakkında düşünmek istiyorum. Tekrar randevu almak istersem sekreterinizi ararım," dedi.

Geri geleceğini biliyordum. Bu sadece sezgiydi belki de. Sezgilere güvenmeyi başka birine daha öğretme sırası bendeydi çünkü Bora'ya güvenmiştim, kalacağına da. Ben ona inanırsam o da kendine inanırdı.

Nitekim üç hafta aradan sonra seans listemizde adını görmek beni şaşırtmadı.

Meslek hayatım boyunca bağlanma sorunu olan birçok kişiyle çalışmıştım. Bağlanmak çocukluğumuzda öğrendiğimiz bir yetidir aslında. Çok içgüdüsel gibi gelse de "öğrenilen" bir şeydir. Bağlanma yolumuzun köşe taşları ve özellikleri ilk bağlantı nesnelerimiz olan ebeveynlerimizdedir ama özellikle anne figürümüzle kurduğumuz ilişkinin içinde saklıdır. Evet, ihtiyaçtır. Bu ihtiyacın sesini duymamız için kendi içimizi iyi görmemiz, duymamız ve anlamamız gerekir. Sonrası ise karar vermekle ilgilidir. Zihinde uçuşan düşünceler kişiyi başka adreslere yönlendirse de "aynı kişide durmak" bireyin kararıdır bir yandan da. Bunun bazen çok ağır olduğu ve sorumluluk istediği doğrudur. Aynı hikâyede iki yetişkin olmasını gerektirir çünkü ilişkiler oyun değildir. Çünkü sorumluluğu alınmayan ilişkiler can yakabilir. Sorumluluk almak bu anlaşmada masaya ne bıraktığınız, neyi vaat ettiğiniz ve bunların arkasında ne kadar durduğunuzla ilgilidir. Eliniz hatta tüm gövdeniz taşın altına girer. Girmelidir de. Çünkü ardınızda öylece bıraktığınızı sandığınız her ruh ve kişilik, istemeseniz de zihninizin içine saklanarak sizi takip eder. Buna, "Vicdan," deriz. Dozunda olmak kaydıyla vicdan taşımak iyi bir şeydir. Bu sizi büyütür ve büyümek güzeldir. Güvende hissettirir.

İkinci seansımıza başladığımızda Bora yine aynı aceleci ve suni özgüvenli tavrını sergilemeye hazırdı. Gerçek özgüven, bağlanmayı öğrenmiş olanlarda var olabilirdi ancak. Güven ve bağ, bir insanın adı ve soyadı gibi birbirine yakın iki tanımlayıcı kelimedir. Yaşamımızda bağlar yoksa sahte özgüvenle bir kimlik yaratmak zorunda kalırız. Köksüz ve bağsız hissetmek yoklukla ilgilidir.

"Size özellikle cinsel hayatım hakkında bilgi vermek istiyorum," dedi ve içtenlikle cinsel davranışlarını anlatmaya başladı. Savunmalarını kuşanarak gelmiş gibiydi. Belli ki cinsellik iddialı olduğu ve kendisiyle gurur duyduğu bir alandı. İlk seansımızdaki, hayatında yolunda gitmeyen bir şeyler olduğunu düşünen adamın yerine hep o tanıdık iktidarını sergilemeye ve bunu bana da onaylatmaya çalışan biri gelmişti. Kadınlarla cinsel düzeyde ne kadar da uyumlu olduğunu anlatmaya girişti. Bu onun, ilişkilerinde kendini güvende hissetmesi için en güçlü yoldu. Bugün kendini açmaya daha hevesli görünüyordu. Kadınlar hakkında içtenlikle konuşabilmesinin yolunun bir ilişkiyi erotikleştirmesi olduğunu anladığımda onun yolundan gitmeye karar verdim. Duygusal bağlarına ulaşması cinsel bağlarının köprüsüyle mümkün olabilirdi. Bu konuyu derinlemesine irdeleyecektim. Cinselliğin "sadece cinsellik" olmadığını, aynı zamanda duygusal dünyadan ayrılamayacak bir parça olduğunu onun da keşfetmesini istiyordum. Bu kadar çok kadınla cinsellik yaşamasındaki esas motivasyonunun, sadece cinsel arzularını doyurmak olmadığını düşünüyordum. Aslında mesele bir başka hayatla kendi bildiği en konforlu ve güvenli yoldan iletişim kurmaktı. Bora gibi bir erkek için cinsellik belki de bağ kurmanın en havalı ve kestirme yoluydu...

"Bir kadını cinsel olarak tatmin edebilmek ve onun zevk aldığını görmek benim için çok önemli. Ben sadece kendini düşünen erkeklerden olmadım hiç," dedi.

Kadının arzusunun ona neler hissettirdiğini sordum. Yaşadıklarının cinsellik dışında duygusal dünyada bir yerlerde yansıması olabileceğini düşündüm. Yanıt tahmin ettiğimden daha hızlı ve samimi bir biçimde geldi.

"Açıkçası ben de bu konuda zaman zaman düşünürüm. Cinsel arzu ve doyum verebildiğim bir kadınla olunca kendimi değerli hissediyorum galiba. Kendimi hor görmeyi bırakıp takdir edebiliyorum. Boşluk, yetersizlik hissi geçici olarak kayboluyor. Kadınların ilgisini satın almaya yarıyor. Bir şeyleri başarmış gibi hissediyorum ve alkış seslerini duymak bazen kendi cinsel tatminimin bile önüne geçiyor," dedi.

Bu kadar hızlı gelişen bir içebakış yeteneğinden çok etkilenmiştim doğrusu. Bu anlamda kendini çok doğru analiz edebilmişti.

Cinsel ilişki, cinsel arzunun doyurulması dışında tam da böyle açıklanacak pek çok işleve sahipti. Kişinin başkaları tarafından eksik bulunma, kabul görmeme, sevilmeme korkularına geçici süreyle ilaç olurdu. Oysa kişinin bir başkasının varlığında kendisiyle gerçek bir özgüveni tesis etmesinin sadece iyi bir cinsel ilişkiyle sağlanması mümkün olmazdı. Bu, araçlardan ancak bir tanesi olabilirdi. Ayrıca bu kadar çok anlam ve görev yüklenmiş bir cinsel faaliyete de daima bir performans kaygısı ile kendini gözetleme eklenirdi. "Nasıldım bu kez?", "Daha iyi olabilir miydim?", "Başkaları bu durumda olsa nasıl bir cinsel yanıt verirdi acaba?", "Yeterince uzun sürdürebildim mi?", "Ya bir dahaki sefere yeterince tahrik olmazsam?" Sorular ve sorular... Bu kaygı ve korkulara sahip olan hiç kimse içten ve sahici bir cinsel hayat yaşayamazdı. Üstelik sekse de tam anlamıyla teslim olamazdı. Bunların cevaplarını bulup kendini sakinleştirdiğinde ise o rahatlık seviyesinden rahatsız olurdu.

Çünkü insanın kendini rahat hissettiği bir ilişkide bağlanma "riski" vardır. Dolayısıyla bir "bağlanamayan" aslında cinsel hayatında henüz kendi cinsel sınırlarını, cinselliğinin tüm özelliklerini, tutkularını, fantezilerini yeterince keşfedemeyendir. Duygu, sevgi, cinsellik ve değer izleri birbirine karışmıştır.

Ayrıca sorun şuydu: Kişi, onaylanmaya yoğun açlık duyduğu için düzenli bir partnerin alkışlarıyla yetinemiyordu. Daha çok onaylanmak, daha değerli hissetmek demekti. Çok fazla kişiden beğeni toplamak; aynı kişiyle yaşayarak geliştirilecek bir cinsel, duygusal dünyanın ve kişinin değer duygusunun yerine geçebiliyordu. Onay ile değer de eksik kalan sevme ve sevilme ihtiyacının tesisi için yapıtaşlarıydı.

Bu durumda sürekli bir devridaim halinde gelenler ve gidenler olmak zorundaydı. Mesele kadının ne kadar eğitimli, akıllı, sevgi dolu, bağlanmaya hazır olduğuyla da ilgili değildi. Çünkü bu kadınlar bağlanma sorunu olan erkeklerin listesinde bir süre sonra sadece isimden ibaret oluyordu. Başka kadına gitmesini sağlayan sadece yeni kişilerden gelen yeni onaylar da değildi üstelik, fethettiği kadınlar bir şekilde gözünden düşüyordu. Gidebilmek için farkında bile olmadan değersizleştirmenin bir yolunu buluyordu. Belki de özünde sevildiğine ikna olmayan ve sevilmeye layık olduğuna yeterince inanmayanlardandı... Dolayısıyla "Beni sevdiğine göre kendisi de değersizdir" şeklinde bir özsaygı, özgüven sorunu vardı.

Bora'nın hayatına giren kişilerle ilişkilerini incelemeye başladık. Onun için bazen sadece isimlerden ibaret olan kadınlar kendi içlerinde koskoca bir anlam dünyası ve sevme umudu barındıran kanlı canlı insanlardı. İlişkiye yeltenmiş ve hayal kırıklığına uğramış ya da bu adamın dünyasındaki karanlığı en başından görememiş veya görmek istemeyip ona bağlanmış kocaman hayatlardı.

Bora'nın "insan öğütme makinesi" gibi bir tavır takındığı anları hissediyordum ara ara. İçimde ona dair öfke duygusu arıyor ama bulamıyordum. Hatta tuhaf bir şekilde şefkat besliyordum ona. Belki de bu adamın içindeki aç çocuğu anlıyordum... Hatta belki de cesaretini, cüretini seviyordum... Kadınları nesneleştirmesi değildi elbette cesareti. "Sevememe sorunum var galiba, hislerim mi alınmış?" ya da, "Sevmeye cesaret mi edemiyorum bilmiyorum. Oysa öyle çok isterdim ki güven ve huzur hissederek birini sevebilmeyi," demesindeki açıkkalpliliğiydi onu cesur kılan.

Belki yoluna çıkan kadınlardan biri olsaydım öfkeyle ve aşağılayarak hatırlardım Bora'yı ama terapisti olarak cinsiyetsizdim. Bu ikimiz için de yargısız bir ortak alan oluveriyordu. Onun kendini açmasına ve benim yansıttıklarımla kendi aslını görmesine yarayan bir alan...

Bora, sevgili olarak seçeceği kadınların vasıflarına dair daha fazla kriter belirlerse o ilişkinin mümkün olabileceğini düşünmüştü. Elbette bu bir yanılsamaydı çünkü onca zaman birlikte olduğu kadınlar tüm vasıflarına rağmen Bora'yı bağlanmaya ikna edememişlerdi. Dolayısıyla ilişki kurmak için kadınlarda kendini cezbedecek yeni özellikler belirlemek istiyordu.

Oysa birinde kalmak bir niyet meselesiydi. Yürümeye yüz tutmamış ilişkiden, ihtiyaçları karşılamayan bir kişiden gitmek her ne kadar doğru seçenek gibi dursa da kimsede bağlanma ve yerleşme kucağı bulamamış olmak ancak kişinin kendisiyle ilgili olabilirdi. İnsanları kaybetmek ve karanlığa hayranlık beslemek sadece filmlerde ilgi uyandırıyor, gerçek yaşamla bağdaşmıyordu. Bir kişiye değil de gitmeye tutku hissetmek bireyin en doğal ihtiyacı olan bağlanmaya ters düşüyordu.

Gitme sebeplerini başkasında aramak kolay yoldu çünkü tüm insanlar hatalarla, eksiklerle donatılmıştı. Marifet birlikte büyüyebilmekte, gelişebilmekteydi. Tüketmek ve bir kâğıt tabak gibi kenara atabilmekte değil; fırça darbeleriyle her gün yeni bir renk katabilmekte, bir başkasının dünyasına ilgi ve merak duyabilmekteydi.

"Bu da değil," diyerek vazgeçmek öyle kolay ki... Birlikte var olabilmek büyük yetenek oysa. Üstelik öğrenilebilir ve sonradan geliştirilebilir olan bir marifet.

Ayrıca ilişkilerde önemli olan sadece nitelik de değildir. Nicelik dediğimiz onlarca yılı birlikte tamamlayabilmek küçümsenemeyecek bir insan becerisidir. Bir ilişkiye yıllarca emek harcayabilmek, kişinin yalnızca karşısındakine değil, kendine de verdiği bir değerdir. Bir insana yaşamında refakat etmek ayrıca bir erdemdir.

Bir hikâyeye yeni sözcükler ekleyerek onu devam ettirmek elbette zordur. Önceden ezberlenmiş sözcükleri kullanarak yeni hikâyeler yazmaksa kolay yoldur. Yaratıcılık gerektirmez. Ezberden kullanmak, bir yandan konforlu alanda kalmaya olan düşkünlüktür bir yandan da risk almaktan kaçınmaktır. Risk almayan ise büyüyemez, öğrenemez, güvenemez. En önemlisi kök salamaz.

Seanslar ve derinlemesine içebakışlarımız ilerledikçe Bora, bağlanamama sebeplerini kadınların niteliklerinde değil de kendi iç dinamiklerinde aramamız gerektiğine ikna oluyordu. Üzerine konuşulması zor konulardan olan anne-baba-çocuk ilişkisini irdelemeye ve bu mevzunun, bugünkü ilişkileriyle bağlantılarını kurmaya artık biraz daha hevesliydi.

Sonraki seanslardan birinde, tüm olan biteni yaşayanın gözünden dinlemek için Ece'yi seansa davet etmeyi teklif ettim. Bora biraz tereddütle de olsa kabul etti. Seanslarımıza katkı sağlayacağını biliyordum, Ece bizi farklı yaralı bölgelerle tanıştırabilirdi.

Bora'nın kararsızlığının aksine Ece seansımıza katılmayı büyük bir istekle kabul etti ve bir hafta sonra geldi. Bora terk ettiği sevgilisinin sitemleriyle karşılaşmayı beklerken ben de ayrılık acısı yaşayan öfkeli bir kadınla görüşeceğimi düşünüyordum.

"Ayrıldığımızda çok şaşırmadım aslında. Sanki bekliyordum bunu. Ne kadar uyumlu ve birbirine yakıştırılan bir çift gibi görünsek de aramızda tuhaf bir uzaklık olduğunu hep hissediyordum," diye giriş yaptı Ece. "Çok belirgin bir sorunumuz yok gibiydi. Buna rağmen Bora zaman zaman içine kapanan, uzak davranan biriydi. Ama sonra tekrar yakınlaşırdı. Bu yüzden onun her tavrını kişisel algılamamayı öğrenmiştim. Hatta bu rahat tutumumun bile Bora'yı bazen tedirgin ettiğini hissediyordum. Kaos yaratamamak mı ona iyi gelmiyordu, bilmiyorum. Uzun süre sakin ve uyumlu geçirdiğimiz zamanların ardından çok ufak bir sorunu bile gözünde büyütüp tartışmamızı istiyordu âdeta."

Ece meseleyi gerçekten de doğru anlamıştı.

Bağlanma sorunu yaşayan kişiler bir ilişkide her şey yolunda gidiyorsa rahatsızlık hissederler. Farkında bile olmadan zihinlerinin arka planı işlemeye başlar. "Eyvah! Hiç bitmeyecek mi bu ilişki? Ömrümüzün sonuna kadar birlikte mi olacağız yani? Bir gün gitmek istersem bunu hangi gerekçelere dayandırabilirim? Bu kadar iyi anlaşıyorsak gitmeye kalkışmakla ben mi suçlu olurum?"

Ece anlatmaya devam etti.

"Sonra yine iyi dönemlerimiz başlıyordu. O zaman gerçekten birbirimizi sevdiğimizi hissediyordum. Yine de böyle dalgalanmaların içinde olmak bazen acı veriyordu. İlişkimizin ödüller ve bedeller dengesine baktığımda kazançlarımın daha fazla olduğunu görüp kalmayı tercih ediyordum. Ta ki bir gün Bora bu klasik döngüsüne yenilene dek... Bir gün geldi ve ilişkimize ara vermek istediğini, işinde yükseldiğini ve bunun, onda yeterince stres oluşturduğunu, başka şeylere enerjisinin kalmadığını söyledi. Ama beni kaybetmek de istemiyormuş. Güya beni insan olarak çok seviyormuş. Arkadaş olarak devam edebilir miymişiz? Kendimizi denermişiz ve ilerleyen süreçte istersek yeniden bir araya gelebilirmişiz vesaire. Bu teklifini tabii ki kabul etmedim ve ayrıldık."

Bora, Ece'yi ilk kez dinliyormuş gibi ilgili ve meraklıydı. Dinlerken hiç rahatsızlık duymuyor ve kendini ondan tekrar öğrenmeye gayret ediyordu. Bazen başıyla doğruluyor bazen kadının yüzüne bakarken dalgınlaşıyordu ama hiç itiraz etmiyordu. Gayet empati kurabilen ve sevecen bir hali vardı. Bu adamın kendini anlama çabası gerçekten sağlıklı bir yaşama geçeceğine dair umut vaat ediyordu. Bir bıraksa kendini, bir barışsa sevmeyle ve sevmenin gerektirdikleriyle, güzel seven kişilerden olabilirdi.

"Bora'nın sandığı gibi başka kadınlarla da değildi rekabetim," diye devam etti sözlerine Ece. "Aslında tek bir kadınla rekabet ediyordum, belki de en zoruyla. Hiç kazanamayacağım bir savaşa girdiğimi seziyordum ama değiştirebileceğime inanan hislerimle devam ediyordum. Annesi daima bizim aramızda yaşadı. Hiçbir zaman iki kişi olmadık. Benim öteki kadınım Bora'nın annesiydi. Onun mağlup edemeyeceğim bir rakip olduğunu sonradan anladım. Kendimi Bora'ya değil de annesine kabul ettirmeye çalıştığımda fark etmiştim bunu. Önceleri önemsemedim. Annesine düşkün olan bir erkeğin kadınlara da değer vereceğini düşünmüştüm. Sonra ikimizin de annesini memnun etmeye çalıştığını anladım. Böyle davranarak Bora'nın gözüne girebileceğimi sanmıştım galiba."

Bora irkilmişti. Annesi onun gözünde çok fedakâr, cefakâr, yaralı ama sevgi, şefkat dolu bir kadındı. Dokunulmazdı. Çok kapsayıcı ve kollayıcı, idealize bir figürdü. Asla oğlunun sevgilisiyle arasına girmek istemezdi. Hatta Bora annesini, "Yuva kurmamı, çocuk sahibi olmamı çok istiyor," diye anlatıyordu. İlk seanslarda annesi ve babası hakkında çok detaylı konuşmak istemedi. Ben de zamanının gelmesini beklemekte karar kılarak konuların ağırlığını başka kadınlara vermiş, anne meselesini rafa kaldırmıştım. İşte şimdi raftan indirmenin tam zamanıydı.

Bora çocukluk ve ergenlik yıllarının önemli bir bölümünde kendini annesinin duygularını gözetlemeye adamıştı çünkü onun mutsuz olduğunu hissediyor, bundan dolayı sorumluluk duyuyordu. Onun için üzüldüğünü hatta ona acıdığını hatırlıyordu. Bu nedenle annesinin nefes aldırmayan ilgisini, kararlarını kendisine bırakmayan mesafesizliğine uyumlu olmayı ve onu memnun etmeyi tercih etmişti.

Kendini, babasının yetersizliğini telafi edecek kişi olarak görmüştü. Annesinin fazla fedakâr; yemeğini, derslerini, gezmesini, kurs saatlerini, arkadaşlarıyla ilişkilerini tamamıyla takip eden; oğlunun başına ne geldiğiyle ilgili aşırı endişelenen, o olmadan yaşayamayacağını söyleyen tavırları kontrolcü yönüyle ilgiliydi aslında. Fazla ilgi ve fedakârlık göstermek, birini kontrol etmenin en garanti yoludur sonuçta. Doğru sevebilmek, mesafeye göz yumabilmek ve endişelerle baş edebilmektir. Fazla koruyucu olmak kişinin kendi kaygılı yapısıyla ilgilidir, çok sevmekle karıştırılmamalıdır.

Annesinin Bora'yı sevdiğinden ben de emindim. Elbette oğlunun bir kadınla mutlu bir beraberlik kurmasını arzuluyordu ancak bunun için gerekli olan özerklik belgesini ona teslim etmemişti. Belki bu durumun farkında bile değildi ama o da oğlunun hayatına giren kadınlarla daimi bir rekabet halindeydi. Çünkü kendine ait sağlıklı bir partneri olmamıştı. Evliliğinde çok yalnız bırakılmış ve değersiz hissettirilmişti.

Kendi ilişkilerinde kaybolmuş kadınlar; çocuklarıyla, özellikle de oğullarıyla kurdukları ilişkide sınır problemleri yaşayabiliyorlardı. Oğullarının başka bireyler olduğu, başka yaşamlarda var olmaları gerektiği gerçeğini en derinlerinde kabullenemeyen yalnızlaştırılmış kadınlar olarak oğullarını başka kadınlara teslim edemiyorlardı.

"Söz dönüp dolaşıyor ve neden yine anne suçlanıyor?" veya, "Erişkin bir erkek neden kendi sorumluluğunu almıyor da annesiyle olan dinamiklerindeki sorunları bir başkasına aktarıyor?" diyebilirsiniz. Geçmiş yaşantımızdan bağımsız bireyler olabilseydik keşke ama öyle olmuyor. Anneler çocuklarının kendilerinden gitmesine izin verebildiği ölçüde sağlıklı, özerk, kendi karakterine güvenen bireyler yetiştirebiliyordu. Annesiyle ayrışabilmiş bir erkek ancak o zaman gönül rahatlığıyla başka bir kadının sularında dingince yüzebiliyordu. Yoksa her kadınla yaşadığı ilişkide o ilk kadına, anneye ihanet ettiği duygusuyla sarsılıyordu.

Kim olduğumuzun tarihçesi, ilişkide nasıl bir rol üstleneceğimizi de belirler. İnsan, soyuna nasıl da fütursuzca bağlıdır... Toz konduramadığı aile değerleri, toprağa gömülen ilişkilerinin başlangıç noktası ve sebebidir; bunu fark etmek ise acıtır. Kusur bulduğumuzu zannederiz, nankörlük ettiğimizi düşünürüz, suçluluk hissederiz, hakkında konuşmak istemeyiz ama yürütemediğimiz ilişkiler ailemiz hakkında konuşur ve bize çokça şey söyler; biz de hazırsak dinleriz onları. Yok etmeden dönüştürmeyi becerebilirsek öğreniriz. Kahramanlarımız bazen yenilir gözümüzde. Olsun. Belki hepimizin insan olduğunu, insanca hatalar yapabileceğini anladığımız yerde kurtuluş başlar...

Bora'nın babası da nihayet seanslarımızda sahneye çıkmıştı. Nihayet diyorum çünkü aile geçmişlerinde hiç sahnede olmamıştı. Evet anne-baba hep birlikteydi güya, ayrılmamışlardı ama babasının daima ailenin dışında yürüttüğü başka ilişkileri olmuştu. Başka kadınlar ailesinin rakibi olmuştu.

Bora aylar sonra artık savunmalarını bir kenara bırakarak çocukluk anılarına dönebilmişti.

Bir gün koltuğunda dik bir beden ve dingin gözlerle bana bakıp, "Bu seansa," dedi, "size, 'Sen,' diyerek başlamak istiyorum çünkü sana çocukluk anılarımı emanet etmeye karar verdim."

Emaneti almaya çoktan hazırdım. Seansların artık gerçek kimliğini bulacağını hissediyordum. Geçmişini teslim etmeye niyetlenen birine ancak geleceğini şekillendirmesi için omuz verebilirdim.

"On iki yaşımdaydım. Babamın bizim girmemizi hiç istemediği çalışma odasının kapısına her zamanki gibi saygıyla yaklaştım. Okulla ilgili bir isteğim olacaktı. Kapıyı iki kere tıklattım, ses gelmedi. İçeride olduğundan emindim. Cesaretimi toplayarak kapıyı açtım. Başı masanın üzerindeydi, uyuyakalmıştı.

Hayatımda ilk defa ona karşı merhamet hissettim. Başımı okşamasını arzulardım hep. İlk kez gidip onun başına dokunmak istedim. Baktığım yerden, çok yalnız görünüyordu. Masasına yaklaştım. Anneme ve kendime büyük bir öfke duydum. Onu bizim yalnız bıraktığımızı düşünmüştüm. Elimi uzattım. Eline dokunmak istedim. İlk kez olacaktı. O zamana kadar aramızda hiçbir tensel temasın olmadığını söyleyebilirim. Bunun için bazen kendimi suçladığım olmuştu. Ona yeterince layık olmadığım için bana sevgisini göstermediğini düşünürdüm. Acırdım ya da öfkelenirdim. Bilmiyorum. Bu iki duygu kolayca birbirinin yerine geçebiliyor sanırım.

Ona dokunmak üzereyken bir mektup gördüm. Önce okumaktan ürktüm. Uyanırsa başıma gelebilecekleri düşündüm. Sonra merakıma yenildim ve düzgün elyazısıyla yazılmış mektubu okumaya başladım. Bir veda mektubuydu. 'Ceylanım,' diye başlıyordu. 'Seni çok seviyorum ama sevmek yeterli olmuyor. Evli ve bir çocuk babası olduğum gerçeğini değiştiremeyeceğimi anladım. Oğlum büyüyene kadar bu evliliği sürdürmek zorundayım. Seni sahip olduğum her şeyin ötesinde sevdim ama ayrılmamız…' diye devam ediyordu. Devamını okuyamadım. Bir süre daha babama baktım ve kendimi odadan dışarı attım.

Dünyam başıma yıkılmıştı. Annemi düşünüyordum. Üzerime büyük bir yük binmiş gibiydi. Artık bir sırrım vardı. Elbette bu sırrı saklayacaktım ama çok ağırdı."

Bora sadece bu sırrın altında ezilmemişti. Annesinin yalnızlığını giderebilecek tek kişi olarak büyük bir sorumluluk da almıştı. Çünkü aile ancak o böyle yaptığında bütün olarak kalabilirdi. Aile dağılırsa kimde kalacağını, nerede yaşayacağını düşünmek onu zorluyordu. Birleştirici güç olmak daha doğruydu.

Yaşı ilerledikçe anne ve babası arasındaki uzaklığın daha da farkına varır olmuştu. Bir kadını tek başına mutlu edebilmenin ağırlığını küçük omuzlarında hissediyordu.

Aradan yıllar geçmiş, Bora on yedi yaşına gelmişti. Babasının başka bir ilişkisine daha tanık olmuştu. Bu kez karşısına geçip onunla yüzleşmiş, buna izin vermeyeceğini söylemişti. Babasının açıklaması onu büyük bir ikilemde bırakmıştı.

"Annenle ve seninle yaşamaya devam ettim. Seni seviyorum ama annenle çok mutsuzum. Evlenmemiz bir hataydı. Bana yetmeyeceğini başından beri biliyordum. Ailemin istediği tarzda bir kadındı. Gelenekseldi, ailesine bağlıydı. Sadece ailemi mutlu etmek, onların istediği gibi bir evlilik yapmak ve onayını almak istedim ama başaramadım. Sonrasında nasıl oldu bilmiyorum, bu ailede kalabilmek için başka kadınlara ihtiyaç duydum."

Bora bu cevap karşısında ne yapacağını şaşırmıştı. Babasını anlamanın yarattığı suçluluk duygusu çok ağırdı ama elinden gelebilecek tek şey vardı ve ona sarılacaktı. Annesini mutlu etmek artık onun göreviydi.

Sonrasında hayatına giren her kadında annesine ihanet ettiğini düşünecekti. Aradığı kadını bulduğunda ya uzaklaşacak ya aldatacak ya da gayet iyi giden bir ilişkiyi sabote etmenin bir yolunu bulacaktı. Hiç farkına varmadan ya da bilinçli olarak... Anne sevgisini korumanın yolu, başka olası sevgileri yok etmekten geçecekti.

Birinde kalmak kendinden vazgeçmek demekti. Kime demir atsa o limanın kendine ait olmadığını düşünüyor ve başka sulara gitme arzusu hissediyordu. Babasının mirası olan farklı diyarlarda gezerek yaşamda kalma şekli ona kılavuz oluyordu. Annesinin ona tüm duygusal boşluğuyla bağlanması ise sevme kontenjanını doldurmuş gibiydi. Başka bir kadına yer kalmamıştı. Başka kadınlara duyduğu ihtiyaç ancak meşru bir yolla yani cinsellikle gün yüzüne çıkabiliyordu. Cinselliği rahatça sergiliyor; onay, beğenilme, kabul görme açlığını bu yolla doyuruyor ancak iş, sevgi ve bağlanmaya geldiğinde yok oluyordu. Çünkü bunlar onun gözünde yasaklıydı.

Tüm bu dinamikleri fark etmek henüz yeterli olmamıştı. Seanslarımız süresince yeni ilişkilerle arayışları devam etti Bora'nın. Değişim ve dönüşümün usulca geldiğini bilen taraf olarak ben sabırlıydım. Bu süre boyunca Bora hem farklı kadınlarla oldu hem de seanslarını sabote ederek birkaç kez ara verdi. Hatta başka bir terapistle kısa süreli denemesi de olmuştu çünkü onun olayı sürekli yeni denemeler yapmak ve haklı olduğunu kanıtlamaktı. Ancak hangi konuda haklı olduğuna dair bir fikri yoktu.

O seanslarımızdan vazgeçmiş gibi dursa da ben Bora'dan vazgeçmemiştim. Benimle ya da başka bir terapistle aç olduğu sevgiye ulaşacağına inanıyordum. Bağlanma sorunu olan biriyle ilk kez çalışmıyordum. Hayatındaki kadınlar gibi hazırlıksız yakalanmamıştım. Gidecekti elbette. Kontrolün elinde olduğunu anladığında ise döneceğini biliyordum.

Çocukluk döneminde savrulan ve sevgiyi sabit hissetmeyen bireyler, kontrolcü kişilikler haline gelirler. Gitmek ve dönmek onlarda yanılsamalı bir şekilde kontrol hissi uyandırır. Bu da kendilerini güvende hissetmelerini sağlar. Başka türlü yaşam çok endişe verici olur. Ancak gidebildikleri yerlerde rahat hissederler, tabii dönüş anahtarını ellerinde tutarlarsa.

Bu zamana kadar olan ilişkilerinde ardında bıraktığı kadınlara tekrar ulaşamamıştı Bora. Bu nedenle de sevildiğine bir türlü ikna olamıyordu. Ona göre sevilmek, kendi tutarsızlığına anlayış geliştirebilecek kimselerle mümkündü. Sürekli yeni oyun ve şans peşindeydi. Âdeta tüm kadınları kaygan bir zeminde sınama arzusu vardı. Sevme maceraları ancak böyle büyük gösterilerle anlam buluyordu.

Bir gün seanslarımıza yeniden döndü. Sınadığı sevgi türü olarak bıraktığı yerdeydim. Bana güvendikten sonra bağlanmakla ilgili dünyası çok farklı bir anlam kazanmaya başladı.

Bu dönemde yaşadığı ilişkilere başka birinin gözünden baktığını ve hep bir kusur ürettiğini fark etmişti. Annesinin göz merceğini kullanması kendisine yaklaşan tüm kadınlarda bir şekil bozukluğu ve olmazlık yaratmıştı.

Seansımıza sıradan bir günde dönmemişti elbette, o dönemki kız arkadaşının doğum günüydü. Çok huzursuz hissettiğini, neredeyse panik atak geçirdiğini, nefes almakta zorlandığını söyledi. İncelediğimizde bu belirtilerin kız arkadaşına hediye almasından sonra başladığını fark ettik. Aldığı hediye onu çok rahatsız etmişti anlaşılan. Altın bir kolye... Mesele paha biçilemez olmasında değildi çünkü Bora'nın kadınlara verdiği pahalı hediyeler ve yüksek cinsellik performansı zaten bir ilişkiye yapabileceği en kolay yatırımlardı. Bu kez ona neyin bu kadar sıkıntılı hissettirdiğini anlayamıyordu.

Üzerinde konuşmaya başladık. Altın kolye onu hiç hatırlamak istemediği çocukluk anılarına götürdü. Babasının, annesine aldığı bir hediyeye...

Bora henüz küçüktü. Annesi yüksek sesle ağlıyor ve evi terk edeceğini söyleyerek eşyalarını topluyordu. Annesi zaten hep çok mutsuzdu ama ilk kez gitmekten bahsediyordu. Ağlarken bir yandan da aldatıldığını söylüyor, "Artık katlanmayacağım onun kötülüklerine," diyordu. Bora ise çaresiz bir şekilde babasının gelip tüm bunları düzeltmesini bekliyordu. Annesini durdurmak için olanca gücüyle ağlamaya başladı. Böylelikle durumu kontrol altına alacağına inanıyordu. Ağlaması annesini durdurmaya yetsin istiyordu. Derken kapı çaldı. Babası göründü. Çocuk derin bir nefes aldı. Görevi babasına devredebilirdi. Babası annesiyle konuşmaya başladı. "Yanlış anladın" gibi bir şeyler söyleyip kadını sakinleştirmek için dil döküyordu. Biraz zaman geçti. Sonra orada olan tüm sesler kesildi ve görüntüler bulanıklaştı Bora'da. Sadece bir ışıltı kaldı. Babasının eliyle annesinin boynu, sahnede olan tek aydınlıktı. Gerisi karanlık. Annesinin boynunda altın bir kolye ışıldıyordu.

Ortalık sakinleşmiş gibiydi. O gece ve sonrasında annesi hep evde kaldı. Gördüğü ilgiyle duruma ikna olmuş gibi durmuyordu aslında ama mutsuzluğa başkaldıracak gücü bir daha kendinde bulamamıştı.

Ancak bu dağılmama durumu ilerleyen zamanlarda, çocuğun üzerinde büyük bir suçluluk duygusu yaratmıştı: "Ben onu durdurmasaydım annem mutlu olmaya gidecekti. Ben olmasaydım kalmayacaktı. Ağlamasaydım babam ona yetişemeyecekti."

Altın kolye, geçmişteki tüm sorumluluğunun sembolü olmuştu. Ayrılma tehdidinin, anneyi kaybetme korkusunun, suçluluk duygusunun, vazgeçmenin ya da vazgeçememenin, tüm o ikircikli hallerin... Gitmenin ve kalmanın sembolü... Vaatlerin, sözlerin, birini durdurmanın sorumluluğunu almanın simgesi...

Kolyeyi kız arkadaşına verdiğinde ise bilinçdışında onu hayatında tutacak bir figür olarak düşünmüş ve panik duygusu yaşamıştı. Kalmak ve gitmek onun gözünde yaşamsal bir meseleye denk geliyordu.

Kimseyi altın bir kolyeyle ya da ağlamakla hayatında tutamayacağını konuştuk. Kişilerin kalması ve gitmesi böyle yöntemlerle kontrol edilemezdi. Kalmayı seçen annesinin kendince pek çok sebebi vardı.

Kendisi de hayatında olan bir kadına vaatleri, cinselliği ve hediyeleri ile bir söz vermiş olmuyordu. Panik duygusu bundandı. Bora kimseye söz vermek, hiçbir kadının sorumluluğunu almak istemiyordu. Yaşamak istiyor ama kimseye temas etmeden herkesi teğet geçmeyi umuyordu. Çünkü temas etmek bağ kurmayı gerektirirdi.

Birlikte olduğu kadınlarla ilgili suçluluk duymaması gerektiği, her birinin bir erişkin olduğu ve kendi arzusuyla orada bulunduğuna dair konuşmalarımız suçluluk duygusunu hafifletti. Tüm bu savaşların içinde asıl derdinin sevgi görmek ve sevgi sunmak sadeliğinde olması onu rahatlattı.

Bora annesine karşı hissettiği suçluluk duygularından arınıp, babasına yüklediği suçlamaların peşini bıraktıkça kendi kimliğiyle tanışacaktı. Aylar ayları kovaladı denir ya romanlarda, tam da öyle oldu.

Kendi arzusuyla yüzleştikçe kendini başka başka kadınlarda aramaya çıkan adam, cevapları içinde buldu. Arzularını tanıdı. Kimde ne bulduğunu kavramak için kendi dünyasına baktı korkmadan. Annesinden sakladığı sırlardan arınarak, babasının ihanetlerini üstlenmeyerek, annesini mutlu etme sorumluluğunun üstesinden gelinemeyecek kadar büyük bir görev olduğunu anlayarak devam etti yoluna. Başka yaşamlarla birleşmesi annesine ve aile birliğine ihanet değildi. Derin bağlar kurmaya olan ihtiyacını anlamak boşluk duygusunu yatıştırmıştı.

Bağlanmak bir lanet değil, nimettir. Geçmişin ağrılı varlığının aktarılmadığı yeni bağlarsa kişinin kendini yeniden yapılandırması için bir umuttur.

Bora bu süreçte Ece'yle kurdukları ilişkinin özünü de keşfetmişti. Ayrıldıklarına ilk defa içtenlikle üzülüyordu. Yas tutmayı sadece geçmişi için değil yeni kayıpları için de deniyordu. Ece'yle tedirgin de olsa bir bağ kurabildiğini itiraf ediyordu artık. Bu bağın altında dayanışmayı, paylaşımı, sohbeti, arkadaşlığı ilişkinin gerçek temeli olarak fark etmiş ve onun yanında kendisi olabildiğini anlamıştı. Ece'nin bir kimlik ve kişilik olduğunu görmesi, kendi ihtiyaçlarını bildirebileceği biri olduğu anlamına da geliyordu. Sevmeye ve sevilmeye izin verseydi eğer yetişkin gücüyle inşa edilmiş simetrik bir köprü kurulacaktı aralarında. En azından ne istediğini bilen biri olarak tekrar denemek ve Ece'ye bunu sormak istiyordu. Ayrılmalarının üstünden neredeyse bir yıl geçmişti. Bu kararın kendisine ve Ece'ye ait olduğunu söyledim. Gerçekten istediği buysa sormasında bir sakınca yoktu ki. Önemli olan Ece'nin o sırada hayatının hangi döneminde olduğu ve bu isteğe nasıl karşılık vereceği idi.

Ertesi gün kararlı bir şekilde Ece'yi aradı. Geçirmiş olduğu süreçleri tüm açıklığıyla anlattı. Ece net bir yanıt vermek yerine seansımıza katılmak ve bu konuşmayı benim nezaretimde yapmak istediğini söylemişti. Böylece Ece ikinci kez seansımıza eşlik edecekti. Bir hafta sonraki seansımızda üçümüz birlikteydik.

Bora büyük bir heyecanla geçirmişti haftayı. Ece'nin kararını çok merak ediyordu. Aslında çok umutlu olmasam da ben de merak içindeydim. Tüm dikkatimiz Ece'nin sözlerindeydi.

"Ayrıldığımızda tahmin edersiniz ki çok zor zamanlar geçirdim. Neler olup bittiğini anlayabilmek için günlerce, gecelerce kendime sorular sordum. Nerede hata etmiştim? Neyi eksik yapmıştım? Bora'yı mutlu etmek için daha mı fazla çabalamalıydım? Sürekli kendimle uğraştım. Belki de bu yüzden Bora benim için büyük bir öğretmen oldu. Kendimi sorgulamama vesile olduğu için ona kızmıyorum artık. O gitmeseydi ben de bu ilişki içinde kalamazdım ve giderdim anlaşılan. Çünkü benim sevme biçimimde değil ama sevgimi sunduğum kişide bir problem vardı. İlişkimiz devam etseydi belki onu seçme sebeplerim üzerine düşünebilirdim ama buna fırsatım olamadı. Sonrasında ise çok fazla şeye odaklandım. Onun bana bağlanamamasının benimle ilgili olmadığını anladım. Bu, onunla ilgiliydi. Ben ona sadece bağ kurmayı hatırlatmıştım ve bu Bora'ya hiç iyi gelmemişti. Benden sonra öğrendikleri şu an ilgimi çekmiyor."

Bu noktada Bora'ya bakarak konuşmaya devam etti: "Neler öğrendiğin ve yoluna nasıl devam edeceğin artık ilgimi çekmiyor ama bu bir intikam duygusu değil. Ben her durumda yola devam etmeyi öğrendim. Belki bu yüzden sana teşekkür etmeliyim. Bu seansa katılmam belki de sana duyduğum minnettendir, bunu henüz bilmiyorum."

Ece sonra pek çok şey söyledi. Bir hikâyeyi bizzat acı çekenin gözünden dinlemek bir öğretmendi, Bora'yı da buna dahil etti sanırım.

Anladığım kadarıyla şunu aktarıyordu:

"Denedim. Olmadı. Her şeyin sadece seninle ilgili olduğunu düşündüm yine olmadı. Sonra kendimi de hesaba kattım. Sanırım o zaman başardım senden gidebilmeyi. Bir ilişkiyle var olmayı beceremeyen insan bunu ancak yalnız başına öğrenebiliyordu. Ben sana bunu öğretemezdim. Kendime büyük bir misyon yüklemiştim. Belki bu da benim kontrolcü ve vazgeçmeyen niteliğimdendi. Hiçbir yüce sevgi sözcüğü ya da hiçbir yanında oluş seni ikna edemezdi. Belli ki daha öğreneceklerin vardı. Belli ki sana erken gelmiştim. Eksiklerimi aradığım her yerde seninle karşılaşmam tesadüf olamazdı. El ele yürütemediysek bir el eksik demekti ama elimi hissediyordum. Onu tutmayan elin ise yokluğunu duyuyordum. Henüz orada olmayan bir insanla bütün olamayacağımı anlıyordum. Belki sen hiç hissedemeyeceksin, bunu bilmiyorum ama artık sana kızamıyorum. Sevgiyi almaya cesaretin olmadığı için sadece bunu başarabilmeni temenni edebiliyorum."

Benim nazarımda Ece, Bora'da büyük farkındalık yaratmıştı. Kendine dönüp bakmayı bilen herkes aydınlanırdı. Bora ilişkilerini onarmak için çok çaba sarf etmişti ama Ece ona tekrar güvenemeyeceğini düşünmüştü.

Sonrasında Bora her şeyin üzerinde çok çalıştı. Ece'nin, ailesinin, başka kadınların öğrettikleri ve seanslardaki uyanışları… Zaman boşa gitmedi. Gelişiminin Ece'ye rastlaması belki talihsizlikti. Mümkün olabilecek bir ilişki kazaya kurban gitmişti. Şaşırmamıştım. Hayat bazen tam da böyle, bilardo topları gibi değil miydi? Neyi hedeflediğinizi bilseniz bile atışınız da doğru konum ve açı gerektirirdi. Aksi takdirde masada savrulur giderdiniz.

Bora artık kendini dikkate alıyor, kabul ediyor, onaylıyor ve alkış seslerine muhtaç yaşamıyordu.

Bağlanmaya dair derin bir kavrayış geliştirerek direncini kırdığında seanslarımızı bitirme kararı aldık. Ona güveniyor, onun da kendine güvenmesini sağladığımızı düşünüyordum. Çocuksu sevgi arayışını ve bununla baş edemeyişini anlıyordum. Oyun arkadaşları olarak seçtiği kadınların incindiğinden emindim ama güçsüz aile bağlarının, tüm bu duygusal boşlukların ve suçluluk duygularının başıboş bıraktığı bir oğlan çocuğunun sevgiyi bulma yolculuğunun pek de kazasız olamayacağını biliyordum. Hayatına girdiği ve hunharca harcadığı tüm kadınlar adına haddim olmayarak Bora'yı affediyordum.

İki yıl Bora'dan hiç haber almadım. Ve bir sabah telefon ettiğinde beni yolda ofisime giderken, trafik gürültüsünde, hızla akan yaşamın içinde, bana geldiği ilk günün benzeri bir halimde yakaladı. Ama o çok değişmişti. Sadece bana, "Nasılsın?" demek ve mevcut yaşamından haber vermek istemişti. Hayatının yolunda olduğunu ve huzurlu hissettiğini söyledi. Eşiyle mutluymuş. Oğulları üç aylıkmış.

"Artık daha yavaş ve sabırlı yaşıyorum," dedi. "Ofisine geldiğim ilk gün hem değişmek istiyordum hem de kendimde karşılaşacaklarımdan korkuyordum. Kendimle bir anlaşma yapmıştım. 'Doktor beş dakika bile geç kalsa beklemeyeceksin. Çıkacaksın ve kendine, en azından denedin, diyeceksin,' demiştim. Böylece içim rahat edecekti ama zamanında geldin. Bu yüzden sana öfkelendiğimi hatırlıyorum. Hatta sana sertçe çıkışmıştım çünkü bahsi kaybetmiştim, terapiye yakalanmıştım. Şimdi, 'İyi ki,' diyorum, 'iyi ki yakalandım.' Bana şöyle söylemiştin: 'Duygularından korkma, yüzleş, biriyle yakınlaşmanın ve birine bağlanmanın duygularla ilgisi yoktur, bu öğrenilen bir beceridir; ilgi, kararlılık, niyet yetecektir. Kendini yarı yolda bırakmayacağına güven.' Bu sözcükler umudumu kaybettiğim her anda ışık tuttu hayatıma. Tabii bazen hâlâ evime, karıma, oğluma bakıp sahip olduklarıma inanamıyorum."

Başkaları için normal gelen bu yaşantıya kendisiyle savaşarak ve çok çabalayarak ulaşmıştı ama ben bu sonuca şaşırmamıştım. "Asla bağlanamam," diyen ıssız adamı sonrasında elinde pusetle gördüğümüz çok olmuştu. Mesele bir birlikteliğin evlilikle sonlanması değildi elbette. Bora böyle sürdürmüştü hikâyesini sadece. Mesele bir başka insanın elinin sıcaklığını hissedebilmekti. Yaşamın kaçınılmaz fırtınalarının soğuğuna belki de bu sıcaklıkla dayanabiliyordu insan...

HAFİFLETİCİ SEBEPLER

Karşımdaki koltuğa yerleşmekte zorlanmıştı. Rahat bir pozisyon arayarak kıpırdandı. Koltuktan bir ses gelince huzursuz hissetti, biraz da öfkelendi.

"'Bu şişman kadın da nereden çıktı şimdi?' diyorsunuzdur eminim," dedi.

"Elbette demiyorum, bu odada her kilodaki insanı ağırlamaktan zevk duyarım," dedim.

Şişmanlığa olan toplumsal önyargılar sanırım fazla kilolu olan pek çok kişinin böyle endişeler taşımasına neden oluyordu. Üzerinde tüm bedenini saklayan bol bir giysi vardı. Saçlarını yüzüne doğru dökmüştü. Belli ki tombul yanaklarını gizlemeye çalışıyordu. Utanç hissi ve hüzün Hazel'in günlük makyajı olmuştu. Hüzünlü bakışı içime işlemişti. Öfkeyle örtmeye çalışsa da kokusu, rengi, dokusu olan bir hüznü vardı. Bu kadına çok farklı bir sempati duymuştum. İçindeki karanlıkları gördüğüm insanlar bana neden hep sempatik geliyordu acaba? Tabii beni nasıl da hırpalayacağını henüz bilmiyordum.

Aklıma Bülent Ortaçgil'in Yüzünü Dökme Küçük Kız şarkısı geldi.

"Bırak üzülmeyi / Bir tek sen misin bir düşün / Unutan sevilmeyi / Her siyahın bir beyazı / Gecelerin gündüzü de vardır / Yüzünü dökme küçük kız / Yaşamın anlamını bul / Sonra dinle kendini / Yolunu bil"

Hazel kırk bir yaşındaydı. Uzun yıllar bankacı olarak çalışmış, son dört yıldır iş hayatından çekilmişti. Evliydi, çocuğu yoktu. Daha doğrusu çocuk sahibi olmak istememişti. Kırk beş yaşında olan eşi halen bir bankada çalışıyordu.

Tanımlayıcı bilgilerini aldıktan sonra geliş sebebine yöneldim.

"Size gelme sebebim şu: Ben kocamı aldattım!" dedi.

Cümlenin devamını getirmiyordu. İkimiz de durduk ve bu cümlenin yankısının bitmesini bekledik. Oysa aldatmış olmak, bunun yarattığı duygular ve etkiler öylesine kişiye özeldi ki... Acaba neler yaşıyordu aldatmayla ilgili? Genelde suçluluk duygusu dışında, aldatma sonrasında yaşananlar şikâyet sebebi olabiliyordu. Hazel neredeydi? O bilecekti. Sanırım nasıl bir tepki vereceğimi anlamaya çalışıyordu. Susmam ve sözün devamını ısrarla ona bırakmam daha doğru bir hamleydi. Bu kadar sınandığım bir durumda kullanacağım her sözcük bizi hedeften uzaklaştırabilirdi. Nihayet dayanamayıp söze girdi.

"'Bu şişman kadın kimi buldu da kocasını aldattı, kim bakmıştır bu kadına?' diye düşünüyorsunuzdur herhalde," dedi.

"Aldatmanın kiloyla ilgili bir durum olduğunu düşünmüyorum," dedim. "Aldatmak kendi içinizde yaşadıklarınızla ve partnerinizle kurduğunuz ilişkinin doğasıyla açıklanabilir ancak."

"Onunla tanıştığımızda böyle değildim zaten," diye açıklama yaptı. "Sevgilim olan adamla yani. Zeynel'le. Sakıncası yoksa size o dönemden bir fotoğrafımı gösterebilir miyim?"

"Elbette yok," dedim. Aceleyle telefonunda zaten hazırlamış olduğu fotoğrafı açtı. Yanıma doğru gelmek için koltuktan kalkmaya çalışırken, "Ben kalkıp alabilirim isterseniz," dedim.

"O kadar da değil, hareket kabiliyetimi yitirmedim henüz," dedi.

Hay Allah! "Alınganlık yapmasına yol açacak bir cümle kurmamalıyım," diye uyardım kendimi.

Koltuktan zor bir şekilde kalktı, kısa adımlarla yanıma geldi.

"Bakın bu üç yıl önceki halim."

Başka bir kadının fotoğrafını gösterdiğini sandım. Gözlerime inanamadım. Fotoğraftaki kadın şimdikinin yarısından da az bir kilodaydı. Çok bakımlıydı, üzerine oturan modern bir elbisesi ve ışıl ışıl kahkahası vardı.

Hazırladığı diğer fotoğrafları da göstermeye başladı.

"Bakın bu evlendiğimdeki halim. On beş yıl önce."

Yine çok zayıftı.

"Şunlar da sonraki yıllardan fotoğraflarım. Cihangir'le evliliğimiz süresince birkaç yıl arayla çekilmiş fotoğraflar... Son üç yıl da dahil."

Fotoğraflarda Hazel'in bir şişman bir zayıf görüntüsü geliyordu. Kilosu sürekli, neredeyse yarı yarıya değişmişti. Kilosu değişirken dış görünüşü de ya çok kadınsı bir hâl almış ya da tüm vücut hatları giysilerle kapatılmıştı. Bu kadın kendine ne yapmıştı böyle? Bütün bunlara neler sebep olmuştu acaba? Sanki içinde bir balon vardı ve onu şişirip indiriyordu.

"Bir hekim olarak bu kadar fazla kilo alıp vermenizin beden ve ruh sağlığınıza neler yaptığını çok merak ettim doğrusu," dedim. Cümlemin onu zedelemeyecek bir yerden olduğuna emindim çünkü konuyu sağlık meselesine bağlamıştım.

Koltuğuna döndü ve güçlükle yerine oturdu yine. Bana her halini göstermesinin verdiği özgüvenden olacak, biraz daha uzlaşmacı bir ifadeye büründü yüzü.

"Kilo meselesini sonra konuşuruz, ben öncelikle evdeki mevcut kriz halini konuşmak istiyorum," dedi.

"Elbette," dedim. Önemli olan onun acil ihtiyaç olarak hissettiklerinden başlamaktı. Üstelik başlangıçta kontrolün onda olması daha iyiydi. Bu, kendini güvende hissetmesine sebep olurdu. Ama tüm bunların ötesinde Hazel'in acil durum dediği ilişki sorunlarının bakmaya cesaret edebildiği en kolay yerler olduğunu çok sonra anlayacaktım. Aslında onun için ilişki sorunları, mevzu aldatma bile olsa zor konuların üstünü kapatan meşru meselelerdi. Kalbini gerçekten sızlatan acılarını ötelemek için kullandığı, istediği gibi şekil verdiği, eğip büktüğü, yapıp bozduğu bir oyun hamuruydu âdeta.

"Zeynel üç yıldır hayatımda. Eşim Cihangir'e bunu yakın zaman önce itiraf ettim. Önceleri bilinçli olarak saklamıştım tabii ki ama o yaşananları asla fark etmedi. Hatta yakalanmak için uzun bir süre çaba gösterdim. Hayır, ortada açık duran mesajlarım, gece gelen telefonlar, o iş gezisinde olduğunda bana ulaşamaması umurunda bile değildi. 'Beni kıskanmıyor musun?' diye sorduğumda,

'Bende kıskanmak diye bir duygu yok. Giden gider zaten, tutamazsın,' derdi. 'Aldatırsam, ya gizlice yaparsam, hiç merak etmiyor musun?' derdim. 'Hayır ben sana güveniyorum,' diye yanıtlardı. Yalan! Cihangir kimseye güvenmezdi. Ayrıca herkes aldatabilir. Sadece erkekler değil kadınlar da aldatıyor."

Doğru düşünüyordu Hazel. Aldatmak hiçbir zaman erkeklere ait bir eylem değildir. Kadınlar da aldatır. Toplumsal yasaklar hâlâ kadınlara daha fazla uygulansa, erkeklerin sadakatsizliğini meşrulaştırma ve hoş görme tutumu eski düzende devam etse bile artık kadınlar da kendilerine böyle bir alan açmış durumda. Üstelik erkeklerle aynı sebeplerle aldatıyorlar. Yani bazen duygusal bazen de seksüel ihtiyaçları gidermek için. Bazen rutin, tutkusuz ve durağan yaşama yönelik risk almak, heyecan duymak, yenilik yaratmak için bazen de mevcut ve fazla güvenli ilişkiyi canlandırmak adına başka insanları yara bandı gibi kullanarak yapıyorlar bunu. Ama elbette itiraflar konusunda hâlâ açık bir farklılık var. Kadınlar bunu daha gizli yapmaya çalışıyorlar, hatta en yakın arkadaşlarından bile saklayabiliyorlar. Erkekler ise daha vurdumduymaz bir şekilde, kanıtları daha az saklayarak yapıyorlar. "Teknoloji üzerinden aldatmalar," dediğimiz internetteki arkadaşlık siteleri, dijital oyunlardaki partnerler ve özellikle sosyal medya bağlantıları ile gelişen ilişkiler daha az risk alarak aldatmaya imkân tanıdığı için bunlar kadınlar tarafından sıklıkla başvurulan şeyler oluyor. Hiç görüşmeden ve fiziksel temas kurmadan ruhsal çıplaklıklarıyla birbirlerine yaşamlarındaki en derin karmaşalarını anlatan, sevgi sözcükleri fısıldayarak bunu gerçek bir sevgililik ilişkisi varsayan kişiler var. Demek ki aldatmak seksüel ihtiyaçlardan çok daha fazlası; sesini duyurmanın, kalbini açmanın, sırlardan korkusuzca bahsetmenin bir yolu. Bir yandan da tüm bunları devam eden ilişkisinde bulamayanın saplandığı, nilüferlerle aşka davet eden çekici sulardaki bataklık gibi. Çünkü kişinin kendini asıl problemden uzaklaştırmak ve ilişki sorunlarıyla yüzleşmemek için girdiği yolda daha fazla kaybolmasına neden olan uçsuz ve çözümsüz bir serüven bu.

Ancak Hazel'in bahsettiği durumda sıradışı şeyler vardı. Özellikle eşinin öğrenmesi için ipuçlarını ortaya sermesi ve sonunda da itiraf etmesi bu vakayı diğerlerinden farklı kılıyordu. Bu kadın ne yapmaya çalışmıştı acaba? Adamın kıskanmayışını sevgisizlik olarak değerlendirmiş ve onun ilgisini mi çekmeye çalışmıştı? Ama adam sevdiği ve eşine güvendiği için kıskanmıyor olamaz mıydı?

"Anladığım kadarıyla Cihangir sizi kıskanmadığından onun, size karşı kayıtsız olduğunu düşünmüşsünüz. Tam olarak ne zamandır böyle olduğunu düşünüyorsunuz?"

"Bence evliliğimizin ikinci yılından sonra aramızdaki her şey bozuldu. O zamana kadar bana çok düşkündü. Beni çok sevdiğine emindim. Ne istersem yapardı, bir dediğimi iki etmezdi. Sürekli benim nasıl mutlu olacağımı düşünürdü. Sonra inişli çıkışlı devam etti ilişkimiz. Bazen eskisi gibi çabalayan, benimle ilgilenen, beni yemeklere götüren, gezdiren eski Cihangir oluverirdi ama sonra yine bozulurdu aramız."

"O böylesine çabalarken siz ona nasıl davranırdınız?" diye sordum.

Yüzüme, suç işlemişim gibi baktı.

"Beni sevmesine, benimle ilgilenmesine izin verirdim elbette.

Başka ne yapabilirdim?" diye azarladı.

"Mesela siz de onun ihtiyaçlarıyla ilgilenir miydiniz? Ona sevginizi göstermeye çalışır mıydınız?" diye üsteledim.

"Ben bunu nereden bileyim Bahar Hanım? Bunu ona sormalısınız! Göstermişim ki kalmış işte!" dedi.

Hazel'in cevabının, sorumla uzaktan yakından alakası yoktu. Gidemeyenler bazen çok sevgisiz ortamlarda da kalabiliyordu. Bu konuyu zihnimin bir kenarına yazdım.

Hazel öfkesinden sıyrılıp durağan ifadesine döndü. Duyguları öyle çabuk değişiyordu ki takip etmekte zorlanıyordum.

Monoton bir ses tonuyla, gazete okur gibi anlatmaya devam etti: "Cihangir son üç yıldır tamamen değişmişti. Beni görmüyor, duymuyordu artık. İyi zamanlarımız tamamen bitmişti. 'Beni neden umursamıyorsun, başkasıyla ilgileneceğimden korkmuyor musun?' diye soruyordum. Üstelik bunu söylediğim dönemlerde zayıf ve güzel bir kadındım. Nitekim yaptım! Beni mutlu etmeye hevesli bir adam bulunca onu aldattım. Sonunda da Cihangir'e itiraf ettim. Geçen hafta yaptım bunu. Bir haftadır evde ölüm sessizliği var. Bu durum benim kaygımı artırıyor. Neler olacağını, ne yapacağını bilmiyorum."

"Siz ne yapmak istiyorsunuz peki?" dedim.

"Bilmiyorum," dedi.

"Eşinizi aldattığınızı itiraf ederken neyi amaçlıyor, evliliğinizin geleceğiyle ilgili ne düşünüyordunuz?"

"O zaman Cihangir'in beni terk etmesini istiyordum. Ben onu terk edemediğim için bunu onun yapmasını istedim ama şimdi ben de ne yapmak istediğimi bilmiyorum."

"Bir hafta önce ayrılmak istediğinizi düşünürken şimdi sizi kararsız bırakan nedir peki?" diye sordum.

"Sevgilim Zeynel'in tavrı. Bu itirafımdan hiç hoşlanmadı. Hatta bana çok öfkelendi. Bir yandan bunun şaşkınlığını yaşıyor bir yandan da sürekli beni asıl sevenin kim olduğunu sorguluyorum."

Yine aynı düşünce tarzı... Beni kim seviyor?

"Siz aslında kimi seviyorsunuz?" dedim.

"Bilmiyorum. Birini sevdiğinizi nasıl anlarsınız ki?"

Bu soru size tuhaf gelebilir ama beni artık şaşırtmıyordu. Çocukluğunda sevmeyi ve sevilmeyi kendi ebeveynlerinden öğrenmemiş olanlar, bunu ilerleyen zamanlarda içsel yolculukları sırasında farkındalıklarla çözüyor ya da terapistlerle çalışmamışlarsa gerçekten okumayı yeni sökmeye çabalayan bir çocuk gibi hissediyorlardı. Demek Hazel'le çalışmaya alfabenin ilk harfinden başlayacaktık... Yolumuz uzundu. Düşüncelerimi duymuş gibi söze girdi Hazel.

"Babam alkol bağımlısıydı. Annemi sürekli aldatırdı. Aldatma fikrinden iğrenerek büyüdüm ama ben de dönüp dolaşıp bunu yaptım. Annemse çok duyarsızdı. Aslında beni en büyük projesi olarak görürdü. Bilirsiniz, kız çocuğunu prenses yapma sendromu. Tabii ki bu proje elinde patladı. Annem böyle yaptıkça tombullaşıyordum. Şişman prenses olmayacağına göre onun isteklerini yapmaktan kurtuluyordum. Prenses olmayı öğretiyordu ama kadın olmayı öğretmiyordu. Bence bu ikisi çok farklı şeyler. Sevgi ve şefkat içeren hiçbir paylaşımımız yoktu. Babamdan korkuyordum ama anneme karşı ne hissettiğimi bilmiyorum."

Belli ki Hazel ilk gençlik yıllarından bu yana şişmanlamayı, kendini annesinin projelerinden korumak için bir silah olarak kullanmıştı. Acaba sonraki yıllarda bu silahı kimlere, ne amaçla doğrultmuştu? Evliliğinde şişman bir kadın olmak onu nelerden korumuştu acaba? Zayıfladığı dönemlerde bu silahı neden indirmiş olabilirdi? Sorularımı ve varsayımlarımı detaylıca not aldım, bu noktalara yeniden dönecektim.

"Evet, aile geçmişiniz ve tüm bu bağlarınız detaylı olarak gündemimizde olacak zaten. Sizdeki etkilerini anlayabilmemiz, şimdiki yaşamınızı ve gelecek döneminizi de aydınlatacak," dedim.

Bu sözlerim üzerine Hazel hızlıca konuyu değiştirdi.

"Bakın benim bu kilolarla ve yemekle ilişkim de şöyle: Ben çok üzgünken, kaygılıyken, istenmediğimi düşündüğümde, eleştirildiğimde yemek yerim. Bazen herkes tarafından terk edildiğimi düşünüyorum. O zamanlarda en yakın arkadaşım yemek oluyor çünkü yemek beni hiç terk etmiyor. Bu nedenle hayatım toplamda yüzlerce kiloyu almakla ve vermekle geçti. Mutsuzluk, kilo, diyetler, ardından mutlu olduğum nadir zamanlar ve zayıflama. Sonra tekrar sil baştan..."

"Kendinizi kusmak için provoke ettiğiniz ya da müshil gibi bağırsak boşaltıcı ilaçlar kullandığınız oldu mu?" dedim.

"Kusturduğum oldu ama o dönem kısa sürdü. Sürekli kullandığım bir yöntem değil."

Yeme düzenini detaylı olarak sorguladığımda Hazel'de bulimik dönemlerin eşlik ettiği tıkınırcasına yeme bozukluğu olduğunu anladım. Duygusal yeme atakları ise hikâyeye hakimdi.

Hazel yine hızlıca konuyu değiştirerek odaya son bombasını bıraktı.

"Benimle ilgili bilmeniz gereken çok önemli bir detay var," dedi. "On iki yaşımdayken babamın arkadaşı bana tecavüz etti. İşte tüm hikâyem bu."

Hazel kendi yaşam öyküsünün detaylarını anlatırken yemekle kurduğu ilişkiyi canlandırıyordu âdeta. Kusarcasına bilgi aktarıyor, dağınık ve ağzından fırlatırcasına savuruyordu kelimelerini. Konularla ilgili çabucak bilgi alma, karmaşık her durumu hızla ve hazmetmeden yutma isteği ise yemeği tıkınırcasına içine göndermesine benziyordu. Başka insanların güçlükle anlattığı tecavüz öyküsünü de yine bu düzende, kusar gibi aktarmıştı.

İlk karşılaşmamızda hüzünlü olan bu kadın; tüm olayları anlatışı sırasında hiçbir duygu belirtisi göstermiyor, âdeta bir maske takıyordu. Ayrıca kontrol etme ihtiyacı öyle güçlüydü ki konu sıralamasına ve içeriğine hızla kendi karar veriyordu. Ben de ilk seansta, anlatan kişinin tarzına pek müdahale etmem, dağınık bile olsa kendi sözcüklerini ve konularını özgürce seçmesine izin veririm.

İlk seansımızın sonuna gelmek üzereydik.

"Ben seanslarda, 'Sen,' diye hitap ettiğimde çok daha verimli olduğumu hissediyorum. İzin verirseniz, 'Sen,' diye hitap edebilir miyim?" dedim.

"Çok memnun olurum. Hayatımın en mahrem konularını anlatacağım kişinin bana, 'Sen,' demesini tercih ederim. 'Tecavüzünüz nasıl gerçekleşti?' yerine, 'Tecavüz sana neler hissettirdi?' dediğinizde daha rahat anlatırım," dedi.

Talebimi onaylama nedeni kafa karıştırıcı olsa da izin vermesinden memnun olmuştum. "Peki çok teşekkür ederim. Sen de bana nasıl rahat hissediyorsan öyle hitap et lütfen," dedim.

"Ben kendi adıma, 'Siz,' demeyi tercih edeceğim Bahar Hanım, bu dil bana kendimi daha güvende hissettiriyor," dedi.

Ona psikoterapi kurallarını anlattım ve haftalık görüşmelerimizi planladık.

Sonra yavaşça koltuğundan kalktı. Kontrolcü tavrı devreye girdi: "Elli dakikalık süremiz doldu. Haftaya 'Kadınlar neden aldatır?' konusunu işler misiniz lütfen? Görüşmek üzere," dedi. Yavaş ve kısa adımlarla odadan çıktı. Öğretmenlik yapmamı ve konuya genel bir yaklaşımım olmasını istiyordu. Bunu anlıyordum. Sorunlarını kişiselleştirmekten; onlara karşı duygu hissetmekten ve derinlemesine bakmaktan korkuyordu. Böyle teorik bilgilerle kategorize ederek yaklaşmak daha güvenli geliyordu ona. Benimse ilk işim, duygulardan korkmamak ve onları yönetmeye çalışmak olurdu.

Hazel'in hepsi birbirinden ağır bombalarının; ilişki sorunlarının, aldatmasının, yeme bozukluğunun, obezitesinin, sorunlu aile geçmişinin ve tecavüz öyküsünün ağırlığıyla koltukta kalakaldım. Nereden, nasıl ve hangi tekniklerle başlamalıydım? Apayrı duran ama birbiriyle çok bağlantılı olan bu sorunların içine cesaretle dalmaktan başka çarem yoktu. Koltuktan kalkışım Hazel'inkine benzedi; yavaşça, zorlukla, kucağımda bir ağırlık varmış gibi…

Sonra ofisimden çıktım. Zihnim günün seanslarıyla yorgun düşmüştü. O gün başka kimseyle konuşmak istemiyordum. Tek başıma bir kafeye gittim; yemek siparişi verip telefonumu kapattım. Önüme gelen renkli ve oldukça estetik görünen yemeğin dizaynını incelemeye başladım. Çok çekici duruyordu. Her besin grubu kendi içinde ayrılmıştı ve hepsi farklı şekillerdeydi. Yemek tabakları sanat eseri gibi geliyordu artık ama iştahımın kaçmış olduğunu fark ettim. Tecavüz hikâyesi dinleyecek olmanın getirdiği huzursuzluk kaplamıştı sanırım içimi. Bir yandan da bu şişman ve öfkeli kadında kalmıştı aklım. Çatalımla tabağımdaki lokmalarla oynarken bir yandan da düşünüyordum. Önümde duran şu masum ve güzel yemek insanlarla nasıl da hunharca oynayabiliyordu... Duygusal bir açıklık yakaladığı an besleyici olmaktan çıkıp insanlar için yok edici bir canavara dönüşebiliyor; hiç de hafife alınamayacak, hatta diğer bedensel hastalıklardan daha çok acı veren önemli bir ruh sağlığı sorunu haline gelebiliyordu. Seanslarda yeme bozuklukları grubundan özellikle obezite, bulimia nervoza, tıkınırcasına yeme bozukluğu, emosyonel —duygusal— yeme bozukluğu olan hastalarımla çalışırken ne kadar acı verici süreçler yaşadıklarını görüyordum. Tedavisi de oldukça zorluydu ama mümkündü.

Toplumun modern zamanlardaki estetik algısı da kadınlara zayıf olmayı dayatıyordu. Günümüz dünyası şişman kadınlara âdeta zorbalık uyguluyordu. Açıkça aşağılama, eleştirme, küçük görme, o kişileri "iradesiz" ve "zayıf kişilikler" olarak etiketleme çok yaygındı. Özellikle partner tarafından reddedilme ya da partner olarak bile seçilmeme daha da ağırdı.

Psikiyatri ihtisasımın bitirme tezi için "Obez bireylerde benlik saygısı, beden algısı ve travmatik geçmiş yaşantılar" konusunu seçmiştim. Orada obezlerin benlik saygısının obez olmayanlara göre anlamlı düzeyde daha düşük olduğu, beden algılarının olumsuz yönde etkilendiği bir kez daha kanıtlanmıştı. Ve yine istatistiksel olarak anlamlı bir düzeyde, özellikle çocukluk dönemlerine ait yaşantılarında duygusal ihmal ve duygusal istismara daha fazla uğradıklarını görmüştüm. Yani geçmişte yaşadıkları duygusal şiddet ileri dönemde yemekle ilişkilerini bozmuştu. Bir diğer önemli bulgumuz ise cinsel istismar üzerineydi. Cinsel istismara uğramış bireylerde obezite görülme olasılığı anlamlı düzeyde daha fazlaydı.

Şişman olmak asla bir irade sorunu değildir, acılarla ve yaşamla başa çıkabilmek için verilen amansız bir mücadelenin sonucudur.

Hazel sonraki seansına geldiğinde daha rahat görünüyordu.

"Dersinizi çalıştınız mı Bahar Hanım? Kadınların neden aldattığı üzerine konuşacaktık."

"Hazel," dedim, "her kadının macerası ve soruları kendi özel yaşantısında cevaplanabilir. Yargılamadan anlamanın da önemi burada yatar. Senin kişisel yolculuğunu incelememizin daha kıymetli olacağını düşünüyorum. Cihangir'le olan ilişkinize bakmamız belki seni Zeynel'e yönlendiren sebeplere ulaşmamızı sağlar ve, 'Ben aslında kimi seviyorum?' sorusunu cevaplamana bir fırsat verir. İlişkinizin başına dönersek sence onu neden seçtin?"

"Onunla tanıştığımızda yirmi beş yaşımdaydım. Hâlâ ailemle yaşıyordum. Hiç sevgilim olmamıştı. O kadar çok ailevi sorunumuz vardı ki... Mutsuz, içekapanık, özgüvensiz bir kızdım. Cihangir hayatıma âdeta bir kurtarıcı gibi girdi. Bir gece önce babam yine alkolden dağılmış şekilde eve gelmişti ve aynı kavga sahneleri tekrarlanmıştı. Anneme artık boşanması için yalvarıyordum. Bankada çalışmaya başlamıştım, ikimize de bakabilirdim. 'Bu cehennemden kurtulmalıyız,' diyordum. Bana karşı o kadar güçlü duran annem, babam söz konusu olduğunda bir kurbana dönüşüyordu. 'Sen kendini kurtar, benim artık başka yolum yok,' demişti. Aklım almıyordu. Kendimi kurtarmak çok bencilce geliyordu. Çaresiz hissediyordum. Ertesi sabah evin yakınındaki bir kafeye gittim. Bildiğim en iyi yoldan gidiyordum, çok fazla yemek yiyerek kendimi iyileştirmeye çalışıyordum. Masanın üzerinde en az üç kişilik yemek vardı. Cihangir masama doğru geldi. 'O kadar iştahlı yiyorsunuz ki benim de canım çekti,' dedi. Nasıl bir özgüvendi bu? Bir yandan da çok utanmıştım. Suçüstü yakalanmış gibi hissediyordum. 'Mahalleye yeni taşındım. Sizi sıklıkla burada görüyorum. Komşuma bir merhaba demek istedim,' diye devam etti. Hiç alışık olmadığım bir ilgiyle karşı karşıyaydım. Birden iştahım kesildi. İlk defa bir erkek tarafından açık bir davet almıştım. Çok etkilenmiştim ama benimle neden ilgilendiğini anlamamıştım. Zayıf dönemlerimdi gerçi fakat ben sevilecek bir yönüm olduğunu düşünmezdim. Sonraki günlerde orada buluşmaya devam ettik. Hayatımda hiç hissetmediğim duygular yaşıyordum. Evdeki sorunlardan uzaklaşmıştım. Kendime ait bir hayatım olmuştu. Akşamları babamın sarhoş ve saldırgan halleri, annemin ona karşı korkak bana karşı ise otoriter tavrı artık umurumda değildi. Galiba, 'Kurtuluyorum,' diye düşündüm."

Hazel'in bu durumda kurtarıcı araması olağandı. Aile ortamları çok kaotikti. Babası alkol bağımlısıydı. Hazel'de yeme bağımlılığı olması şaşırtıcı bir durum değildi. Alkol bağımlılığı olan erkeklerin özellikle kız çocuklarında herhangi bir bağımlılık türünün gelişme olasılığı yapılan pek çok araştırmada doğrulanmıştı. O ortamda koruyucu, kollayıcı, kapsayıcı bir annenin yokluğunda ise çocuğun güvenlik, sevgi, şefkat, beğenilme, onaylanma, takdir duygusunu alacağı yer tamamen boş kalıyordu.

"İlk aylarda her şey çok güzeldi. Tüm hayatımı Cihangir yönetiyordu. Ona hiç karşı çıkmamıştım, aksine sahiplenilme duygusunu ilk kez yaşıyordum. Evet belki hayatıma fazla karışıyordu ama benim için bu, sevilmek demekti. Sevginin ne olduğunu böyle öğreniyordum. Onun sayesinde yemeklerle ilişkim de düzeliyordu. Geceleri gizlice atıştırmak dışında yemeğe eskisi gibi ihtiyaç duymuyordum. Duygusal açlığım kalmamıştı çünkü. Cihangir beni her konuda çok iyi anlıyordu. Ailesiyle ilişkisi o kadar bozuktu ki kendi ailemden utanmama gerek kalmıyordu. Annesi küçükken ölmüş. Üvey annesi ve babasıyla çok zor zamanlar geçirmiş. Her sorunumuzu açıkça konuşabiliyorduk. Bana, 'Sen benim yıllardır beklediğim, hasret kaldığım yuva oldun,' diyordu. Demiştim ya bana fazlasıyla düşkündü. Ama bilmiyorum... Ben... Ben genelde çabuk öfkelenirim. Bazen içimde öyle bir boşluk duygusu oluyor ki onunla ne yapacağımı bilmiyorum. İyi zamanlarımızda Cihangir'e kendimle ilgili ipucu verirdim. 'Sana öfkelendiğimde alttan alma lütfen, bana sınır koy, sınıra ihtiyacım var, öfkemi kendim durduramıyorum,' derdim. O da sınır koyamazdı. Ne yapacağını bilmez bir halde bana daha da iyi davranmaya çalışırdı. Bu da beni iyice çileden çıkarırdı."

Anlaşılan Hazel sevginin ne olduğunu yaralı bir adamdan öğrenmeye çalışmıştı ama sevilmeye sevmeyle yanıt verileceğini atlamıştı çünkü bunu bilmiyordu. İkisi de el yordamıyla, tutunacak birer kök arıyordu. Hazel konuşmalarının devamında sürekli bağsız, köksüz, yuvasız olduğundan bahsediyordu. Kim olduğunu bilmiyordu çünkü sabit bir kimlik algısı yoktu. Duygularına ve olaylara karşı sürekli değişen bir benlik yapısı vardı. Sevilmeye layık olduğuna öylesine inanmıyordu ki Cihangir'in sevgi gösterileri karşısında şaşkınlığa ve şüpheye düşüyor, yaşadıkları güzel anları sabote edecek bir dram yaratıyordu. Adama yansıttığı "o kimseye güvenmez" algısı aslında kendinden yola çıkarak yaptığı bir tespitti. Hatta aynı ilişki tarzını bana da uygulamaya başlamıştı. Psikoterapide biz buna, "Transferans," deriz. Kişi geçmiş bağlantılarında edindiği duygusal ve düşünsel kalıpları bir mikro dünya olan terapi seansında terapistine de taşır. Bana da güvenmiyor ve beni de sürekli test ediyordu.

"Bu sefer geçen seansa göre daha az not alıyorsunuz. Acaba anlattıklarım ilginizi mi çekmedi yoksa bugün dikkatiniz mi dağınık? Benden çabuk sıkılmış da olabilirsiniz."

Ona kendimi açıklamamı talep ediyordu; güvende olduğuna, onu yalnız bırakmadığıma ve burada olduğuma dair güvenceler arıyordu. Ama ona bu denli "iyi" davranmamın Cihangir'e olduğu gibi bana da öfkelenmesine neden olacağını biliyordum. Bu nedenle sınır koyabilmeyi hep önemseyecektim. Onu ne tam kucaklayacaktım ne de itecektim. Nötr pozisyonum özellikle süreç ilerleyene kadar onu dengede tutabilirdi. Onu sakinleştirecek birkaç etkin cümlemin ardından devam etti.

"Cihangir'in beni terk edecek olması fikri öylesine korkutuyordu ki her sabah uyandığımda kendimi buna hazırlıyordum. 'Bugün gidebilir, seni neden sevsin ki, kim seninle kalmak ister ki, giderse çok üzülme, kendini şimdiden buna hazırla,' diyordum. O gün de benimle kalırsa şaşırıyordum. Yıllar böyle geçti. Bunca zaman sizi terk etmeyen bir adamla birlikte olmanıza rağmen hâlâ korktuğunuzu ve bu korkunuzu geçiremediğinizi düşünün. Uyanıkken bile bir kâbusun içinde olmak gibi bir şey bu."

Onu çok iyi anlıyordum. Ondaki, nasıl büyüyeceğini bilmediği için buna direnen çaresiz kız çocuğunu görebiliyordum. Değil terk edilmek, terk edilme riskini zihninde canlandırmak bile bazı kişilik yapıları için fazlasıyla tehdit içerirdi.

İşin en hüzünlü yanı ise bir insanı kaybetmekten çok korktuğunuzda yaptıklarınızla kendi sonunuzu hazırlamanızdır. Sevginiz durdurulamaz bir öfkeye karışır, korkularınız karşınızdakini korkutur, ihtiyaçlarınızın öyle sonu gelmez ki insanlar bunları zaten karşılayamayacağını düşünür ve bir gün sizden vazgeçer. Size sadece, "Bunu biliyordum," demek kalır. İnsan, bildiğini hayatına aktarır ve o ortamı ustalıkla yaratır. Bunları yaşadığı zaman da kendini doğrulamış olur. Kontrolcü kişiliği bir kez daha devrededir. Yaşadıkları acı bile olsa onları öngörmüş olmak kişiye kendini güvende hissettirir. Hayal kurma konforundan mahrum kalma pahasına hayal kurmaktan kaçınmış olur. Hayal kurmadığımız, umut etmediğimiz, adanmadığımız bir hayatın nasıl bir anlamı olabilir ki?

Ne zaman kalp sızısına dair bir yere temas etsek Hazel konuyu hemen kilosuna getiriyor ve öfke kalkanını kuşanıyordu. Acıyla baş başa kalmaktan ölesiye korkuyordu. Sert bir ses tonuyla sözlerine devam etti.

"Sizin beni anlamanız çok zor elbette. Karşımda böyle zayıf bir bedenle oturuyorsunuz. Mutsuz olduğumda bir parça daha tatlıdan medet umduğumu nasıl bilebilirsiniz ki? Hiç böyle karmaşalar yaşamadığınıza eminim. Size anlatılan acıları konforlu koltuğunuzda dinliyorsunuz. Siz hiç terk edilme acısı yaşadınız mı Bahar Hanım?"

Ona insan olan herkesin tüm acılara bir şekilde temas ettiğini anlatmak, konforlu koltukların arkasında neler olabileceğini göstermek isterdim ama bunun bir anlamı olmazdı. O, yaşadığı acının herkesinkinden fazla olduğuna inanmak istiyordu. Alıştığı mağdur koltuğunda rahattı. Savunmaya geçmek çok yersizdi. O saldırarak ve geride kalan olarak, bildiği dilden ilişki kurmak istiyordu benimle. Bu yüzden sürekli sabote ediyordu. Sonra da, "Beni herkes terk ediyor, dünya kötü ve ben şanssızım," diyordu. Bu yolu ezberlemişti artık ama ona bu fırsatı vermeyecektim. Onu iyileştirmemin tek yolu ilişkilerine kendi katkısını görmesini sağlamaktı. Hikâyesinin devamına odaklanmak istedim. Cihangir'le ilişkilerinde birbirlerini nerede kaybettiklerini anlamamızı istiyordum. Yoksa hiç buluşmamışlar mıydı? Hayattan saklanan iki bezginin yarattığı bir sığınak mıydı o evlilik?

Ama öncelikli olanlar başka sorulardı. Hazel tam olarak kimdi? Kimlik algısı öyle dağınıktı ki kendini nasıl tanımlıyor ya da tanımlamak istiyordu? Bu hayattan nasıl beklentileri vardı? Değerleri ve hedefleri nelerdi? Duygularında ve davranışlarında öyle tutarsızlıklar vardı ki bunları düzenlemek bence diğer tüm meselelerden daha acildi. Kendini cezalandırırcasına yaşadığını fark etmesi; içindeki bitmek bilmeyen boşluk duygusunun, karanlığın sessiz ve etkisiz bir odaya dönüştürülmesi gerekiyordu. İlk seansta gördüğüm o hüzünlü yüz âdeta başka bir insandan Hazel'e kaçamak yaşamaya gelen, ara ara uğrayan bir ruha aitti. Yerini hızlıca sert duvarlara bırakıyordu.

Yolumuz zor ve uzundu ama pes etmemek ikimizin de ortak yanıydı. Yine de bazen bir hekim olarak cerrah meslektaşlarıma imrendiğim olurdu. Tek operasyonda zararlı dokudan kurtul ya da dokuyu onar ve kapat. Hızlı çözüm, hızlı tedavi. Psikiyatri branşında iyileşmenin —özellikle bazı vakalarda— bu kadar sabır ve zaman gerektiren bir süreç olması bence çoğu psikiyatristi zorluyordu ama insan ruhsallığı tam da böyle bir şeydi. Oluşumu, gelişmesi, bozulması ve onarılması hep çok detaylı ve incelikli.

Seanslar boyu sadece Hazel'e, onun kimlik algısına ve duygularını tanıyıp yönetmesine odaklanmıştık. Âdeta yeni biriyle tanışıyordu. Seansları sabote etmeye çalışmadığı zamanlarda ilerleme kaydedebiliyorduk. Cihangir'in henüz sessizliğini koruması, sevgilisi Zeynel'in de ortadan kaybolması bize zaman kazandırıyordu.

Hayatındaki sorunlara kendi katkılarını görmesi gerekiyordu. Arkadaşlarını ve erkekleri kendinden hep böyle uzaklaştırmıştı. Sürekli dışarıda aradığı suçlu kişiler, kötü kader, fena şans, anlayışsız insanlar silsilesi ile dışsallaştırdığı sorunlar üzerinde etkin denetim sağlamasının tek yolu sorumluluk almasıydı. Elbette sorunlu ebeveynlerine baktığımızda bu anlamda şanslı olduğu düşünülemezdi. Çok zor bir çocukluğu ve cinsel istismar öyküsü olan bir insanın mevcut yaşamında karamsar davranmamasının zor olduğunu biliyordum. Evet, geçmişe hükmedemezdik ama geleceği şekillendirebilirdik. Kontrol edemeyeceğimiz durumlara rağmen yaşamın genelinde, sağlığımızda, ilişkilerimizde, işimizde ve kendi kişisel performansımızı en iyi nasıl değerlendireceğimizde söz sahibi olabilirdik. Bu bizi güçlü kılardı ve yaşamdan bir anlam çıkarmamız için yönlendirirdi. O hep aradığımız hayatın anlamı aslında orada bir yerde duruyordu ve biz onu keşfedene kadar sessiz kalacaktı. Ona söz yazıp beste yapana kadar duymayacaktık onu. Ben Hazel'in bu müziği duyması konusunda kararlıydım. Boşluk hissiyle değil anlamla yaşamasını istiyordum.

Bu arada bana ilk seansta bildirdiği cinsel istismarı çalışmayı atlamış değildim. Sadece bu konuyu çalışabilmek ve taşıyabilmek için ruhsal süreçleri adına fırsat kolluyordum.

Bu arada Hazel'in gittikçe zayıfladığına da şahit oluyordum. Özellikle bu konuyu ele almadığımız halde duygularını tanımaya ve yönetmeye başlaması yeme ataklarını bir hayli azaltmıştı. İçinde olanları söze döktükçe, kendini ifade ettikçe, daha sağlıklı iletişim yollarını öğrendikçe yemeklerden daha az medet umuyor; başka doyum yollarının farkına varıyordu. Ruhsal gücünü geliştirdikçe hayattan ve hissettiklerinden korkmuyor, kendini lokmaların ardına gizlemiyordu. Ayrıca seanslarımızdan birinde kendini neden obez yaptığına dair geliştirdiği derin farkındalık yolunu aydınlatmıştı.

Hazel hayatındaki erkekleri kendinden uzaklaştırdığında kilo vermeye daha hevesli olmuştu. İlişkilerinin iyi dönemlerinde ise şişmanlamaya başlıyordu çünkü iyi anlaştıkları dönemlerde yakınlaşma ve cinsellik vardı. Ancak Hazel cinsellikten o kadar korkuyordu ki erkekleri kendi bedeninden uzaklaştırmak için kilolarını kullanıyordu çünkü ona göre şişman bir beden seksi olmazdı ve erkekler onu rahat bırakırdı. Zayıf olmayı kadınsılıkla ilişkilendirmişti. Annesinin öğretisi olan bu görüş maalesef toplumda da oldukça yaygındı. Kadınlık ve cinsellik de onun içini dolduramadığı, başa çıkamadığı ve bunlarla ne yapacağını bilemediği kavramlardı. Kilo alarak âdeta kadın olmaktan kaçıyor, kendini çuval gibi giysilerin ardına gizliyor, cazibesini kendince yok ediyor ve erkeklerden saklanıyordu. Elbette küçük yaşta yaşadığı cinsel istismar pek çok şeyi böyle şekillendirmişti ama başka bir önemli etken daha vardı onun hayatında. Kadınlık, anneden kıza doğru iletilir. Hazel'in annesinde kızına iletebileceği bir kadınlık bilgisi yoktu. Kendi sorunlu ilişkisinde hiç hissetmediği; kızına da sadece güzellik, zayıflık, hanımefendilik olarak aktardığı içi boş bir kavramdı bu. Kızıyla cinsellik hakkında bir gün bile konuşmamıştı. Cinsel kimlik algısı ve cinsel yaşantı yok sayılmıştı. Ev bir savaş alanıydı ve orada cinsellik zaten büyük bir lükstü. Kadınlıksa başa iş açmak dışında bir şeye yaramayan; can acıtacak, korunmasız bırakacak, çaresizlik hissettirecek bir kavramdı. Öyleyse saklanmalıydı. Annesiyle ilişkileri hep çok tutarsızdı. Annesi bazen fazla ilgili bazen fazla dışlayıcı idi. İyi gününde şefkatli bir anne oluyor, kötü gününde âdeta bir yabancıya dönüşüyordu. Sevgi ve nefret arasında gidip geliyordu. Bazen kızının dış görünüşüne kafayı takıyor bazen bunu hiç umursamıyordu. Hazel annesine karşı ne hissedeceğini bulamazken kendi duygularını tanımayı da öğrenememişti. Tutarlı bir sevginin ne olduğu hakkında fikri yoktu. Bu nedenle içinde kimseye sunabileceği bir sevgi kalıbı oluşmamıştı.

İki adamla yani eşi Cihangir ve sevgilisi Zeynel'le olan ilişkisini incelediğimizde benzer yaşantılar görüyordum. Neredeyse görüntüleri farklı kişilikleri aynı iki adam vardı karşısında. İkisi de kendinden başka birine bakıcılık yapmaya, aşırı fedakârlık göstermeye uygun kişiliklerdi. Hazel'i mutlu etmek adına çok uğraşıyorlar ama asla tam bir kazanım elde edemedikleri için çabalarının boşa gittiğine inandıkları zamanlarda uzaklaşıyorlardı. Üstelik tam olarak gidemiyorlardı. Hazel'in ikisiyle de cinsel ilişkisine vasat bile denemezdi. Nadiren cinsellik yaşıyorlardı. İki adam da bu kadında gördüğü zavallı kız çocuğuna yardım etmeye ümitsizce bağlanmıştı, onun cezalandırıcı öfke nöbetleri karşısında ancak yüzlerini koruyorlardı. Neden kaldıklarını merak etmiş olabilirsiniz. Çok sağlıksız şartlara rağmen kendi dinamikleri nedeniyle ısrarla kalan o kadar çok kişi tanıyordum ki şaşırmıyordum artık buna. Yüzeyde bahaneler, koşullar, sebepler üretirlerdi. Buzdağının altında ise çok hasarlı bir geçmişin izi görülürdü.

Ama sonunda olan olmuştu. Hazel'in iç karmaşalarının yarattığı bitmek bilmeyen sabotajlar iki ilişkinin de sonunu getirmişti. Zeynel, ilişkilerini Cihangir'e itiraf ettiğini öğrendiğinde çekip gitmişti. Hazel de onu bir daha aramamıştı. Terk edilmekten hep çok korkmuştu ama hiç korktuğu gibi olmamıştı. Canı acımıyordu. Üstelik kimi sevdiğini de bilmiyordu.

Bizimse sevgiyi öğrenme ve bunu yaşama dönüştürme çalışmalarımız devam ediyordu.

Hazır olduğunu hissettiğim bir seansta konuyu cinselliğe getirerek travması hakkında konuşmaya niyetlendim. Bana yine saldıracağını düşünürken —gerçi bunu eskiye nazaran oldukça az yapıyordu— karşımda çok kırılgan bir hâl aldı. Suçlu gibi bakıyordu. Gözleri doldu. Hazel bir seansta bile dört mevsimin duygularını taşıyabiliyordu. Bazen de tam anlamıyla duygusuz oluyordu. Elbette artık ilerleme kaydetmişti ama eski savunma mekanizmaları yine de çabucak devreye girebiliyordu.

"Cinsellik benim için hep çok sancılı oldu. Genital organımın ağrıması değildi bu. İçime bir yabancıyı almak kadar korkuluydu. Kadın olmaktan da korkuyordum. Cinsel ilişki bana kadın olduğumu hatırlatıyordu. Oysa henüz on iki yaşımdayken kadın olmanın felaket bir sonucunu görmüştüm. Babamın yine sarhoş halde, arkadaşıyla eve geldiği bir gündü. Annem uyuyordu, uykusu ağırdır onun. Beni uyandırdı babam. 'Bize yiyecek bir şeyler hazırla,' dedi. Bu bana zor gelmezdi. Zaten geceleri pek uyumaz günlük tutardım. Üstelik Şevket Amca babam gibi kötü biri değildi gözümde. Ondan korkmazdım, hatta severdim onu. Aslında gerçek bir baba gibiydi. Hazırladığım yiyecekler için bana teşekkür etmesi beni çok mutlu ederdi. Okulumu sorardı sonra. Kaçıncı sınıfta olduğumu babam bilmezken o bilirdi. Beni her gördüğünde, 'Gittikçe güzelleşiyorsun,' derdi. En şişman olduğum zamanlarda bile bu söylediğine inanırdım. Okulda kimse sizinle ilgilenmezken birinin size, 'Güzelsin,' demesinin ne anlama geldiğini bilemezsiniz. Bana iyi davranırdı. Takdir görmek ve güzel olduğumun söylenmesi bana iyi hissettiriyordu. Yabancı bir duyguydu ama bunu seviyordum. Sonra... O geceden sonra yaşamım boyunca iyi hissettiğim her an bende suçluluk duygusu yaratmaya başladı. İyi hissettiğim her anın arkasından bir felaket geleceğini sanmaya başladım. İnsanlar iyi şeylerden mutlu oluyordu, bense iyi denen her ortamı yok etmeye ve kendimi sonraki felaketten sakınmaya çalışıyordum âdeta."

Hazel durdurulamaz bir şekilde ağlamaya başlamıştı. Seansta ilk defa ağlıyordu. Hikâyenin devamını tahmin ediyordum. Göz göze geldik ve öylece kaldık. Hazel o sırada benimle ilk kez gerçekten buluştu. "Bana yardım edin," diyen bakışları çakılmıştı gözlerine... Ona acımıyordum elbette, bu benim haddim değildi ama onu anlıyordum. Bir çocuğun hayattan koparılmasının çok hüzünlü anlarına tanıklık ediyordum.

"Babam uyuyakaldı. Şevket Amca benimle konuşmaya ve içmeye devam ediyordu. Sonra nefesini çok yakınımda hissetmeye başladım. Ne dediğini anlamıyordum. Güzel kelimesini duyuyordum sadece. Bana ne yapmaya çalıştığını anlamıyordum. Dokunuyordu. Korkuyordum. Donup kalırsam kendimi koruyacağımı düşündüm sanki. Taş olursam, bedenim de donarsa kurtulurum sandım."

Hazel'in yüzü donuk ve tuhaf bir ifadeye büründü. Sanki odada başka bir insan vardı... Tecavüze uğrayışını tüm detaylarıyla anlattı. Sanırım ikimizin de kalbi durmuştu... Öylece birbirimize bakıyorduk. Bunu bir hastam değil de arkadaşım anlatsa ne yapardım diye düşünüyordum. Kalkıp ona sarılamazdım bile. Ona bir insanın, ne sebeple olursa olsun dokunmasından ölesiye korkacağını anlardım. O konforlu görünen koltuğumda kalakaldım. Mesleğim gereği çok fazla tecavüz hikâyesi dinlemek zorunda kalmıştım aslında. İlk değildi ama her seferinde ilk duyduğumdaki kadar acı hissediyordum. Hekim olmanın kolay olacağını da kimse söylememişti zaten.

İlk sarsıntıyı atlattığımızda onu tekrar konuşması ve yaşadığı duyguları anlatması için cesaretlendirdim. Travmalar sessizlikten beslenir, dile döküldükçe çözülürdü.

Aslında mesele şuydu: Pek çok tecavüz mağduru gibi Hazel de kendini suçluyordu. Bu ortamın oluşmasıyla ilgili tüm sorumluluğu üzerine alıyordu. "Nerede hata yaptım? Nerede buna sebep oldum? Neden kendimi koruyamadım? Yoksa ona davet mi gönderdim? Onu sevmekle, ona güvenmekle hata mı yaptım? Nasıl anlayamadım olacakları?" Bunlar gibi pek çok soru kafasında dönüp duruyordu. Elbette anlayamazdı. On iki yaşında bir çocuktu ve onu koruması gereken ebeveynlerinin himayesi altındaydı. Dünyadaki sapkınları tanımıyordu bile. Sapkınlığın ne demek olduğunu bile bilmiyordu. Kendisine ne amaçla dokunulduğunu anlayamazdı ki. Ortada bir suç vardı ve bu kesinlikle karşısındaki sapkına aitti.

Ancak travma mağdurları bizim bu netlikte gördüğümüz açıklamaları kolaylıkla idrak edemezler. Travmatize olmanın doğal yolu içe kapanma ve yanıtları kendinde arama olabilir. Artık dış dünyadan o kadar korkuyordur ki cevaplar için bile oraya bakamıyordur. İstismarcıyı suçlamak bile belirli miktarda cesaret gerektirir. Mağdur olduğunuzda cesur davranmak ve kendinizi korumakla ilgili tüm yeterliliğiniz zaten elinizden alınmıştır. Yalnızca en yakınınızda duran kişiye, kendinize bakabilirsiniz. Çünkü sadece kendi sesinizi duyabilecek durumdasınızdır. O öyle bir ıssızlıktır ki sesinizin dışında muhatap bulamazsınız. Aynaya bakamadığınızdan görüntünüze de kavuşamazsınız çünkü başkalarının yerine utanıyorsunuzdur. Kurban, kendindeki bir yaşam belirtisi olarak acıyı izler, hatta ona gömülür. Sonra acının içine hesaplaşmalar karışır. Dış dünyadan öylesine soyutlanır ki suçun izlerini, cevapları verecek tek kişi olan kendinde arar. Kendini yargılar. Çünkü birilerini mahkemeye çıkarmak zorundadır ve elindeki tek kişi kendisidir. Suçlayıcı bir yargıç, davasına sahip çıkamayan bir avukat, cezasını umursamayan bir sanık olur. Ceza fark etmez çünkü önündeki yol tüm anlamını yitirmiştir. Dünya onun için susmuştur. Üstelik dönüştüğü bu yeni insanla aynı bedende yaşamak zorundadır. O yeni insan onun üzülmüş, hırpalanmış, kendini koruyamamış ve yenilmiş yeni kişiliğidir. İnsanın kendine hapsedilmesinden daha ağır ne olabilir ki?

Üstelik travma mağduru kişi bir çocuksa her şey ayrı bir önem kazanır. Çocuk, hayata karşı savunmaları henüz öğrenmemiş ve yolu anlamaya çalışan bir varlıktır. Sevmeye ve güvenmeye açıktır. Kurgulamaya çalıştığı dünyaya bomba atıldığında parçalarını toplayamayacak kadar araçsızdır. Bir çocuk istismar edildiğinde dünya durmalı. Sadece onun dünyası değil tüm dünya durmalı. Dönmesine alıştığımız bu gezegen aniden durmalı. Başımız dönmeli. Sarsılmalıyız. "Bir yerlerde neler oluyor?" demeliyiz. Bazı yaşamlar için hiçbir şeyin eskisi gibi olmayacağını fark etmeliyiz. Kalbimizde sızı hissetmeliyiz. Herkesi daha insan olmaya davet etmeliyiz. Bir çocuk istismar edildiğinde, üstelik tecavüze uğradığında onu o ıssız yalnızlığından çıkarmak için durmaz dediğimiz günler ve geceler durmalı. Hele de onun anne ve babası olma sorumluluğundaysak o çocuk adına düzene, onu koruyamadığımız için de kendimize kafa tutmalıyız. Anne-baba olmak, bir canlının doğumuna sebep olmak değildir. Onu acıtacak her şeye kalkan olmaya çalışmak, yaşanan kötü şeyleri onarmak demektir.

Hazel'in sert sesiyle aniden düşüncelerimden koptum.

"Anlattıklarım sizi üzmüş gibi duruyorsunuz. Bana üzülmenizden hoşlanmam. Sonuçta bunlar geçmişte kaldı. Ben gideyim de yeni vakanıza hazırlanın. Malum pek yoğunsunuz. Sizin güzel hayatınıza böyle acıklı hikâyeler katmak istemezdim," dedi.

Yapmak istediğini görüyordum. Bağ kurulduğunu hissettiği

anda oranın güvenilmez olduğunu sanmak ve oraya da bomba atmak Hazel'in güvenli yoluydu, oradan sapmak istemiyordu ama bu odada istediği gerçekleşmeyecekti. Tüm bombalarını imha edecektim. Eline de zeytin dalı uzatacaktım.

Bir sonraki seansta bu acının peşini bırakmayacaktım. Hazel'e onun benim için önemli olduğunu, hatta yaşadığı acıların da kendisi için önemli olduğunu gösterecektim. Hapsolduğu bedeninde kaybolmasına izin vermeyecektim. Artık kendini korumak için başvurduğu saldırı yolu işlemeyecekti. İçindeki, bağ kurmak için çırpınan küçük kıza çoktan el uzatmıştım ve ezberlerini bozuyordum. Çünkü anlattıklarından öğrendiğim bir şey vardı. Hazel kök salmak isterken, yuva ararken eski bildik ve güvenilmez yuvasını tekrar inşa ediyor, kendini tekrar yurtsuz ve kimsesiz hissedeceği bir ortam yaratıyordu. Bana da yaşamak için tutunacağı bir dal aramaya gelmişti ama sürekli o dalı kesmeye çalışıyordu. Bu gidişle ağaç iyice kuruyacaktı. Ona kendi köklerini hatırlatacak, gerekirse tekrar yeşermesini sağlayacaktım. Ben onun saldırganlığını çırpınan bir insanın etrafa umarsızca savurduğu kolları olarak algılıyordum. Canım acımıyordu. Kendi yaşamına da vurmasına engel olacaktım.

Sonraki seanslarda onun yaşadığı travmadan ve Hazel'den korkmadan gündemimize geçtim. Beni incitmeye çalıştığı yerlerde buna sınır koymaya çalıştım ve onu yüzleştirdim. Aşamaları yeni öğrenen bir çocuk gibiydi. Ona güvende olduğunu sürekli hissettirmem gerekiyordu. Bunun yanı sıra aradığı bağı insanlara güven vererek de kurabileceğini özünde inşa etmeye çalışıyordum. İtiraf etmeliyim ki bazen pes ediyordum. İpin ucunu ne zaman bırakmak istesem yardım arayan çocuğu hatırlıyordum. Aylarımız böyle geçti. Bazen kendimi, legoyu yapması için tüm çabasıyla yardım ettiği çocuğun, bir hamlesiyle her şeyi paramparça edişiyle karşı karşıya kalmış biri gibi hissederdim. Beni bu sürece bağlayan umut ışığı ise Hazel'in süreç içinde kendi yaptıklarına karşı bir içgörü geliştirmesi ve, "Sizi yine hırpaladım galiba," demesi oluyordu. Kendi hayatındaki kişilere de ne yaptığını bu temelde fark edecekti. Tam da bu sırada onu yüzleştiriyordum. Hayatına aldıklarını tam da bu yöntemleriyle uzaklaştırdığını ve bu şekilde geçmiş yaşamının güvensiz, acımasız şeklini doğruladığını anlatıyordum ona.

Oysa iyileşmek, geçmişi tekrarlamakla değil yeni bir gelecek yaratmakla mümkündür. Neyse ki erişkin dünyamız buna izin verir. Sorumluluğumuzu aldığımız anda geçmişi anlar, bir kenara koyar ve geleceğimizi inşa ederiz. Edebiliriz çünkü. Farkında olmasak da cesaret edemesek de gerçeklik bundan ibarettir. Geçmişin kölesi olmaktan kurtarabildiğimiz her parçamız tekrar bir araya gelebilir. Kendimize destek olmak ve bir şeyleri yeniden inşa etmek üzerine bir miladımız olabilir. İnsana olan katıksız umudum yine iş başındaydı. Akıl, sezgi ve duygularımızla yaratacağımız yeni dünyalara inanmak beni hiç yarı yolda bırakmamıştı. Hazel'i de buraya davet etmekten usanmayacaktım.

Kalbim sızlasa da yaşadığı travmayı onunla seanslar boyunca konuştum. Elimin uzanamadığı, istismara uğramış tüm çocuklar adına onunla bağ kurdum. Amacım da onun paramparça edilmiş kimliğini bütünleştirmekti. Dışlamadan, reddetmeden her hücresine sahip çıkabilmesini ve kendinden utanmadan kendi elinden tutabilmesini sağlamaktı. Onun yerine sevemezdim ama onun sevmeyi öğrenmesine eşlik edebilirdim.

Kendi geçmişini kucaklaması sandığımdan çabuk ama yine de bir hayli zorlu oldu. Çünkü Hazel her şeye öylesine açtı ki... Verileni yutmaya hazır kocaman bir ruhu vardı. Önemli olan, acılarını öğütürken bunlardan bir anlam çıkarabilmesiydi.

Burada aklınıza, "Tecavüze uğramış bir çocuk bundan nasıl bir anlam çıkarabilir?" sorusu gelebilir. Çok haklı bir soru bu. Ama başımıza gelmiş ve kaçınılmaz olan acılardan sonraki yaşamımızda söz sahibi olursak anlamı bulabiliriz. Kendimizi avunmaya ya da ehlileşmeye değil, önümüzdeki yaşamı şekillendirmeye adarsak bir zamanlar girdiğimiz hücrelerden çıkabiliriz. Cezalandırılmış gibi hissetmez, yaşamın iplerini elimize aldığımıza inanırız. İçimizdeki sancılara rağmen nefes alabiliriz. Yakamozun unuttuğu bir kayalık olmak sertliğimizden bir şey kaybettirmez. Kanattan kopmuş bir tüy olmak yumuşaklığımızı yitirmemize sebep olmaz. Ne istiyorsak o olmak yolunda artık bir erişkin olma özgürlüğünü ve sorumluluğunu hissedersek dış dünya bizi ürkütmez. Ama önce kendi içimizde bir barış imzalamak zorundayız.

Zaman geçtikçe Hazel'e dair umutlanmamı sağlayan bir başka şey de bedenine yemeklerle saldırmayı tamamen bırakmasını fark etmem oldu. Ona bu konudaki yardımım bilindik, belli stratejilerle ilgili çalışmakla olmuştu sadece. Meselenin bunlarla çözüldüğünü düşünmüyordum. Hazel yavaş yavaş kendine saldırmaktan vazgeçiyordu. Demek ki sırada bunu, başka insanlarla iletişimine yansıtması vardı. Onun zekâsına ve cesaretine güveniyordum. Koltuğa sığamayan kadında aylar içinde gözle görülür bir değişiklik olmuştu. Yeme durumundan başka yerlere baktıkça bu takıntısı kendini tüketiyordu. Duygusal dalgalanmaları azaldıkça kilosundaki dalgalanmalar da azalıyordu.

Yaşadığı istismara hatta talan edilmiş diyebileceğimiz yaşantıya bakış açısı ve algısı gittikçe açığa çıkıyor, artık o da benim gibi on iki yaşındaki çocuğa koşulsuz el uzatıyordu. O çocuğa sağlıklı bir gelecek verme amacında olduğumuzu anladığında benimle iki kişilik bir yuva kurdu.

Bir gün seansa hiç beklemediğim bir düşünceyle geldi: "Zayıf ve bana rehberlik edecek kişi olduğunuz için sizden öylesine nefret ediyordum ki... Bunun saçma olduğunu biliyordum ama sizi rahatsız etmekten kendimi alamıyordum. Bana yönelik en iyi duygularınızın merhamet ve acımak olacağını düşünüyordum. Kırdığımı gördüğüm günlerde bile size karşı içimdeki ses şunu söylüyordu: 'Bahar lütfen beni bırakma. Öyle yalnızım ki.'"

Ona yardım etmem hayatında kim olacağını, kimleri seçeceğini ve onlara nasıl davranacağını; onlardan, hatta hayatından beklentilerini anlamasını sağlamak olabilirdi. Özgüven, özsaygı sahibi olmak gerçek bir kimlik mücadelesiydi.

Oluyordu da.

Aylar geçtikçe Hazel kendini yoktan var ediyordu ama bu kez güzellikle, tutarlı bir sevgiyle ve buna değdiğine inanarak.

İçyapısını onarırken yaşamının dış yapısını da şekillendirmeye karar verdi. Cihangir'e kararlı bir şekilde ayrılmak istediğini söyledi. İş hayatına döndü. İnsanlarla ilişkileri yüzeysellikten çıkıp daha gerçek ve samimi bir hâl almaya da başlıyordu. Kendine ve onlara tahammülü öğrendikçe yalnızlık hissi ve boşluk duygusu etkisini yitiriyordu.

Çok güzel yol alıyorduk. Artık ondan çok barışçıl, dostane, minnet dolu sözler de duyuyordum. Bunun için ne kadar beklediğimi sorarsanız, "Bir buçuk yıl," diyebilirim.

Seanslarımızın sıklığını azaltma sürecine girmiştik. Plan yapacaktık ama öncelikle Hazel, hayatında ilk kez arkadaş grubuyla iki haftalığına tatile çıkacaktı. Onun için büyük gelişmeydi bu.

Seansa uçuşan şifon elbisesiyle neşe içinde geldi.

"Biliyor musunuz," dedi, "bazen o kara dalgalar kısa süreli olarak uğrasa da iyi günlerimde tüm hayatını sağlıklı geçirmiş biri gibi hissettiğimi fark ettim. Sevdiğimi hissediyorum. Eskiden bunun ne anlama geldiğini bilmezdim. Şimdi anlıyorum. Sizi seviyorum. Arkadaşlarımı seviyorum. Kendimle bazen tartışsam da bunun da sevgiye dahil olduğunu biliyorum, galiba kendimi de seviyorum. Siz ne hissediyorsunuz benim sürecimle ilgili?"

Biraz düşündüm. Aralarda ona hep geribildirim verirdim ve son zamanlarda bunların çoğu olumlu oluyordu zaten. Ama o sorunca bu kez ona daha metaforik bir yolla anlatmak istemiştim.

"İkimizin ayrı bisikletlerde yan yana ilerlediğini düşün. Önceleri yokuş yukarı çıktığımız için zorlanıyoruz. Bazen birimiz geride kalıyor bazen diğerimiz. Ama yola hep devam ediyoruz çünkü birbirimize ve gelecek güzel günlere inanıyoruz. Hava bazen çok sıcak bazen yağmurlu oluyor. Bazen birimizin bisikleti arızalanıyor. 'Hadi, durmak yok,' diyoruz. 'İşte tepe göründü.' Ve şimdi seninle birlikte o tepeden yokuş aşağı süzülüyoruz. Bu, bisiklete binmenin en zevkli kısmıdır, bilirsin. Kontrol bizde, hava ılık, bazen hızlanmaya izin veriyor bazen frene basıyoruz. Ama önümüzdeki yolu iyi biliyoruz. Güvende ve rahat hissediyoruz. Bu keyifli yolculukta sana bir süre daha eşlik edeceğim için mutluyum. Sonra sen başka bir yolda süreceksin bisikletini ama gözüm arkada kalmayacak. Sana güveniyorum."

ERKEKLİĞİN GÖRKEMLİ YARALARI

"Üzüntüsünü iyi taşıyabilen kadınları seviyorum," dedi, "suçluluk duymamak için. Onlar kendi üzüntüsünü taşıyamıyorsa ben ikimiz adına da üzülüyorum. Sonra da çok yoruluyorum."

O sırada dalgın olmadığım halde irkilerek ona baktım. Bir şeye uzun süre dikkatini veremeyen biri olduğum halde seanslarda dalmazdım hiç. Çünkü dalamazdım. "Bu da benim sınavımdı," diyemeyeceğim, insanların dünyalarındaki farklılıkları çok merak ettiğim için kendimi sınanmış hissetmezdim. Bir hikâyeyi nasıl yaşadıklarıyla ilgileniyordum. İnsanlarla ve onların ruhsal karmaşalarıyla buluştuğumda "şimdi ve burada"yı, en doğal en içten halimle yaşayıveriyordum. Benim için de ömrümün en terapi niteliğinde ve doyumlu halleri oluyordu o anlar.

Yola çıkışımızdan tam üç ay sonra, seansımızın otuz beşinci dakikasında söylemişti bunu. Oysa üç aydır buluşmaya çalışıyordum onunla. Kum saatimizin dolmasına ise on beş dakika vardı.

"Niye öyle şaşırdın ki?" dedi.

"Görkem," dedim, "ilk defa kendinden bahsettin."

"Nasıl yani?" dedi ve ondan hiç beklemediğim bir şekilde öfkelendi. Belki de ilk kez öfkelendi. "Her hafta hiç aksatmadan aynı gün aynı saatte buraya geliyorum. Sana bir sürü şey anlatıyorum. Hayatımda kimseyle bu kadar uzun konuşmadım ben. Hiçbirini duymamışsın gibi ilk defa kendimden bahsettiğimi mi söylüyorsun şimdi bana?"

Gözlerimi ayırmadan konuşmaya başladım. Meydan okumak denemezdi buna ama fırsatı yakalamak denebilirdi. "Evet çünkü ilk defa gerçekten kendinden, üzüntü hissetmenden bahsettin. Çok fazla hikâye anlatıyorsun. Dünya görüşünden ya da günlük sorunlarından bahsediyorsun. Sıklıkla filmlerden, kitaplardan ve başka sanat eserlerinden örnekler veriyorsun. Senden öyle çok şey öğreniyorum ki bencil bir terapist olabilseydim iki yılımı bu şekilde geçirebilirdim. Âdeta sanat okulunda gibiyim seninle çıktığımız bu yolculukta. Ama iş ne zaman duygulardan bahsetmeye gelse, ne zaman yaralarını keşfetsem hemen oradan uzaklaşıyorsun. Seninle bağ kurmak için çok çabalasam da en fazla yaptığın resimlerden biriyle karşılaşıyorum. Sen gizlenmişsin. Belki de ilk kez içtenlikle açığa çıktın."

İrkilme sırası ondaydı. "Öyle mi?" dedi. Öfkeli sesi yatışmıştı. "Niye böyle söyleyip beni huzursuz ediyorsun şimdi?"

"Huzursuzluğu hisset. Hatta bana az önceki gibi öfkelen. Ama öfke ve endişe dışında da çok fazla duygu vardır. Belki artık onlara da uğramanın vakti gelmiştir, ne dersin?" dedim.

"Seansı erken bitirebilir miyiz?" dedi. Bu bir soru değildi, istekti. Hızlıca ayağa kalktı.

"En azından son dakikalarda konuştuklarımız hakkında düşün," demeye bile fırsatım olmamıştı. Kararlıca kapattığı kapının arkasından bakakaldım.

Yine kaçmıştı işte.

Hay Allah! Erken mi davranmıştım? Terapist olmak bir kendine bakma, kendini eleştirme biçimiydi. "Burada benimle ilgili ne var?" deme gerekliliği hiç yakamızı bırakmazdı. Bazen beyin ameliyatı yapan meslektaşlarımla aynı kaygıyı duysam da kendimi yatıştırırdım. "Bu hamleden sonra kimse ölmeyecek, sakin ol!" Ama bunları söylesem de her zaman böyle olmazdı. Birinin ruhuna müdahale etmek bana o ameliyatta olanları yaşatıyordu. Evet, erken veya yanlış bir yorum kimseyi öldürmezdi belki ama bir sorunun üstünün örtülmesine; kişinin açığa çıkardıklarını tekrar bastırmasına, kendini çok yanlış tanımlamasına, kendine geç kalmasına, değerler ve anlam dünyasını oluşturamadan hedeflerde boğulmasına, cesaret bulmuşken başladığı terapilerden uzaklaşmasına ve bu fırsatı kaçırmasına sebep olabilirdi. Layıkıyla yaşanmamış, kişinin kendini gerçekleştiremediği kayıp bir ömür; erken ölümdü nazarımda.

"Peki bu kez çıkışın erken miydi?" dedi içsesim hınzırca. "Seansı bile tamamlayamadığınıza dikkatini çekerim!"

Yok canım ne erkeni! Üç aydır bekliyordum. O da otuz iki yıldır bekliyordu savunmalarından sıyrılıp kim olduğuna bakabilmek için.

Bazen günler, saatler, anlar böyle geçer. "Pes mi etsem? Belki de ben onun için doğru terapist değilimdir..." dersiniz. Sorgulamalara başlarsınız: "Belki başka birine yönlendirirsem vakit kaybetmez... Belki bir yerlerde bir şeyleri eksik yapıyorumdur, olamaz mı?" Olabilir tabii. Sonra deneyimleriniz gelir aklınıza ve onlara güvenirsiniz. Yılların aynı meslekle aynı uğraşılarla, insan ilişkileriyle geçmesi öyle kıymetli ki... Bağ kurduğunuzu hissedersiniz. Bağ kurabilmek bir ilişki adına daima umut edebilmektir.

Sabrımın sebebi tam da şu kendimi sorgulama şeklimdi. Bu benimle değil, onunla ilgiliydi. İlişkilerinde ona yaklaşanların yaptığı hataları yapmamalıydım çünkü hayatına giren kadınlar ya tam olarak kendilerini Görkem'in üzerine bırakmış, hiç mesafe tanımadan tüm sorumluluğu ona yüklemiş, ihtiyaçlı tavırlarıyla boğulmasına sebep olmuşlardı ya da tamamen, "Peki suç bende, ben yapamıyorum, başkasıyla daha mutlu olursun," diyerek hiç mücadele etmeden elinden kayıp gitmişlerdi. Ortası yoktu. Nitekim bu durum Görkem için de geçerliydi.

"Onların tüm üzüntüsünden kendimi sorumlu tutuyorum." Bence bu çok umut vaat eden bir kavrayış.

Otuz iki yaşında, endüstri mühendisliği mezunu bir adamdan bahsediyorum şu anda. Vücuduna göre dar omuzlu olsa da sporla güçlendirilmiş bir fiziği vardı. Giyim tarzının zevkli olduğu söylenemezdi ama bakımlı, titiz ve düzenliydi. Bazen kareli gömlekler üzerine süveterler giyen kütüphane memurunu andırır bazen de takım elbisesi ve gevşememiş kravatıyla toplantıdan az önce çıkmış gibi bir havada gelirdi. Ama modern veya birazcık moda katılmış, yeni erkek stili dediğimiz tavırdan eser bulamazdınız. Onu sadece bir kez bohem ve rahat kıyafetle gördüm. O da bir akşam Esin tarafından terk edildiğinde yaşadığı panik atakla acil bir randevu alıp saat 21:00'da ofisime geldiğinde... "Kıyafetim için üzgünüm," dedi, "evde resim yapıyordum ve panik atak başladı. Kendimi bu halde dışarı atmak zorunda kaldım." Demek ki dünyanın ona bakmadığı zamanlarda bambaşka bir kimliğe sahip olabiliyordu... Hangisi gerçek Görkem'di?

Mevcut işi, ailesinin tekstil şirketinde yönetici olmaktı. Aynı zamanda bir ressamdı. Hem de nasıl bir resim sanatı... İncelemeye doyamadığım derinlikte eserler... Çok kafa karıştırıcı geliyor değil mi? Elbette kafam karışmıştı. Sonra düşünmeye başlayıp onu da hep buraya çekmeye çalıştım. "Hayatına nasıl devam etmek istiyorsun? Kim olarak? Hepsi olabilir. Eğer gerçekten kendinden yola çıkıyorsan... Yüklendiğin rollerinden sıyrıldığında kimsin sen?"

Erkeklerle çalışırken bir şeyi fark ediyordum: Toplumun onlara dayattığı o kadim "erkek olma" geleneği kim olduklarını bulmalarına engel oluyordu. Hatta içseslerinden öylesine uzak yaşıyorlardı ki "erkekliğin" altında ezildiklerini hissediyordum. Güçlü durmak, duygularını dile getirmemek ve bu sayede açık vermemek öğretilmişti onlara. Yakınlık ihtiyaçlarını inkâr etmeleri ve kişisel paylaşımlardan uzak durmaya şartlanmaları kendilerini tanımalarına engel oluyordu.

Görkem'in bana başvurma sebebi artık istediği resimleri yapamıyor olmasıydı. Çok güzel. Görünürde hiçbir yakarış, gerçek bir sorun, yenilmişlik hali getirmeyen bir itiraf... Çok makul ve meşru görünüyordu. "Bir nevi sanatçı tıkanıklığı yaşıyorum bence. Bunu çözmek istiyorum. Sadece sormak istedim: Bana ne oluyor? Bir-iki seansta aydınlatabiliriz sanırım. Düşündüğüm gibi değilse buraya kadarmış diyebilir ve resim yapmayı bırakabilirim ama önce bir terapiste danışmak istedim," demişti.

"Her sanat üreticisi belli zamanlarda bunu yaşar. Elbette senin duraklamana neden olan şeyler üzerinde konuşabiliriz ama çok endişeli olduğunu görüyorum. Anladığım kadarıyla sen zaten yaşamını resim yaparak kazanmıyorsun. Bu anlamda şimdilik üretememene tolerans gösteremiyorsan bu kaygılı halin bize başka şeyler anlatmak istiyor olabilir mi?" diye sormuştum.

Uzun bir ara... Derin bir sessizlik... Savunmaya mı geçecek, zekâmla mı oynamaya kalkışacak, kalacak mı, vazgeçecek mi bilememiştim. Bir yandan da sabırsız olmamı ve durumu ele almamı beklediğini hissetmiştim. Onun yerine kelimeler seçmeyi ve işini kolaylaştırmayı çok isterdim ama bu ikimiz için de zaman kaybı olurdu.

"Haklısın," demişti.

İçim rahatlamıştı. Aslında bireyler çoğu zaman haklı olmaktan ziyade meseleyi anlamak isterlerdi. Ona inatla tutunsak da haklı olmak herkes için vazgeçilebilecek bir seviyede dururdu. Ancak gerçek bir davamız varsa haklı olmayı iyi bir başlangıç olarak kabul edebilirdik.

Sonraki üç ayımız onun yaşama, kavramlara, sanata dair bir şeyler anlatmasıyla; benim de her fırsatta onu, anlattıklarını kendi özel dünyasına, kişiselleştirmesine davet etmemle geçti. Sonra da onun, sonunu bile bekleyemeden kalkıp gittiği seansımız gerçekleşti. Bence terapi bundan sonra başlayacaktı.

Bir hafta sonraki seansa kendini affettirmeye çalışırcasına her zamanki saatinden erken geldi.

"Geçen hafta öylesine kalkıp gitmem beni çok rahatsız etti," diye söze başladı. "Önce ayıp ettiğimi düşündüm. O çok bilindik suçluluk duyguları yerleşti içime. Üç aydır bana emek veriyorsun sonuçta. Sonra kendimle ilgili düşündüm. Senin söylediklerin üzerine uzun uzun kafa yordum. Seninle yani terapistimle de işbirliği yapamayacaksam bu hayatta sadece kendimi kandıracağımı hissettim."

"Görkem," dedim, "rahat ol. Ben senin tarafındayım ama taraf tutmamı taraftarlık gibi algılama çünkü bu sana zarar vermek olur. Senin tarafındayım çünkü seni en az bir kişinin anlaması gerekiyor. Bu kişi ben olamazsam biz bu hikâyeden yenik çıkarız. Bu sadece senin sorumluluğun değil. İkimizin de sorumluluğu. Sadece sen üstlenme. Bunu seninle paylaşmama izin ver yeter. Teslimiyet gibi almamaya çalış. Yargılanmayacağın bir ortamın tadını çıkar yeter."

"Son seanstaki tepkimin yani senin duygularımı paylaşmam beklentin karşısında çekip gitmemin üzerinde çok düşündüm. Sanırım ben bunu hep yapıyorum... Esin'den ayrılışımı sana kısaca anlatmıştım. O da duygularımı anlatmadığımdan bahsediyordu sürekli. O söylediğinde bunun kadınca bir zayıflık olduğunu düşünüyordum. 'Aramızda mesafeler var,' diyordu. Böyle söyleyerek ne demek istediğini anlamıyordum."

Sustu. Uzun uzun bana baktı. Yardımcı olmamı bekliyordu.

"Kelimeleri bu kadar tasarruflu kullanmak zorunda değilsin," dedim. "Fırlatıp atabilirsin ortaya. Bu senin için riske girmek olabilir ama belki de yargılanmadığını bilmek; karşında sadece seni anlamaya çalışan, mahkemeler kurmayan birini görmek sana iyi gelebilir. Resimlerindeki tıkanman belki ilişkilerindeki tıkanmandır. Ve belki de artık resimler bile yeterli olmuyordur kusmana... Odanın kirleneceğinden korkmadan kusmaya teslim olabilir misin? İçini dışarı çıkarıp kontrolü bırakarak belki de bu en güvenli sulara teslim olabilir misin?"

Yaşam bizden tuhaf bir şekilde teslimiyet bekler ancak bu duruş erkeklerden esirgenmiştir. Zayıflık olarak bildirilmiştir onlara. Zayıf noktalarımızın çok insani, gücün ise göreceli olduğu kasıtlı olarak atlanmıştır. Kadın-erkek ilişkileri arasında dengeyi mahveden şey budur. Erkekler rollerin arasında sarkaç gibi salınır. Erkek olmak ve insan olmak çok farklı iki durum olarak işlenir zihinlerine. Ya erişkinlikten korkup çocuk kalmaya karar vererek, bütün sorumluluğu kadına bırakmaya yeltenirler ya da "gerçek bir erkek" olmanın gereklerini yerine getirip tüm durumları kontrol etmeye, kararları vermeye, sorunları çözmeye çabalarlar. Aradaki insanca düzeyler kaybolmuştur. Tüm bunların nihayetinde erkekler; kadınların gücün göreceli olduğuna inandıklarını, karşılarında kahraman beklemediklerini, her ne kadar kadınlar da bazen kendi zehirlenmiş zihinlerinde muhtaç, korunma kollanma ihtiyaçlarıyla bir sığınma evi arıyor gibi dursalar da onların yaşam içinde gerçek bir canlıyla temas etmek istediklerini gözden kaçırırlar. Güç, kadınların bağlanması için sandığımız kadar yeterli bir kriter değildir. Kadınları orada tutanlar, süperkahramanlar değildir. Yaratmaya, büyütmeye, onarmaya şartlanmış kadını orada tutan, gerçek bir insanın samimiyetidir. Görkemli bir erkeklik kadının ilgisini geçici süreyle satın alabilir. Erkekliğin tarihi değeri kişisel ilişkilerde hiçbir işe yaramaz.

"Hayatına giren kadınların kendi hüznünü taşımasından bahsetmiştin. Belki buradan devam edebilirsin... Sorumluluk almak zorunda hissetmek belli ki seni yormuş. Birlikte olduğun kadınla sorumlulukları ne kadar paylaşmak istiyorsun acaba? Çünkü paylaşmak gücün eşit dağılacağını gösterir. Buna hazır mısın? Bu senin kendi gücünü hissetmene engel oluyor olabilir mi?" dedim.

Durdu. Düşündü. "Peki, beni yakaladın," dedi. "Öyleyse ne yapmalıyım?"

Ben de düşündüm. "Kadınların acılarını, travmalarını sıradan bir şeymiş gibi pek çok ortamda konuşabilmeleri, uluorta dökmeleri, ağlamaları, çaresiz kalmayı kabul etmeleri meğer ne büyük hediyeymiş kadın olmalarına..." diye geçirdim aklımdan. Kadın olmaya yüklenen bu zayıflık belirtileri onların güçlenmesine yol açıyormuş sessizce. Söze dökmek... Anlatmak... Kabul etmek...

"Geçmişte yaşadıklarıma dair anılarımı sorup duruyorsun," dedi. "Hatırlamıyorum derken yalan söylemiyordum, bugünüme etki eden meselelerin onlardan kaynaklandığını düşünmek çok saçma geliyordu. Sonuçta erişkin bir erkek olarak sorunlarımla kendim başa çıkabilmeliydim. Geçmiş, geçmişte kalmıştı. Sadece önüme bakmak istiyordum. Neler olup bittiğini önümde görmek istiyordum sanırım."

"Keşke dediğin gibi olsaydı Görkem," dedim.

Keşke yaşam bu kadar kolay olsaydı... Geçmiş ancak onu anladığımız, bize neler olup bittiğini görebildiğimiz zaman geçmişte kalabiliyor.

"Ailenden bahsetmemiz onlardan şikâyet ettiğini mi düşündürüyor? Sanki nankörlük ediyormuşsun gibi suçluluk duymana mı sebep oluyor?"

"Tam olarak öyle galiba," dedi. "İçimdeki his tam olarak bu. Üstelik bunu bir yabancıyla paylaşmak bana aile sırlarımızı elevermek gibi geliyor. İhanet ediyormuşum gibi… Erkekliğe sığdıramıyorum açıkçası."

"Kendine olan sorumluluğun ne olacak peki?" dedim. "Kendi duygusal ihtiyaçlarına olan sorumluluğun… Anlatmaya, paylaşmaya; değerlerine, ideallerine, hayallerine olan ihtiyacın… Hayatına almak istediklerine karşı sorumluluğun… Sana olanlardan bahsetmezsek içinde konuşanların seslerinin kime ait olduğunu nasıl anlayacaksın? Kendi sesini nasıl ayırt edeceksin? Ayıramazsan kendini nasıl tanıyacaksın?"

"Bu hafta da bunun üzerinde düşüneyim," dedi. Bu kez seansını tamamlayıp gitti. Ser verip sır da vermeye hazır olarak dönecekti çünkü erkeklerin sır bildikleri, toplumsal yaraların ortak paydasıydı. Kadınların çığlık çığlığa bağırdıklarını çığlık çığlığa susmaları öğretilmişti onlara.

Bakırköy Prof. Dr. Mazhar Osman Ruh Sağlığı ve Sinir Hastalıkları Eğitim ve Araştırma Hastanesinde asistan olarak çalıştığım zamanlarda bir hocamın yaptığı uyarı geldi aklıma aniden. Ben her zaman yüksek ökçeli ayakkabılar giyerdim ve doğal olarak topukları sert zeminde ses çıkarırdı. "Koridorda yürürken ayakkabılarının çıkardığı sesler dikkatimi dağıtıyor. Yürürken ses çıkarmamak için bir çare bul," demişti. Utanmıştım. Kaba çıkışından ötürü onun utanması gerekirdi oysa. Başkalarının takıntıları nedeniyle utandığım dönemlerdeymişim demek ki… Ayakkabılarımdan vazgeçemezdim. Annem ertesi gün tüm ayakkabılarımın ökçelerinin altına kauçuk monte ettirmişti. Sessizliği sağlamıştık. Tuhaf anılar…

Sonraları meslekte ve yaşamda deneyim edindikçe kadınların

yüksek ökçelerinin, gürültünün ve takıntıların ötesindeki sosyolojik bağlamını daha net fark etmeye başlamıştım. Yüksek ökçeler kadına iddialı, özgüvenli, cesur, dik bir duruş sağlarken, güç algısı yaratıp erkeklerin zihinlerinde bir tehdit gibi kavranıyor olabilir miydi? "Erkekler güçlü kadınlardan hoşlanmaz çünkü özünde iktidarını paylaşmak istemez" miti acaba ne kadar gerçeklik payına sahipti? Konunun yüzeysel ifadesinin bazen bu miti doğrulamaya işaret ettiğini görsem de derinlerde yatanın bununla pek ilgisi olmadığı açıktı. Kadınlık neden erkekliği tehdit ediyordu? Kadın ve erkek yola çıkarken aynı amacı güdüyordu. İki tarafın da tüm meselesinin sevmek, sevilmek olduğuna inandığımız halde bunca birleşememe hali nasıl oluşuyordu? Neden bu kadar zor olmak mecburiyetindeydi? İki taraf da bu sorularda boğuluyordu. Kadınların ve erkeklerin birbirlerinin sınavlarını geçemediği çok açıktı ama bunun elbette bir çözümü vardı.

"Babam," diye söze başladı Görkem, "babam bizim evin barometresi, termometresi; her türlü ölçü aracıydı. Anlatabiliyor muyum? Tüm saatler, basınçlar ve sıcaklıklar ona ayarlanmış gibiydi. Çünkü hepimiz öyle olması gerektiğine inanıyorduk. Bizim evde eğlenceli konuşmalar olmazdı. Hep birlikte güldüğümüzü hiç hatırlamıyorum. Buna ihtiyacımız olduğunu bile fark edemezdik. Tüm derdimiz o akşamın olması gerektiği gibi kavgasız ve usulca bitmesiydi. Öyle de olurdu çünkü buna ayarlanmıştık. 'Tamam baba, evet baba' en sevdiğim kelimelerdi. Bu kelimeleri kullandığımda onun yüzünde gördüğüm keyif zaten bana yeterdi. Kız kardeşimin yaşamı benimkinden daha konforluydu. İstediği şeyleri yapardı. Çok gıpta ederdim. Yemeği beğenmezse yemezdi, ertesi gün okula gitmek istemezse ağlar ve gitmezdi. Evin yaramaz çocuğu olarak çok rahat görünüyordu. Kardeşimi çok sevdiğim halde ona kızardım. Odasına çekildiği bir gün kapıyı aralayıp şunu söylediğimi hatırlıyorum: 'Bugün okulda herkes senin ne kadar aptalca davrandığından bahsediyordu. Kız gibisin işte, tam olarak busun sen! Öğretmenin bugün seni derste ağlatmış. Abin olduğum için utandım!' Bulutlanmıştı yine gözleri, ağlamak üzereydi ama hiçbir şey söylememişti. 'Bu kızlar böyledir işte,' demiştim içimden, 'yaptıklarını söylediğin zaman hemen ağlarlar.' Ama o gece zafer kazanmış gibi rahat uyumuştum. Onun daha çok sevilmesinin intikamını almıştım. Fakat zaferi kime karşı kazanmıştım? Benden dört yaş küçük kız kardeşime karşı mı? Yoksa karşısında hiç dimdik duramadığım babama karşı mı? Ya da ona sığındığım zamanları babama hissettirmediği için minnet duyduğum anneme karşı mı?"

"Zor bir soru soracağım galiba," dedim. "Belki ben de bunun cevaplarını seninle birlikte düşüneceğim... Babanın istediği gibi bir 'adam olmak' yerine kendin olmaya çalışsan nasıl bir insan olurdun?"

Hiç tereddüt etmeden, "Korkmuyor olurdum," dedi.

"Tam olarak korktuğun ne?" dedim.

"Bir erkek olmayı becerememek," dedi.

Bir erkek olmayı becerme sevdası birçok ilişkinin başını yaktı ama önce erkekleri yıprattı.

"Burada her hafta benim iç dünyamdan bahsetmeye çalışıyoruz. İlk defa oranın bakmaya değer bir şey olduğunu görüyorum. Sanki değer verilmesi gereken biri var içimde... Önemsenmesi, sesinin duyulması gereken biri var."

"Elbette var," dedim. "Kadın ya da erkek olmaktan bağımsız biri. Toplumun sesinden ayrı, babanın onayına ihtiyaç duymayan, annenin korumasına muhtaç olmayan biri... Sen varsın."

Herkes ister ihtiyaçlarının, beklentilerinin, umutlarının anlaşılmasını. Herkes bekler sevdiği bir insan tarafından koşulsuz kabul edilmeyi. Tecrit edildiği bir dünyada yalnız ama güçlü olmak kimseyi mutlu etmez. Kişisel ilişki kurmaya yönelik ihtiyaç her ilişkide tekrar alevlenir ama o iktidar hevesi bir kez işledi mi insanın içine, o koltuktan vazgeçmek hiç kolay olmaz. "Babam," dediğinde başlar o. Yenilmezliğini görmek, evde herkesi koruma altında hissettirir. Otoriteye feda edilen özgürlük, baba refakatinde olunduğu sürece rafa kaldırılır çünkü "geleneksel baba" bunu dayatır. Karşılığında da güveni tesis eder. Daha sonraki erişkin yıllarda özgürlük, geçmişin acısı çıkarılırcasına yeni ilişkiler içinde partnerden fütursuzca talep edilir. Alanına giren biri boğulmasına sebep olur. Özgürlüğüne dokundurmamak artık bir tabu olmuştur. Elde edebilmek için ağır bedeller ödenen her şeyde olduğu gibi...

"Geleneksel anne"nin mesafe bırakamayan sevgisi, kaygılı bağlanma stili, aşırı koruyucu kollayıcı halleri bireyin, sınırlarını korumak adına daha sonra hayatına girecek kadınlara tepkisel olarak uzak ve soğuk durmasına sebep olacaktır. Bir yandan uzatılan ele aşırı ihtiyaç duyulacaktır çünkü bu alışılan sevgi dilidir ama bir yandan da bu arzu hızlıca bilinçdışına itilecek ve yakınlaşmaya öfke duyulacaktır; kişisel alanlara aşırı düşkünlük ile özgürlük, bir varlık mücadelesi haline gelecektir. "Bırak, erkek olayım! Şefkat gösterme bana." Duygular böyle yollarla inkâr edilir, ilişkide kullanılması gereksiz araçlar olarak görülür ve zihnin derindondurucusuna atılır. Kendine yabancılaşma tuzakları da böyle kurulur. "Ayrılıklara alışmam ve hissizleşmem gerekiyor!", "Gidenlerin ardından acı çekmemeliyim." Kişisel algılamamak ve başka uğraşıların dozunu o dönemlerde artırmak yoluyla gerçeklikten tamamen uzaklaşılır. Hatta yeni birine yer açtığı için gidene teşekkür edilir. Fazla sayıda kadın, fazla onaylanma ve "daha erkek" olmanın babaya ispatlanması…

Biten ilişkilerde çok azımız bundaki payımızı görebiliriz. Hatta çok az kişi kendi haline bırakılmadığı bir dünyada kendi sesini duyabilir. Kiminle bir gelecek kurmaya çalışılıyor, kim en uygun eş olarak seçiliyor? Duyulan sesin içinde çoksesli bir koro varsa mesela; babanın sesi, annenin sesi, toplumun sesi, doğru kadının o olduğu sesi, ailelerin kaynaştığı ve birbirleriyle iyi anlaştığı sesi… Kendine yabancılaşma derinleşir. Her şeyin yıllarca olması gerektiği gibi yaşandığının resmi… İşte o resim… Yeni ve gerçekten kendinize ait olanın resmiyle nasıl değişecek? Kim olacak yeni gelen? Eğer tüm bu geçmiş savunmalardan sıyrılabilirseniz kim olacak?

Örneğin Esin'in gidişi karşısında Görkem'in yaşadığı panik atağın Esin'le hiçbir ilgisi yoktu. Ayrılık pek çok kimsede aynı duyguyu yaratabilir, ki öznesinden bağımsız olarak ayrılma durumu panik atak başlatmaya yeterli olabilirdi. Mesele Esin değildi, "ayrılık"tı. Çünkü Esin'e olan sevgisi herhangi bir şeyi başlatmaya ya da bitirmeye yetecek kadar güçlü değildi. Tam beş yıldır birlikte oldukları halde bunun kendi hayalleriyle değil ailesinin çok iyi anlaştığı bir kadınla ilgili olduğunun; Esin'in, toplumun onaylayacağı geleneksel kadın rollerini uygulayan, iyi anne olacak kadın modelini karşıladığı için onunla ilişki kurduğunun farkındaydı. Ama bu ona hiç yanlış gelmemişti. Zaten kiminle birlikte olacaktı ki? Uygun kadın ne demekti ki tüm bunlardan başka? Aşk zaten geçiciydi. Hayatını sürdüreceği kadını buna göre seçemezdi.

Evet sorular doğruydu ancak yanıtları siyah ya da beyaz değildi. Çok renkli ve göreceliydi. Duygular, sezgiler, akıl süzgeci...

Birlikte olma sebeplerini bu kadar mekanik yöntemlerle tespit edince ayrılmak da daha kolay olurdu. Bu sebeple Esin'den ayrılmayı çabuk atlattı ama sonra yaşadığı hikâye ona kim olduğunu öğretti ya da tekrar hatırlattı.

Görkem'in iş seyahatleri nedeniyle seanslara dört hafta ara vermek zorunda kaldığımız bir dönemdeydik.

Görkem bir gün seansımıza, "Âşık oldum galiba," diyerek geldi.

"E ne güzel," dedim, kasvetli seansların ardından böyle harika bir haberle karşılaşmak çok memnun etmişti beni. Bizim mesleğin cilveleri diye koltuğuma rahatça yerleşmiştim ama elbette rahat yoktu. Görkem'in klasik paniklerinden birini yaşayacağımızı anlamıştım. Onun için aşk bile coşkuyla hissedilebilecek ve kucak açılabilecek bir şey değilse daha yolumuz vardı anlaşılan.

"Bunun nesi güzel? Acı çekiyorum, reddedilmiş hissediyorum ve çok öfkeliyim, hatta hayal kırıklığına uğradım, çok pişmanım," dedi.

"Acı çek zaten, önemli değil, bu seni küçültmez ama âşık olduğunu düşündüğün birinde neyin seni böyle reddedilmiş hissettirdiğini ve hayal kırıklığına uğrattığını anlayalım," dedim.

"Galiba ilk kez âşık olmuştum. Selin'e karşı hissettiklerimi daha önce kimseye karşı hissetmemiştim," dedi.

"Biliyorum," dedim. "İlk kez olmasına şaşırmadım. Ama bir dur, hemen miş'li geçmiş zamanda konuşmayalım istersen. İlk kez âşık olmanı anlıyorum çünkü bence ilk kez kendin olarak bir kadına yaklaşıyorsun. Neden Selin'i seçtiğini zaten konuşuruz. Öncelikle bana tüm süreci anlatabilir misin?"

"Onun resmini yaptım," dedi. "İşin en korkunç tarafını duyman lazım! Onun resmini yaptım! Göstermek için bir seremoni hazırladım. Resminin üzerinde örtü vardı. Karanlıkta mumlar yakmıştım. Gözlerini kapattırdım. Offf! Şu an anlatırken bile aptal gibi hissediyorum kendimi. Bunları yapan erkeklerle hep dalga geçerdim. Herkes geçer zaten. Bunları herhangi bir erkek arkadaşım duysa utancımdan ölürüm! Neyse! Resmin üzerindeki örtüyü açtığında kendini gördü. Verdiği tepkiye inanamazsın! Hiç! Öylece baktı. Beğenmediğini düşündüm. 'Sana benzememiş mi?' dedim. 'Yok çok benzemiş, çizgilerimi çok güzel anlamışsın,' dedi. 'Öyleyse sorun ne? Sana daha fazla nasıl yakınlaşabilirim; nasıl bir duyarsızsın, nasıl bir nankörsün?' dedim. Bittiğim andı. Kadınlarla ilgili tüm umutlarım yıkıldı. Duygusallıktan hoşlanırlarmış, romantik yaklaşılırmış... Hepsi palavraymış! Babam haklıymış! Anneme neden öyle pervasızca soğuk davrandığını, ona karşı neden buz gibi durduğunu anladım. Bunca yıl babamı boşuna suçlamışım. Kadınlar romantik hareketler görmek ister. Sırf alt etmek, zafer kazanmak, 'Seni kendime nasıl âşık ettim,' demek, erkeği rezil etmek için!"

"Görkem," dedim, "dur bir dakika. Sakin ol demekten hoşlanmadığımı bilirsin ama şunu sormak zorundayım sana, izin ver. Yaptıklarınla ve bunun sonuçlarıyla belki de babanın masumiyetini kanıtladın ve böylece onu kendi içinde suçsuz ilan ettin, için rahatladı. Tamam ama bu hayal kırıklığını hissetmen aslında sana gerçekten ne ifade etti de seni çok öfkelendirdi? Hangi anılara dokunmuş olabilir?"

"Yine mi ben suçlu oldum yani?" dedikten sonra, "Bu mudur? Ben kadının resmini yapıyorum, en ince ayrıntısına kadar düşünüyorum ve sen bana hâlâ babamla meselemden mi bahsediyorsun? Bazen erkek terapist seçmediğime pişman ediyorsun beni" cümleleriyle beni azarladı.

"Beni ya da Selin'i suçlamayı kısa süreliğine bırak şimdi. Sen kaç yaşına döndün? Neler oluyor zihninde? Sonuçta âşık oldum diyebildiğin bir kadın bu tepkiyi veriyorsa bunun bir anlamı olmalı, bunu anlaman lazım; bu, her şeyden önce kendi duygularına verdiğin değerdir," dedim.

Bu meydan okurmuş gibi pes etmemeleri, kırılganlığı kırılmadan yaşamayı ve buna sahip çıkıp her şeye rağmen hayata odaklanmayı, yıkmanın kolay olduğu bir dünyada üretmeye dair inatçı bir tutku geliştirmeyi bana annem öğretmişti. Karşımdaki incinmiş çocuğa, aşka yatırım yapmanın ve bunu hissetmenin peşine düşülecek şeyler olduğunu göstermem gerekiyordu. Şimdiki tepkilerini anlaması için yaşadıklarını dışsallaştırması, birilerini suçlaması işe yaramazdı. Bunun, gelişimi için bir faydası yoktu. Ne olduğunu anlaması lazımdı. Sonuçta aşkı hissetmek hafife alınmayacak ve hemen vazgeçilmeyecek kadar kıymetli bir şeydi. Görkem, aşkı hissettiği için hemen geri çekilmeye kalkışmış olsa da ben orada sağlam durup aşkın içinde kendini bulmasına yardım etmekte kararlıydım.

Sakindim. Sakinliğim karşısında durdu. Derin nefes aldı. "Tamam, on bir yaşımdayım," dedi. Bu bizim, Görkem'in yaşadığı başka olaylarla ilgili geriye gidiş çalışmamızdı.

"On bir yaşımdayım. Koltukta küçücük kalmışım. Babamsa çok heybetli. O sırada ona öyle imreniyorum ki tahmin edemezsin. Kız kardeşimin doğum günü. Evde sürprizler hazırlanmış. Uzun zaman sonra belki de bir sevinç yaşayacak olma ihtimalimiz var. Annem bildiği tüm tarifleri yapmış. Sadece mutfakta becerikli olduğu için bir yandan da kızıyorum ona. Sonra anneme kızdığım için kendime öfkeleniyorum. Suçluluk hissediyor, konuyu kapatıyorum. Evde güzel bir gün yaşanıyor. Rengârenk balonlar olduğunu hatırlıyorum. Odamda kurduğum gizli dünyamdaki renklere benziyor hayat o sırada. Odama kapandığımda hepsinin resmini yapacağımı biliyorum. Uzun zamandır hissetmediğim bir coşku var içimde. Koltukta küçük ama kendi dünyamda kocaman bir erkek adamım. Sonra davetliler birer birer geliyor. Her şey hâlâ yolunda. Kız kardeşimin bile bu güzelliği hak ettiğini düşünüyorum. Kız kardeşimin bile! Yine utanıyorum kendimden. Ve yine konuyu kapatıyorum. Dünyada her şey yolunda. İçimde hissetmeye alışık olduğum huzursuzluk kaybolmuş. Balonlardan kendimize uygun renkler seçiyoruz kız kardeşimle. Oynamayı hak etmiş bir çocuk gibi hissediyorum kendimi. Babam baktığında ciddileşiyor ve koltuktaki yerime oturuyorum. Erkek olmaya hazırlanıyorum. Onun tahtını devralmaya layık olmaya çalışıyorum. Mutfakta pasta yapmak ya da kız kardeşim gibi, çocuk gibi balonlarla oynamak daha cazip belki ama bunu yakıştıramıyorum kendime. Olsun, burası daha güzel. Babama layık olacağım. Derken misafirlerden biri annemin yaptığı pastayı çok lezzetli bulduğunu söylüyor. Bir erkek! Annem minnettar ve belki de ilk kez onaylanmış olmanın getirdiği bir hevesle teşekkür ediyor. Çok gülüyor, çok teşekkür ediyor. Biri belki de ilk kez ona iltifat ediyor. Herkes eğlenmeye devam ediyor. Annem bile. Başına gelecekleri anlamadığı için onu küçümsüyorum. Ah bu aptal kadınlar! Her şeyi nasıl da bozuyorlar... Babamı bir tek ben anlıyorum. Olacakları bildiğim için yüzümü buruşturup koltukta küçülüyorum ama yaşanacakları öngördüğüm, hatta babamı anladığım için kendimle gurur duyuyorum. Annem ve kız kardeşim eğlenmeye devam ediyor. Babam ve ben çok gerginiz. Olacakları bir tek ben biliyor ve bundan nefret ediyorum. Huzursuzum, farkında bile olmadan panik atak dedikleri şeyi geçiriyorum, nefes alamıyorum. Tüm misafirler gittiğinde yaşananlar bir tek bana sürpriz olmuyor. Babam tüm balonları pasta bıçağıyla patlatıyor. Anne, çok aptalsın! Kız kardeşim ağlamaya başlıyor çünkü bu ona serbest. Annem sürekli bir şeyler anlatıyor, bilemiyorum belki yalvarıyor. Bense her şeyin mahvolmasına sebep olduğu için annemi suçluyorum. Odama gidip rengârenk balonlar çiziyorum. Elimden gelen tek şey bu. Kız kardeşim her nasılsa uyumayı beceriyor. Evde yine hiçbir şey olmamış gibi... Artık bir şey hissetmiyorum.

Ertesi gün o yenilmişlik ve çaresizlikle baş etmeye, güçlü durmaya karar veriyorum. Bir karar alıyorum, gerçek bir erkek gibi. Büyük bir işe kalkışacağım. Benden üç yaş büyük olan bir kıza aşkımı ilan edeceğim artık, üstelik bunu bir yıldır saklıyorum. Gece çizdiğim balonların resmini götürüyorum ona, kırmızı balonun içinde de kızın resmi var. Bu benim ilk zaferim olacak. Dün geceki acizliğimden sonra kahraman olmaya karar veriyorum. Kendimle gurur duyuyorum. Kız öylece bakıyor uzattığım resme. 'Saçlarım çok dağınık olmuş, ben hiç böyle gezmem,' diyor. Bitiyorum. O anda gerçekten bitiyorum. Tüm kalelerim yıkılıyor. Kadınları anlamamaya ant içiyorum. Ama içim rahat. Babam haklı çıktı ve bunu her şeyden daha çok önemsiyorum."

Görkem'le karşılaşan kadınlara neler oluyor? Ya da Görkem bir ilişkideyken ona neler oluyor? Bence Görkem hep ergen kalıyordu. Annesiyle bağını asla koparamamış bir ergen... Babaya rağmen "erkek" olmuş. Gereği neyse yapılmıştı ama bu asla içine sinmiyordu. Onu, babasının mantıksızca erkekliği dayatmasından kendi resim sanatı bile kurtaramıyordu. Babanın dokunmadan öptüğü, ağladığında ittiği erkek çocuk; erkek olmayı kabul ediyor ama büyümeyi reddediyordu. Babayla özdeşleştiği için anneye de çok öfkeliydi. Bir yandan da sevgiye, şefkate öyle muhtaçtı ki ikircikli bir şekilde anneye çok yaklaşıp onun himayesine girmek, büyümemiş çocuğu olmak ve öyle kalmak istiyordu. Yetişkin olmayı bir türlü tamamlayamıyor çünkü her ilişkide tekrar aynı yerden başlıyor, yol almıyordu. Yolu yürüyor gibi duruyordu ama bir yere varmıyordu. Bir nevi koşu bandındaydı. Bunca kafa karışıklığından arınmazsa kaç kez başlarsa başlasın erişkin olmaya yetişemeyecekti.

Kadınlarla bağ kurma şekli de tüm bunların bir yansımasıydı. Öfkesi aracılığıyla mesafeli durabiliyor, duygularının çoğunu yadsıyarak kayıtsız bir erkek duruşu sergiliyor ve bu yolla kendini güçlü, korunaklı kılıyor ya da fazla naif, kırılgan ve çocuksu bir alınganlıkla reddedilmiş hissedip geri çekiliyordu. Her iki durumda da bu işleyişlerin bir yansıması olarak gerçekleşmemiş ilişkiler yaşanıyor, aidiyet hissi kayboluyordu. Karmaşa içinde kimliğini arayan bireye huzursuzluk hakim olur.

Görkem, huzursuzluğun ayaklı haliydi. İlişki yaşadığı başka kadınlarda da genelde benzer anlaşmazlıklarla karşılaşmıştı. Çok havalı görünmek ve uzak durmak istiyor; ilgilenmiyormuş gibi yapmakla gösterişli, romantik sahneler yaratmak, kendini onaylatmaya çalışmak arasında bocalıyordu. Bunlar bir işe yaramadığında çaresiz hissediyor, ilişkiyi sabote etmeye başlıyordu. Elbette bu davranışlara maruz kalan kadınlar da süreci yönetemiyordu. Onlar da ya istenmediğini düşünüyor ya da bu sevgi gösterilerinin gerçek olmadığını hissedip tepkisizleşiyordu.

"Anlamıyorum kadınları!" diye haykırdı. Sonra da omuzları düştü. "Ben bu işleri beceremiyorum galiba, bunu artık kabul etmeliyim."

"İsteyen herkes ilişki kurmayı becerir. Belki de şimdiye kadar sen gerçekten istemedin..."

Seçtiği kadınların kişilik özellikleri itibarıyla ya da kendi davranışlarındaki tutarsızlıklarla şimdiye kadar ilişkilerini sabote etmiş gibiydi. Kadınların kafalarını karıştırdıktan sonra hepsine "kaçıklık diploması" veriyordu. Bu tespitlerimi, onu yargılamadığımı düşüneceği şekilde uygun bir dille aktarmaya çalıştıktan sonra şöyle söyledim:

"'İlk kez âşık oldum,' diyorsun. Bunun bir anlamı olmalı. Belki sen de yeni hazır oldun biriyle kalmaya..."

"Peki. Selin'in sürprizim karşısındaki tepkisine bakarsak yine mi yanlış kişiyi seçtim yani?" Sesi gittikçe umutsuzlaşıyordu.

"Elbette hayır. Bunu henüz bilmiyoruz ve anlamamız için çok erken. Aranızda yaşananlara ve kadının, o resim karşısında neden böyle tepkisiz kaldığına mutlaka bakmamız lazım. Kim böyle bir jest karşısında havalara uçmaz ki? Bu konuda sen ne düşünüyorsun?"

Biliyordum ki erkekliğe şartlanmış kişilerle birlikte olduğunuzda doğru tepkiyi tutturamadıysanız tarihin sarı sayfalarında ya da tavan arasının karanlığında hızlıca yerinizi alırdınız. Özellikle ilişkiye alışma dönemleri kadınlar için zorlu sınavlardır. Kadının makul, sıcak, talepsiz, anlayışlı, duyguların sorumluluğunu her iki cins için de yüklenen taraf, kusur kapatıcı olması beklenir. Doğru zamanda, doğru yerde bu yeteneklerden hangisini kullanacağını doğru tahmin etmesi de elbette...

Görkem tarzında klasik erkek değerlerini benimsemiş biriyle yakınlaşmaya çalışan kadına bazı sorumluluklar düşer. İlişkiye tutunmak istiyorsa tabii... Örneğin kelimelere değil kelimelerin ardındaki anlamlara odaklanması mühimdir. Erkeğin ne söylediği kadar ne söylemek istediğini keşfetmesi işine yarayacaktır. Özellikle çatışma çözme amaçlı sohbetlerde kadının, kıvrak ve incelikli sözcüklerle karşılaşamayacağını ama bunun, erkeğin kadına önem vermemesiyle ilgili olmadığını, doğal olma çabalarının bir sonucu olduğunu bilmesi önemlidir. Yakınlık ihtiyacını erkeklerin de en az kadınlar kadar hissettiğini ancak bunu sunma ve talep etme şekillerinin çok farklı olduğunu kabul etmek iyi bir başlangıç noktası olabilir. Gerçekten patolojik olmayan bir erkek nadiren kasıtlı olarak duygusal istismarda bulunur. Kadının sürekli savunmada ve tetikte olması iki taraf için de cesaret ve güven kırıcıdır. Kadının, duygusal ihmale uğradığını düşündüğü durumları ise samimi bir şekilde masaya yatırması gerekir. Gerçekten bu bir ihmal mi; yani görülmemek, duyulmamak, önemsenmemek, anlaşılmamak mı yoksa kadının kendi güven arayışları kapsamında talep ettiği fazla ilgiye, korunmaya, sarılıp sarmalanmaya cevap alamaması mı? Kadının duygusal yoksunluğunu ilişkiye fazla yansıtması ve bunu karşılayamayan erkek tarafından ihmal edildiğini düşünmesi maalesef az rastlanan bir durum değildir. Erkeğin, talepleri olan ve muhtaç bir kadından uzaklaşması ise kaçınılmazdır. Erkek hem beslenemeyeceği bir ilişkiye girmeyi kendine saygısızlık olarak görür hem de meselenin özünün fazla sevgiyle ilgili olmadığının bilincindedir. Kadın kendi geçmiş travmalarını onarma yolu olarak geleneksel erkeğin kapsayıcılığından yararlanmak isterse durum tersine döner ve iyileşmek yerine daha fazla acı çeker çünkü çabaladıkça reddedilir. Özsaygı her ilişki için kurtarıcıdır.

Her insanın elinde kendi kişisel geçmişinden taşıdığı, önce anne-babası sonra da başka partnerleriyle oluşturduğu şablonlardan hazırladığı "ilişki suçları" dosyası vardır. Yeni davayı bu dosyalar kapsamına dahil etmemek, şu meşhur temiz sayfaya inanç ve ihtiyaç, kişileri bu kısırdöngülerden kurtarır.

Erkeklere yüklenmiş belirli mitler vardır: "Erkekler duygularını belli edemezler, duygusal ilişkiyi yönetmek kadının işidir; erkekler akıl, kadınlar duygu ile çalışır; erkekler çözüm odaklıdır ve sorunların detaylarını kavramak yerine hedefe kilitlenirler, bağlanmaktan korkarlar, tekeşli yaşayamazlar, samimiyetten ürkerler, 'Seni seviyorum,' diyemezler; çabuk iyileşmek, güçlü, baskın ve egemen olmak zorundalardır, kişisel durumları hakkında az konuşurlar, sırlarını kimseye açık etmezler, kadınlarla işlerin yolunda gitmediğini ancak çapkınlarsa ve bunları kendi arzularıymış gibi sunarlarsa itiraf edebilirler." İşin kötü tarafı tüm bu mitlere erkeklerin de kadınların da inanmasıdır. Gerçekliğin bunlarla ilgisi yoktur. Erkekliği ve kadınlığı belirli kalıplara hapsederek değerleri ve geleneği koruyacağına inanan toplum tarafından kurulmuş tuzaklardır bunlar. Her insan sevmek ve sevilmek ister, ilgi karşısında ehlileşir ve gerçek bir yakınlaşmayla daha cesur hisseder.

Öyleyse bunca sevda kazası neden oluşur?

Seçimlerin tesadüfi olmadığı bir dünyada, şoven ruhu benimsemiş geleneksel erkeğin seçimi kaygılı, naif, kırılgan kadından yana olduğunda; annesinin özelliklerini ayna gibi yansıtan bir kadın ona tanıdık geldiğinde erkeğin çocukluk çatışmaları yeniden sahnelenir. Bağlanmaya çalıştığı kişiye karşı öfke duyması, bir savunma biçimi haline gelir. Babasına benzememeye çalıştıkça içselleştirdiği özellikleri daha da gün yüzüne çıkar. Aynı şekilde ona doğru gelen kadın da kendi savunmaları dahilinde kırılmamaya çalıştıkça hem daha korunaksız hisseder hem de erkeğin iyi niyetli bir şekilde sunduğu sevgi sinyallerini görmezden gelir. Sonuçta karşımızda ne istediğini bilen ama bunu alma yolunda kaza yapan iki yenilmiş vardır.

Görkem ve Selin bu kadar kısa sürede, büyük umutlarla başladıkları ilişkiyi tam da böyle karmaşık bir hale getirmişlerdi. Geçmişte başkalarına kırılmış iki kişi şimdi de birbirini kırmıştı. Sevmeye niyetli olduğunu tam olarak hissettiremeyen Görkem ve sevileceğine zor ikna olan Selin'in, Görkem'in büyük sürprizi olan o resim karşısındaki buluşması tam bir hayal kırıklığına dönüşmüştü. Çünkü ondan üç gün önce Görkem hızlı ilerlediklerine karar vermiş, tavrını hiç erkeksi bulmamış ve kadının telefonlarına çıkmamıştı. Durumu kontrol altına alması gerektiğini hissetmişti yine. Gücü elinde tutabilmek için sınır koyma zorunluluğu duymuştu. Bir nevi Selin'i eğitmeye çalışıyordu. Ama işte "aşk" eğitilmiyordu. Aşkın kararlı, cesur ama naif fırça darbeleriyle yapılmış o resim, üç günün affını diliyordu. Kadının şaşkınlığı, kayıtsız kalmaya çalışan savunmacı tepkisi anlaşılırdı. Üstelik Görkem'den dinlediğim kadarıyla Selin'in aile öyküsünden, duygusal ihmalin izlerini taşıyan bir kadın olduğu belliydi.

Hiç önemli değil! Her yaralı kişi, yeni bir şansın içinde kendi sevgi potansiyelini gerçekleştirebilir. Tabii buna izin verirse...

Elbette barıştılar.

Görkem'le seanslarımız bundan altı ay sonrasına kadar daha devam etti.

Kadın ve erkek farklılıklarını iyi özümseyen ve bunlarda boğulmayan, cinsiyetlerin ardına sığınmayan, Görkem ve Selin olarak kim olduklarına odaklanan iki yetişkin ilişkisi kurmayı başardılar.

Sona yaklaşıyorduk. Artık düzenli seanslarımızın biteceğini ve Görkem'in bundan sonra bana ihtiyacı halinde başvurabileceğini söyleyecektim.

Sonlar içimi burkuyordu ama bunu değiştirmeye uğraşmıyordum. O hisse daha çok sarılıp o ne zaman gelse insanlarla kurduğum bağları daha derinden anlıyordum.

Bu kez Görkem işimi kolaylaştırdı. Ne zaman seanslarda duygusal yoğunluk hissetse aynı şeyi yapardı, ikimizi de sanata davet ederdi.

"Resim atölyemi açmam babama ilk başkaldırışımdı. Aile şirketinin başına geçmek için eğitilmiştim. Buna zaten itiraz etmiyordum, yapacaktım da. Üstelik ergenliğimi şirketimizde, babamın yanında gözlem yaparak geçirdiğim için konuya hakimdim ve bunu başaracaktım. Ama bir yandan da sessizce başka bir dünya daha kurmam gerektiğini anlamıştım. Hayatım boyunca kendi arzularımdan yola çıkarak gerçekleştirdiğim tek şey buydu. Sadece bu konuda pes etmedim ve onun peşinden gittim. Yalnızca resim söz konusuyken bir hayatım olduğunu hissettim. Terapilere başlamamı resim yapmakta tıkanmam sağladığına göre, 'Beni yine resim kurtardı,' diyebilirim."

Uzun süre daldı. Odamdaki sanat terapisi kitaplarına gözü takılmıştı. Kendisine ne olduğunu sanat sayesinde daha iyi anlıyordu sanırım.

"Kendi stilimi geliştirmemde Van Gogh'un eserleri çok etkili olmuştu. Delirme şeklini benimsemiş olmasam da yaşamımızda ve eserlerimizde çok fazla benzerlik vardı. Bir papazın oğlu olarak doğmuş. Babasının isteği üzerine vaiz olma yolunda ilerlemiş ama okuldan atılmış. Sonra resimle tanışmış. Tamam, bu delirmesine engel olmamış ama bana sorarsan kendince çok anlamlı bir hayatta delirdiğini söyleyebilirim. Bence mühim olan bu! Sonra yaptığı resimler... O kadar yakın bulurdum ki onları... İnceledin mi bilmiyorum ama tavsiye ederim. Resimlerinde dinginlik varmış gibi durur fakat bu dinginlik bir yerde çılgınca fırça darbeleriyle kesintiye uğrar. En güzel tarafı şudur ama: Tuval karanlıkmış gibi göründüğünde resminin bir köşesine daima aydınlık bir alan çizer."

Görkem'e yakışır bir kapanış seansı oluyordu. Bu seansı açılışımızda olduğu gibi sanat analiziyle geçirmesine göz yumacaktım. Zaten kendi üzerinde yeterince ve ustaca çalışmış, çok yol almıştı. Ve zaten resim artık onun arkasına saklandığı bir olgu değil, içinde hayat bulduğu bir yaşamdı. Keyifle koltuğuma yaslandım.

"Peki Van Gogh'un, kadınları ulaşılamaz yaratıklar olarak tanımlamasına, tüm resimlerinde kadınlarının kederli ve soğuk olmasına; sonra da kulakmemesini kesip bir kadına göndermesine ne diyorsun?" dedim.

Gülmeye başladı, "Mesela Jung gibi bir psikiyatrist onu tedavi etseydi farklı olabilirdi. Bunu mu duymak isterdin?" dedi.

Ben de güldüm dolu dolu: "'Delilik pahasına sanatın tarafındayım,' demek isterdim Görkem ama psikiyatrist olmam önde geliyor."

CAM KIRIKLARINDA YÜRÜMEK

"Canını bu kadar çok yakmasına rağmen onunla neden bunca yıl kaldın?"

Farkındaydım. Bu soru terapilerde, üstelik seansın son dakikalarında böylesine fırlatılmazdı. Teknik bir hata olduğunu biliyordum ama cevabını çok merak ettiğim bir soruya yenilmiştim. Arya, gözlerimin içine bakarak kararlı bir şekilde cevap verdi. Ancak bu kararlılığı, söylediği cümlenin içeriğiyle öyle çelişiyordu ki...

"Çünkü onsuz bir hiçim! Böyle hissediyorum. O hayatımda olmadığı zaman içimde büyük bir boşluk duygusu hissediyorum. Ve inan bana bu duygu canımı daha çok acıtıyor. Onunla yürümenin, hiç ayağa kalkamamaktan daha iyi olduğunu düşündüm hep."

Kafamı duvara çarpmış gibi sarsıldım. Aslında bir filme çarpmıştım. Ben bu cümlelerdeki derin çaresizliği bir yerden hatırlıyordum. Seri katil olan, bir döneme damgasını vurmuş Ted Bundy'nin, sevgilisi Liz ile ilişkisinin anlatıldığı film izlediğim günden beri bir repliğiyle ruhuma kazınmıştı. Film boyunca, "Bu kadın bu adamda ne buluyor?" sorusunu sorup durduğumu anımsıyorum. Aynı soruyu filmde kız arkadaşı Liz'e yöneltmişti: "Ne var bu adamda?" Liz'in söylediği cümleler hiç aklımdan çıkmamıştı: "Sevgisini hissettiğimde dünyanın tepesindeymişim gibi geliyor. Hissetmediğimde bir hiçmişim gibi geliyor. Ya tek suçu 'dur' tabelasına uymamaksa?"

Burada mesele bir seri katile âşık olmak değildir aslında, bu durum bize uçta geldiğinden rahatlıkla dışlayabilir, "Benim birlikte olduğum kişi karıncayı bile incitmez," diyebiliriz. Bunu hisseden kadını tuhaf ve aykırı olarak görür, kendimizi ve sevgilimizi "normal" sınıfına sokup rahatlayabiliriz. Ama asıl mesele, her ne kadar inkâr edilse de "o" kişi olmadan hiç gibi hisseden herkesin o kadınla ortak paydası olduğudur. Bir adamın katil olması gerekmez, bazı ilişkilerde öyle duygusal katliamlar yaşanır ki… Bunlar da görmezden gelinmemelidir. Duygularınızın katili olmasının hiç mi önemi yok?

Taraflardan birinin neler yaptığından daha fazla dikkate alınması gerekense kişinin duygusal muhtaçlığının onu hiçlik seviyesine taşıyan psikolojik dinamiklerindeki patolojilerdir. Oluşturduğu duygu boşluk duygusudur.

"İçimde sürekli bir boşluk hissediyorum." Seanslarda ne çok duyduğum kelimelerdi… Hepimiz içimizde bir boşlukla mı doğuyorduk? Bu kadar fazla sayıda insan benzer hikâyeler yaşamıştı. Yoksa bizde bu boşlukları yaratan bir geçmişimiz mi vardı? Yarayı kapatmaya çalıştıklarımızla daha da derin yaralar mı açıyorduk?

Çoğu kişi yürümeyen ilişkilerde, cam kırıklarının üzerinde olduğunu bilmesine rağmen yürümüştür ama mühim olan erişkin halimizin kendini koruyacağına güvenerek yaşadıklarımızdan bir anlam çıkarmak, denemekten korkmamak, yanıldığımızı kabul etmek, ilişkilerdeki cam kırıklarını ipek kum tanelerine dönüştürmekti.

Belki de bazı acıları sonlandırmak istemediğimizden böyle oluyordu... Kendi kimliğini yeterince tamamlamamış olmakla mı ilgiliydi bu? Ya da anlamadığımız durumlar yaşadığımızda ısrarla orada kalıyor ve noktalarımızı virgüle çeviriyor olabilir miydik? Nasıl oluştuğunu kavrayamadığımız yaraların bir miktar açık kalmasını istiyor ve bunu tekrar tekrar hissetmeyi tercih ediyor, bu durumu tam olarak iyileşmeyi anlamaya feda mı ediyorduk? Yoksa zaten insan olmak bazı kapanmamış yaralarla yaşamak mı demekti?

Bahar yağmurunun eşlik ettiği kalabalık bir Nişantaşı akşamına karıştım. Tek tek ya da gruplar halinde insanlar görüyordum. Dışarıdan bakıldığında nasıl da her şey yolunda görünüyordu... Belki mesleğim nedeniyle yürüyen iç boşlukları, utançları, suçluluk duygularını, değersizlik hislerini algılıyordum. Sanki kime sorsam yalnızlıktan bahsedecekti. Bu kalabalıkta nasıl yalnız hissedildiğini anlıyordum. Kaç kişi ısrarla ve kararlılıkla kendi değeri üzerinde çalışıyordu ki? Başkalarına gösterdiği anlayış ve toleransı kim kendine gösteriyordu ki? Kaç kişi kurduğu ilişkileri kötü anılarla bitirmemeyi başarabilirdi? İnsan olmak böyle bir şey miydi? Zamanın ilişkilerinin bize yaptıkları ilgimi çekiyordu elbette ama yanıtlarımıza çok da güvenmiyordum. Sonsuz olasılıkların hep bilmediğimiz bir soruyla karşımıza çıkacağını öğrendiğimden beri cevapları da çok umursamıyordum. Hissettiklerimiz ve eylemlerimiz değişmediği sürece düşüncelerin kölesi olmaya mahkûm muyduk? Günün sonunda her insanın yalnızlığa itildiği bir dünyada boşlukların huzursuzluğuyla kelepçelenmişken kelimelerin yeterince açıklamadığı yalnızlıkla nasıl yüzleşebilirdik? Ben kendi adıma o boşlukla konuşmayı öğrendiğimden beri onunla barış imzalamıştım. Kaybedeceğimi bildiğim bir kavgada olmaya niyetim yoktu. Artık çoğunlukla uzlaşıyorduk. Bu da yetiyordu. Bu yüzden hiç kimse adına da umutsuz değildim.

Arkadaşlarımın oturduğu kafeye ulaşıp sert sandalyemde rahatlık hissetmeye çalışırken rahatsızlık içeren sorularımı ortaya atıverdim. "Neden acı çektiğinize emin olduğunuz bir ilişkide kalmaya zorladınız kendinizi?" Cevapları alana kadar soracağımı bildikleri için baştan teslim olmuşlardı. "Çok emek vermiştim, onca emeğin boşa gitmesini istemiyordum," dedi biri. "Boşanmış bir kadın olmanın daha zor olacağını düşündüğüm için o zamanki durumuma katlanıyordum," dedi öteki. "Sevgili bulmam öyle zor olmuştu ki... Yalnız kalmaktan da yorulmuştum, birinin eziyetlerine katlanmak yalnızlığa katlanmaktan daha iyi geliyordu," dedi bir diğeri. Cevaplar hızla geliyordu: "Çünkü bazen o kadar iyi davranıyordu ki, 'Acaba ben mi yanılıyorum?' diye düşünüyordum.", "Kendi hatalarımın farkındaydım ve ben değişirsem onun da değişeceği umuduyla çabalıyordum. 'Bu benim suçum,' demeye çok yatkındım. Onun her yaptığına bir bahane buluyordum.", "O giderse karşılaşacağım kendimle baş etmem daha zor olurdu. Kendimle uğraşmaktansa onunla uğraşmak daha kolay geliyordu.", "Beni sevdiğini düşünüyordum, ben de onu seviyordum, sevginin her şeyi iyileştireceğine inanıyordum.", "Zaten herkes sorunlu, kimde arıza yok ki, sağlıklı birini bekleyerek ömür tüketmek anlamsız geliyordu.", "Kendi gücüme güveniyordum, her şeye dayanabileceğimi düşünüyordum."

Şimdi ise bu kişilerin çoğunun gayet sağlıklı yürüyen ilişkileri vardı. Bir ilişkide olmayanlar da o dönemki yalnızlıklarıyla barışıktı çünkü özsaygılarını ustalıkla ve kararlılıkla inşa etmeyi başarmışlardı.

Kadın-erkek pek çok kişinin bir zamanlar ayrılması gerektiği yerlere inançla tutunma problemi yaşadığını biliyordum. Anlıyordum ki hiçbirimiz göbekbağlarımızı paslı makaslarla kesmek istememiştik. Makası yenilemek de zor geliyordu. Olacaklardan korkuyorduk. Kendi gerçekliğimizle ve tek başınalığımızla olmaktansa bizi kendimizden uzaklaştıracak her şeye razı olmuştuk. Hepimizin kaçınılmaz sonu aynı olmuştu. Kaçtığımızla buluşmak zorunda kalmıştık. Kucaklaştığımız kişi uzun yıllar önce incitilmiş, yardım bekleyen küçük çocuktu. Ona vefa borçluyduk. Ona elini uzatanlarımız, onunla barışanlarımız, onu utandırmadan anlayan ve şefkat gösterenlerimiz hem kendini hem de gerçek bir sevgiyi kazanmıştı. Haritayı görmek içimi rahatlatıyordu. Mümkün ilişkilere olan inancım insanların benliklerini tanımlamaya karar vermelerindeki özgürlüklerinden geçiyordu. Yaşatılanların kurbanı olan değil geleceğin sorumluluğunu almaya cesaret eden erişkin yönümüz içimizde bir devrim gerçekleştirebiliyordu. Yılların öfkemizi anlamasını bekleyemezdik. İçimize baharları getirecek olan yine kendimizdik.

Gece karanlığında eve doğru yavaş yavaş yürümeye başlamıştım. "Adresimizi bildiğimiz gibi ilişkilerin gidişatını da arzumuz doğrultusunda belirleyebilmek ne güzel olurdu…" diyordum. Ama bunun için seneler önce yaşadığımız hikâyelerden sıyrılabilmemiz ve davetsiz misafirlerle, yüzleşmeyi yarım bıraktığımız geçmişimizle hesaplaşmamız gerekiyordu.

Arya ile bir sonraki seansımız onun "ilk görüşte aşk" hikâyesiyle başladı.

"Ona ilk görüşte vurulmuştum. Henüz tanımadığımdan karakteri değil ama kazağının omuzlarını sarması, ses tonu, kendini ifade ederken ya da hayatı tanımlarken takındığı özgüveni, gözlerimin içine kaçak bakışlar göndermesi, kokusu, bana meydan okuyan sözcükleri, boynunda belirginleşen esmer teni, insan hakları konusundaki söylemleri aklımı başımdan almıştı. Benim haklarım adına ne yaptığını umursamayacaktım çünkü artık kendimden kaçaktım. Ama neye? Onda hissettiğim yakınlığın aslında çok ulaşılmaz olmasına mı? O özgüven heykelinin ardında hissettiğim tuhaf ve anlaşılmaz ürkekliği mi ilgimi çekmişti? Bana yıllardır hissetmediği duyguları hissettiğini söylemesine mi kapılmıştım? İnanmıştım çünkü ben de yıllardır hissetmediğim bir duygunun içindeydim. Bu böyle, bir gecede hayatımızın ortasına düşebilirdi. Neden olmasın? Aşka her zaman inanırdım. Ufak bir sorunum olacaktı, henüz bilmiyordum. Karşılıksız bir aşk yaşayacak ve bu gerçeği inkâr ettiğim sürece fırtınaya tutulacaktım. Bunu ne zaman ve nasıl anlamıştım? Zarar vereceğini bildiğim halde cam kırıklarında yürümeye kalkışacaktım. İçimdeki dalgaların çoktan dindiğini düşünürken nerede, neyi eksik bırakmıştım? Onca içsel çalışmam hâlâ bir eksik olduğunu söylüyordu. Hem kendimden utanıyor hem de hayal kırıklığı yaşıyordum. 'Hallettim, bitti artık,' dediğim geçmiş hangi kırıntılarını önüme atmıştı? Bana âşık olmayan adama mı öfkeleniyordum, hoş vakitler geçirdiğimiz zamanlarda söylediği sevda sözlerine mi, arkasında durmadığı hatta duramayacağını bildiği halde hayatıma dalmasına mı, yoksa affettiğimi sandığım annem ve babamla anılarımıza mı? Yine de kendime darılmamıştım. Kabul etmeye hazırsak eğer tekrar gelenin vereceği bir hediyesi olacağını düşünmüştüm."

Kendi ruhsal dünyasının farkında, sorgulama becerisi çok gelişmiş olan Arya; söz konusu aşk ve bir adam olduğunda tüm yetileri elinden alınmış, zihni boşaltılıp sadece o adamın varlığına adanmış birine dönüşüyordu. Ama çok önemli bir gerçek de göz ardı edilemezdi. Karşısındaki adam tam bir manipülatördü. Evren'in duygusal manipülasyonlarından sağ çıkmak gerçekten zordu. Ona inanmak, onun bahanelerini haklı bulmak, kendini ona adamak ve eksiği hep kendinde aramak bu oyunun en temel parçalarıydı. Bir narsiste kapılmak, suyun güzelliğine kapılıp yüzmeye koştuğunuz ama ucundaki şelaleden dik bir inişe geçeceğinizi hesaplayamadığınız bir deneyimdir.

Evren, Arya'ya üç ay içinde evlenme teklif etmişti. "Evet," derken ilişkileri hakkında düşünerek karar vermemişti Arya. Evren'in yüce dünyasının bir parçası olursa kendini korunmuş ve güçlü hissedeceğini düşünmüştü. Onun her şeye karar veren, en iyiyi bildiğini sanan, dünyayı kendi etrafında döndüren, başkalarının duygularını umursamayan tavrı; ani öfkelenmeleri, kıskançlığı hep vardı aslında. Ama bunları örtbas eden mükemmel bir sahneye de sahipti. Davranışlarla değil sözcüklerle fethediyordu ve bu parıltı Arya'nın gözünü kör etmeye yetiyordu. Oysa davranışlar emek gerektirir ve sevginin aslı oralarda gizlidir. Sözcükler ise zahmetsizce ve bedelsizce ortaya fırlatılan sahte suretlerdir. Ama bir insan hayatı boyunca kendini iyi hissettirecek, onaylanmış ve onu değerli kılacak sözcükleri duymaktan yoksun bırakılmışsa bu kadarı ona yetecektir. Eminim yolunda gitmeyen bir ilişkinin ardından şu ifadeleri söyleyen bir şaşkınla hepiniz karşılaşmışsınızdır: "Ama beni sevdiğini söylemişti, bana çok değerli olduğumdan bahsetmişti, 'Seni asla bırakmam,' demişti..."

Arya ve Evren'in aşk hikâyesi çok yüksek katlarda başlamıştı. O kadar yüksektelerdi ki Arya'nın yere düşüşü uzun sürmüştü ve kendini hızın büyüsüne fazlasıyla kaptırmıştı. Belli ki düşerken hiçbir şey fizik kurallarına uymayabiliyordu. Düşerken yükselebiliyorduk.

Çok düşünceli, zarif, naif bir adamla tanıştığını düşünmüştü Arya çünkü Evren başta gerçekten de öyleydi. Arya'ya dünyaları vereceğine inanıyordu. Asıl sorun, onun sadece kendi dünyasına inanmasıydı. Başka biriyle ilişki kurmanın onun dünyasından da geçtiğini hiç öğrenmemişti. Bu yüzden bu kadar emek sarf ettiği kadının mutsuz olduğuna bir türlü inanamıyordu. Daha ne yapabilirdi?

Evren'in neden Arya'yı seçtiğini soracak olursanız yanında nasıl birini taşıdığına çok önem veren bir adam olarak Arya gibi mükemmel fiziğe sahip bir kadını kendi vitrinine koymaktan zevk duyacaktı. "Bu kadar güzel bir kadınla olmak nasıl bir şey?" sorusunu duymak hoşuna gidiyordu. Üstelik bu kadın kendini ilişkilerine adamıştı ve kendi için hiçbir şey talep etmiyordu. Evren bu kadının, onun çizdiği çizgilerin dışına taşmayacağından emindi.

Tabii başka dinamikler de vardı ve bunları seanslar ilerledikçe görecektik.

"Sonsuza kadar" gibi sözcüklerle başlayan evlilikleri ise beş yıl sürmüştü.

Bir sonraki seansımızda Arya'yı görünce şaşkına döndüm. Sanki başka biri oturuyordu karşımda... Beline kadar uzanan sarı saçlarını siyaha boyatmış ve kısacık kestirmişti.

"Değişime dışarıdan başladım," dedi. "Otuz yedi yaşında boşanmış bir kadın olmak ne zordur bizim toplumda... Daha az dikkat çekmeye çalışıyorum."

Arya kendi isteğine bırakılsa boşanmaya hiç niyetli değildi aslında ancak evliliği yürütme arzusu Evren'in türlü oyunlarından birine kurban gitmişti. Evren mal varlığına dair bazı tehditler içeren işleri nedeniyle Arya'ya anlaşmalı boşanma teklif etmişti. Arya'ya çok güvendiği için varlığının bir kısmını onun hesabına geçirmişti. Arya bunu elbette içtenlikle kabul etmiş ve boşanma protokolünü imzalayıvermişti. Derdi hiçbir zaman para pul olmamıştı. Sevdiği adam uğruna her şeyi yapardı. Boşanma imzasını atmak da dahil... Çünkü Evren onu bunun basit bir protokol olduğuna, aralarında hiçbir şeyin değişmeyeceğine inandırmıştı. Ama sonrasında işler hiç de konuştukları gibi gitmemişti. Evren yüz yüze görüşmelerinin risk içerdiğini söylemiş ve bir otele yerleşmişti. Arya buna da hak verdiğini söylüyordu. Öyleyse niye ormanlar yanıyordu içinde?

Çünkü adamı tam dört aydır görmüyordu. Bu boşanma süreci tuzak mıydı yani?

"Evet sanırım benden ayrılmak için kurduğu bir düzendi bu,"

diye kabullenmeye başlıyordu. "Onca huzursuzluğuma rağmen bazen dinlendiğimi düşünüyorum biliyor musun?" diye sözlerine devam etti. "Altı odalı bir evde kayboluyorum. Mecburen kendi sesimi dinliyorum. Eleştirilmekten, her yaptığımın yanlış gibi hissettirilmesinden çok yorulmuşum. Sürekli cezalandırılıyor gibiydim. Bende neyin tuhaf olduğunu aramaktan bıkmışım. İlk kez Evren'e sormadan kendi planlarımı yapıyorum. Her zaman onun planlarına uygun yaşardık çünkü ikimiz de onun daha iyi bildiğine inanırdık. O daha akıllıydı, neyin nasıl yapılacağını daha iyi bilirdi. Zaten onun, kontrol edemediği bir dünyada nasıl hırçınlaştığını çok iyi öğrenmiştim. Öyle öfkelenirdi ki bana hiç istemediği şeyler yapardı. Söyledikleriyle beni aşağılamak istemediğini bilirdim. Öfkesine yenilirdi. Onun için de çok üzülürdüm. Canımı acıtmak istemezdi. Onu sakinleştiremediğim için kendime kızardım. Ben ondan özür dilerdim. Onu iyi hissettirecek bir şeyler düşünürdüm. Ne yapıldığı değil nasıl huzurlu olunacağı benim için daha önemliydi sonuçta. Yaptıklarımızı sevmeyi değil ama ikimiz için de bunlara uyum göstermeyi öğrenmiştim."

Kimliğimizi böyle sinsice yok edebilen ilişkiler vardır. Kendimizi unutmamızı söyleyen, istediğimiz şeyi aramaya değil de bulduğumuzu sevmeye odaklanmamızı emreden içsesler vardır. Her şey böyle başlar. Daha sonra verilenle yetinmemiz de yetmez, kişiliğimizin her parçası tehdit altına girer. Un ufak oluruz, kendi hakkımızda bir fikrimiz kalmaz. Ziyan oluşumuz böyle ilerler.

Arya çaresiz bir bakışla devam etti: "Bir süredir sorduğun soruyu düşünüyorum. Neden canımı acıtmasına rağmen kalmaya ant içmiştim? Çünkü ilk zamanlarda bana yaşattığı büyük aşkın tekrar dirileceğine inanıyordum. Yaşadıklarımız yalan olamazdı. Onun geçici sorunları vardı. Hepsi bitince beni eskisi gibi kucaklayacağına inanıyordum. Bunun için beş yıl bekledim."

İnanmak isteyen insan bir ömür de bekleyebilir. Bir şeylerin değişeceğine olan inanç öyle güçlüdür ki kendimizi ikna etmemiz an meselesidir. Neyin ters gittiğine dair soru sormaya cüretimiz bile olmaz. Neden her şey şarkılardaki gibi romantik kalmaz? Neden, "Unutma beni," diye yakardığımız kişiler ismimizin harflerini bile yan yana getiremez? Ama biz onlarla yaşadığımız her anımızı ezbere biliriz.

Bunlar Arya'nın sadece seanslarda tespit edebildiği gerçekliklerdi çünkü öncesinde hissettiği romantik duygularla bildikleri çarpışıyordu. Çatışmaları iyi tanırdım. İnsan değersizlik hissederse ilk çatışmada önce kendini terk ederdi. Yıllar sonra uyanmış aşk hesaplaşmaları odanın ortasına döküldükçe onları hemen raflara kaldırmak doğru olmazdı. Acının kökenlerinden beslenmesini istiyordum.

"Hâlâ canımı acıtan bir duygu var, bunun nasıl geçeceğini bilmiyorum. Kendimi sadece Evren'e ait hissediyorum," diyerek ağlamaya başladı.

İçimizde tutunacağımız gerçek bir benlik oluşmamışsa kim olduğu fark etmeksizin başka birilerine ait oluyorduk sanırım. Gönlümüzdeki ıssız adaya bir canlı gelmiş gibi hissediyorduk. Nasıl bir açlık yaşıyorduk? Bu neyin davasıydı?

"Yaptıkları karşısında gözyaşları içinde özür dilemeyi o kadar iyi bilirdi ki Evren... Ona inanırdım. Bana sorarsanız o anda o da öyle hissederdi ama kısa bir süre sonra bana bir yabancıymışım gibi davranır, güvenmezdi. Arkadaşlarımızın arasında sorun çıkarırdı. Bir daha o kişilerle görüşemeyecek duruma gelirdik. Tuhaf kıskançlıkları olurdu. Bana mesaj gönderen her adamla onu aldattığıma dair bir anlam çıkarırdı. Tabii ki ben, beni çok sevdiği için böyle davrandığını düşünürdüm."

Sevgiye inanmak çok kolay olabilir ama bunun karşılığını bulmak zordur. Birini mutlu etmeye adanmamızın ne demek olduğunu hepimiz iyi bilirdik. Çoğumuz bu yollardan bir kere geçmiştir. Kendi mutluluğumuzu nasıl göz ardı ettiğimizi, onun en ufak bir sorununda orada olmaya can attığımızı, yanında olduğumuz için teşekkür ettiğinde yaşadığımız mutluluğu hatırlarız. "Ben yaparsam o da başkasını mutlu etmek için bir şeyler yapmayı öğrenecektir," deriz. Oysa yanılıyoruzdur. Hiçbir zaman öğrenmeyecektir. Kalbi ya boşluk istiyordur ya da hiç dolmayacaktır. Peki bizim çabamız neye dairdir? Hevesle nereye koşarız böyle? Özünde kendimize mi yoksa ona mı yardım etmeye çalışıyoruzdur? Boynundaki koku bize ne kadar yetecektir? Cevapladığımızı sandıklarımız niye tekrar ayağımıza dolanır? Her şeye rağmen yürümüşüzdür işte. Kendine geç kalmayan biri olarak o kadar çabalamışken kalbimiz neden oyunbozanlık yaparak mutlu olmayı beceremez?

Arya'nın sesiyle odaya döndüm.

"Kendime çok mu geç kaldım?"

Bu kadın düşüncelerimi mi okuyordu?

Geçiştirmek yerine dürüstçe cevap vermek istedim.

"Vaktin geç olması diye bir şey olduğunu hiç sanmıyorum. Sanırım kendini bulmanın bir sonu da yok. Başardığını ve artık kimsenin sana zarar veremeyeceğini düşündükten sonra yine sarmalın aşağı yönünü görüyorsun. İnandığım ve başkalarında gördüğüm bir şey var ki buna eminim: Aslında sarmal hep yukarı doğru ilerliyor. Aralarda yer alan inişler seni nihai hedefinden geçici süre alıkoyuyor. Sonuçta hiç başa dönmüyorsun. Yükseliyorsun aslında. Bu çabaya değmez mi?"

"Hayatım boyunca tüm çabalarım boşa gitti. Evren'i iyileştirmek için de çok çabaladım ama onu da beceremedim."

"Arya, başka insanları ilişkide iyileştirmek bizi aşar çünkü iyileştirmekten anladığımız sorun çıkarmamak ve onun her yaptığına bahaneler bularak onun da sorunlu yönlerini beslemek olur."

"Ama ben onu çok iyi anlıyordum. Çok mutsuz bir çocukluğu olmuş. Babası tarafından hep ezilmiş. Hayallerini hiç yaşamamış."

Bahaneler geliyordu.

"Ayrıca anne ve babasının yaşlılıktan kaynaklı hastalıklarının da sorumluluğunu üstlenmesi gerekiyordu. Onlarla ilgilenmek zorundaydı. İş ortamı çok stresliydi. İşinsanı olmak onca rakiple kurtlar sofrasına oturmaktır. Bana bağırdığında zor zamanlar geçirdiğini daha iyi anlıyordum."

"Sana bağırdığı zamanlarda ne hissediyordun?" dedim. Onu kendi yaşantısına çekmeye çalışıyordum.

"Korkuyordum," dedi. "Gerçi birkaç tartaklama dışında beni hiç dövmemişti ama korkuyordum. Öfkesi bazen dağ gibi oluyor, dinmek bilmiyordu. Onu sakinleştirmeyi beceremiyordum. Sonuçta herkes bazen öfkeli olamaz mı?"

"Korkutacak kadar mı? Belki... Bazen... Bu sizde ne sıklıkta yaşanıyordu sence?"

"Sanırım içkiyi fazla kaçırdığı zamanlarda... Bilemiyorum,

evet, içmediği zamanlarda da... Aslında tanısan özünde öyle naif ve zarif bir adamdır ki..."

"Öyleyse sence ne sıklıkla?" diye tekrarladım. İkimizden birinin saklanmaması gerekiyordu.

"Peki, haftada üç-dört kez sanırım."

Duygusal manipülasyonlar devreye girerse hepimiz düştüğümüz aşka kolayca kapılabiliriz. Arya çok zeki bir kadındı aslında. Onu bu akıl oyunlarına kapılması nedeniyle yargılamamız çok kolay olabilirdi ama mesele ne kadar akıllı olduğumuzla ilgili değildi. Kendine ait bir halkla ilişkiler şirketini ustalıkla yönetiyordu. İyi bir üniversiteden mezun olmuştu. Okul hayatı boyunca dereceler elde etmişti ama kendinde hep bir yetersizlik hissediyordu. Değer verilmeye layık olduğuna dair en ufak bir düşüncesi yoktu. Evren'in duygusal manipülasyonları için mükemmel bir hedefti. Karşıdakinin, "Beni yeterince sevsen şu an ne kadar yorgun olduğumu anlar ve susardın," demesi, "Çok bencilsin, sadece kendini düşünüyorsun, sen benim neler yaşadığımı biliyor musun? Çok içki içiyorsam ne olmuş? Sorunlarım olduğunu biliyorsun, hayatta bu kadar büyük acılar yaşanıyor ve sen kendi derdindesin, hiç utanmıyor musun" gibi türlü mazeretler sıralaması kişinin okları kolayca kendine çevirmesine sebep olurdu. Sorun da buradadır. Utanmak. Kendimize saygı duymayı öncelikli kılmadıysak gereksiz yere her şeyden utanırız. Çocukluğumuzdan beri utanmak adımızın önüne yazılmışsa bize onu hatırlatana karşı kulaç atmaktan vazgeçip kendimizi akışa bırakırız. Bizden daha iyi bildiğini sandığımız kişinin yarattığı yutucu dalgaya teslim oluruz.

Evren'in, Arya'nın elinden aldığı şey sadece benlik saygısı değildi. Anne olmayı çok isteyen bir kadına ısrarla, "Sen anne olmaya henüz hazır değilsin," demişti. Bir süre sonra Arya buna da ikna olmuş, önce kendisinin büyümesi gerektiğine karar vermişti. Bu adamdan çocuk yapmamak belki de en doğru şeydi... Anne olmadan önce teorik açıdan bir çocuğa yetecek kaynaklara sahip olmak gerekiyordu. Babası en baştan ondan vazgeçmiş bir çocuk dünyaya gelmeli miydi?

İzin verdiğimiz takdirde zorbalıklar göreceli görünür ama istismar edilmenin sınırlarını çoktan aşmış olmayı kabul etmek bizi kurtuluşa götürecek yegâne yoldur.

Bir başka seansta cinsel hayatlarına baktığımızda ise Arya'ya gerçekten doyum sağlayıp sağlamadığını sordum. Çok şaşırmış görünüyordu.

"Elbette o ne zaman isterse görevimi tam olarak yerine getiriyordum," dedi.

Bense aldığım cevaba hiç şaşırmamıştım. Kadın, cinsellik ve görev kelimeleri yüzyıllardır ezberlenmişti ve yan yana çok kötü duruyordu.

"Senin cinsellikte tam olarak ne yaşadığını sormak istedim," diye ısrar ettim.

"Belki de en uyumlu olduğumuz zamanlardı," dedi. "Ona karşı hep çok büyük bir cinsel çekim hissederdim. O da bana..."

Bu çok doğru olabilirdi. Ruhsal anlamda çatışma yaşamak, cinsel fetihlerimizi işin tek çıkış noktası gibi yapabilirdi ve orada büyük bir arzu duyabilirdik. Pek çok patolojik ilişkide cinselliğin çok büyük bir tutku olduğunu duyardım. Hatta bağlayıcı sebep olarak kullanılması hiç tesadüf değildi. "Her şey bozuk ama cinsellik mükemmel." Cümlede bir tuhaflık yok mu?

İnsanların yaşamlarında ve hayallerinde temiz kalması gereken yerler olduğunu biliyordum. Yas tutarken bu romantik zamanlara sarılır ve yaşadığımız onca şeyin yalan olmadığına inandırmak isterdik kendimizi. Bu oyunu bozmaktan nefret ediyordum. Buna mecbur olmak beni üzüyordu. Terapist olmak arkadaş olmanın ötesinde, onaylamamayı gerektiren yerde dik durmayı şart koşuyordu. Arya gerçeklerle yüzleşirken onun yanında duracağımı bildiğimden içim biraz rahatlıyordu.

"Cinsellik yaşarken sen tam olarak ne hissediyordun?" dedim.

"Evren sadece cinsel ilişki sırasında yatışıyordu. Başka hiçbir zaman duyamayacağım şeyler söylüyordu. Beni çok sevdiğinden, çocuklarının annesi olmamı istediğinden, yıllarca benim gibi bir kadın beklediğinden bahsediyordu. Sohbet edebildiği, sevişebildiği, onu anlayan bir kadın olduğum için bana övgüler yağdırıyordu."

"Bu sırada sana ne yapıyordu?" dedim.

Sadece klinik duyarlılık dediğimiz bir hisle risk almıştım.

"İstemediğim halde karşı koyamadığım şeyler yapıyordu ama onun o kadar mutlu olduğunu görmek tüm bedenimi onun için sermeme sebep oluyordu. Cinsellik istemediğimde kendimi suçluyordum. Bu ilişkiyi en mutlu olduğumuz anlardan mahrum bırakmamam gerektiğini düşünüyordum. Benimle istemediğim şekilde ilişkiye giriyordu. Zevk almıyordum. 'Her şeyden zevk almam gerekmez,' diye düşünüyordum. Cinsel anlamda neyden zevk aldığımı hiç düşünmedim ki... Şimdi sen sorunca ilk kez düşünüyorum. Çoğu zaman onu mutlu etmeye yönelikti her şey. İstemediğim şeyleri yapmasını onun hakkı, benim de görevim olarak görüyordum."

"Hayır dediğinde duruyor muydu?" dedim umutsuzca.

"Hayır kelimesi onu hiçbir zaman durdurmazdı ki... Hayır demek onu daha fazla öfkelendirmek dışında ne işimize yarardı?"

Sonucu ne olursa olsun benlik saygımızı kazanmaya yarardı. Madem her durumda acı çekmek kaçınılmaz, neden kartları kendimize güvenden yani en büyük yatırımdan yana oynamıyorduk?

Cinsel zorbalık çoğu zaman adını kendi başımıza koyamadığımız bir gerçekliktir. Çünkü cinsellik, biriyle birlikteyken her durumda yerine getirilmesi gereken bir görev olarak yüklenir kadınlara. Bize yatakta yapılanlara dünden razı olmamız gerektiği öğretildiği için yarın ne olacağı gündem dışındadır. Bedene ve tüm boşluklara sığan o adamların ertesi gün hiçbir ruhsal boşluğu kapatmayacağına dair öğretilerse es geçilir. Görev bilinci, çoğu kadına cinsellikten zevk alması gerektiğine dair bir algıyla orgazm taklidi yapmayı öğretmiştir.

Hem erkeği hem de kadını kandıran bu oyunlar ne zamandır oynanıyordu? Erkeğe kendini iyi hissettirmek adına bunu yapan ve aşk oyunlarına kendini kaptırmamış kaç "gerçekçi" vardı? Kendi bedenine ve arzularına odaklanmış kaç kadın vardı? Kadınların oyun oynamayı en iyi öğrendiği konulardan biri budur. Cinsel gücüne inanmaya çoktan hazır pek çok erkek varken bu oyunların sonu gelebilir mi? Bir başkasının mutluluğunu duygusal anlamda takip edemeyen hiç kimse cinsel doyumuna güvenmemeli.

Yine seansın sonlarına doğru yırtıcı cümlelerle baş başa kaldık.

"Onu sevdiğim zamanlarda başka hiçbir şey düşünmeme gerek kalmazdı. Bazen çok acı hissediyorum. Çok mu zayıfım ben? Utanıyorum ve bunu kimseye anlatamıyorum."

Arya'nın utanması gereken kendisi değildi. Geçmişinde bunları yaşamasına sebep olanlar utanmalıydı. Öyleyse o geçmişe birlikte bir daha bakmamız gerekiyordu. Sonra olanları düzeltmeye baştan başlayabilir ve onun utanmadan erişkin olmasını sağlayabilirdik.

Arya'nın ilişkisinde yaşadıklarının izlerini geçmişinde aramaya başladık. Anne ve babası ile ilgili anılara davet ettim onu. Anlatmaya hazırdı.

"Beş kişilik bir aileydik. Kalabalıktık aslında ama evde herkes birbirinden kaçardı çünkü annem hepimizi bir deliğe saklanmaya mecbur bırakırdı. Bitmek bilmez bir öfkesi vardı. Nereden ne eleştiri geleceğini tahmin edemezdik. Nitekim küçük kardeşim lisede yatılı okumaya karar vererek evden ayrıldı. Abim üniversiteyi şehirdışında okumaya karar vererek kaçtı. Ama ben gidemedim. Evde kalıp yanlış giden bir şeyleri düzeltebileceğime inanıyordum. Yeterince çabalarsam iyi bir aile olabilirdik. Sürekli neyi eksik yaptığımı düşünüyordum. Annemin 'ağlama duvarı' olmaya gönüllü olmuştum. Yeterince şikâyet ederse sakinleşip bizi sevebileceğine inanmak istiyordum. O ise bana çok daha iyi bir kocayı hak ettiğini anlatıyordu. Hiçbir hayalini gerçekleştirememiş olmasından ötürü bu aileyi suçluyordu. O zaman ben de varlığımdan utanç duyuyordum. 'Biz olmasak annem daha mutlu olurdu,' diye düşünüyordum."

Gözleri doldu. Bir süre sustu ve elindeki peçeteyle oynamaya başladı. Ağlamak ve ağlamamak arasında kararsızdı çünkü geçmişinde ağlamanın onu annesinden daha da uzaklaştıracağına inanmıştı. Bir zamanlar varlığının değersiz ve gereksiz olduğunu düşünen kişiler Arya'nın o sırada ne hissettiğini çok iyi anlayabilirdi.

"Babanla ilişkiniz nasıldı?" diyerek onu konuşmaya teşvik ettim.

"Babam çok uysal bir adamdı. Evin bahçesinde küçük bir atölyesi vardı. Kırılmış eşyaları orada tamir etmeye çalışırdı. Bunu çok uzun zaman sonra fark ettim çünkü atölyeye babamın yanına gittiğimde annemin onunla işbirliği yaptığımı sanmasından korkuyordum. Annemi tamamen kaybetmekten korkardım ama babamın orada ne yaptığını hep merak ederdim. Mesela annem evde çok öfkelenip tabakları kırdığında babam seramik parçalarını sessizce toplardı ama çöpe atmazdı. O parçalarla ortadan kaybolur ve saatlerini atölyesinde geçirirdi. Atölyenin de onun kaçma alanı olduğunu düşünürdüm. Onu kendime çok benzetirdim çünkü kaçabildiği en uzak yer bahçeydi. Bir gün evdeki yalnızlığımdan yeterince nasibimi aldığım bir anda babamın atölyesine gitmeye cesaret ettim. Annem sorarsa, 'Babama yiyecek bir şeyler götürdüm,' diyecektim. İçeri girdiğimde onu, benim gittiğimi bile fark etmeyeceği bir şekilde elindeki işe odaklanmış buldum. Küçük kulübesindeki raflara baktım. Büyülenmiştim. Evdeki kırılmış seramikleri pırıl pırıl parlayan altın rengi çizgilerle yapıştırmış, raflara dizmişti. 'Ne yapıyorsun?' deyiverdim şaşkınlıkla. Kafasını kaldırdı, 'Burada ziyaretçi görmeye alışkın değilim, gel güzel kızım,' dedi. Babamı ilk kez görüyordum sanki… Doğruydu, ilk kez ona ait bir dünyaya giriyordum. 'Neden kırılan her şeyi yapıştırdın?' dedim. Tanışmaya hazır olmadığım birini görmüştüm sanki ve cevabını beklemeden çıkmıştım oradan."

"Peki bu onarma süreci sana ne söyledi?" dedim.

Cevabı ikimiz de biliyorduk ama yüksek sesle telaffuz etmemiz gerekiyordu.

"Kafam karışmıştı. Ben zaten kırılan her şeyi onarmam gerektiğini düşünüyordum. Sorun, babamla aynı noktada olmamızdı. Onun yaptığı gibi kırılanları parlatmalı mıydım? Kendimi daha da yetersiz hissettim. Demek ki benim altın tozlarım eksikti... Daha çok çabalarsam annemin kırdıklarını ben de babam gibi yapıştırabilirdim."

Arya bazı yaraların altın tozlarıyla bile onarılamayacağını henüz bilmiyordu.

"Annemin hayatında nasıl bir yerim olduğunu bilmiyordum ama tek düşüncem onun hayatında kendime bir yer açabilmekti. Bunun da onun istediği gibi davranmakla mümkün olduğunu düşünüyordum. O ne ister, neyle mutlu olur, yüzü nasıl güler diye fırsat kolluyordum. Bazen ne yapsam olmadığını fark ediyordum. O zaman da yetersiz olduğumu düşünüyordum. Annemin bitmek bilmez sorunları olduğunu hiç düşünemiyordum. Bana öfkelendiği zaman bunun geçici olduğunu düşünüyordum. Hatta öfkesi dinince beni görebileceğine inanıyordum. Ama günlerce küsebiliyordu annem. Küstüğü zamanlarda ise, 'Bir gün bu evi bırakıp gideceğim,' diye tehdit ediyordu. Sonra ne oluyordu biliyor musun? Günler sonra hiçbir şey olmamış gibi gelip sarılıyor, benden özür diliyordu. 'Seni sonsuza kadar bırakmam,' diyordu."

Tutarsız ilişkiler Arya'ya çok yabancı değildi. Annesinin onu sevdiğini ama sorunları olduğunu düşünüyordu. Sonrasında bu kalıp ona benzer bir ilişki yaşatacak olan adam için model olmuştu. "Seven, sevgisine rağmen şiddet uygulayabilir." Şiddetin sevgiyle eşanlamlı olduğunu zannedecekti.

Bir yandan da her şeye rağmen gidemeyen babası vardı. Tahammülü ve zorlu yaşam şartlarında yaşamayı öğrenmek babasından ona miras kalacaktı. Gitmediğine göre babasının bir bildiği vardı demek ki.

"Aylar sonra tekrar babamın atölyesine gitme cesareti buldum. Evde hep sessiz ve kendi halinde olan, benimle gözleriyle konuşan bir adamdı. Bu kadar uysal olduğu için ona öfkelendiğimi hatırlıyorum. Kendini ve bizi anneme karşı korursa her şeyin dengeleneceğini düşünüyordum. Öfkem ve annemden korkum beni ondan uzak tutmuştu. O gün doğum günümdü. Annem tabii ki hatırlamamıştı. İlk kez babama sığınmaya karar verdim. İçeri girdiğimde elindeki işi bıraktı. 'Birkaç dakika bekle, bitmek üzere,' dedi. İşini bitirince elinde tuttuğu kalp şeklindeki seramiği bana uzattı. 'İyi ki doğdun güzel kızım,' dedi. Yine altın tozuyla birleştirilmiş kalp şeklindeki kumbaram elinde duruyordu. Bana onu on dört yaşıma girdiğimde yani bir yıl önce çok hoşlandığım bir erkek arkadaşım hediye etmişti. Annem erkeklerle yakınlaşmamı hiç hoş karşılamadığı için çok kızmış ve onu kırmıştı. Çok ağlamıştım çünkü o hediyenin yaşamımı değiştireceğine inanmıştım. Babamın elinde birleşmiş halini görünce çok mutlu olmuştum ama bir yandan da kafam karışmıştı, 'Başkalarının kırdıklarını neden biz onarıyoruz? Doğru olan bu mu?' demiştim. Yine bilge bir ifadeyle bakmıştı yüzüme. Ne güzel bir adamdı babam... Yıllarca ondan nasıl da uzak durmak zorunda kalmıştım... Annemi kazanmak pahasına babamdan vazgeçmiştim sanki...

Babam ve annem Bulgaristan göçmeniydi. Oradaki okullarda edebiyat ve sanat adına çok iyi eğitimler veriliyormuş. Zorunlu göçe mecbur kalana kadar hayatları bir şekilde yolunda gidiyormuş. Buraya gelip sıfırdan hayat kurmaya çalıştıklarında her şey bambaşka olmuş onlar için. Annem daha hırçın, babam daha bilge olmuş sanki... Biz üç çocuk ise neler olduğunu anlamayan şaşkınlardık."

Odamın camına yağmur damlaları vuruyordu. Bir süre onları izledi Arya.

"O soruna baban ne yanıt vermişti, hatırlıyor musun?" dedim.

Aniden bana döndü ve bir şey keşfetmiş gibi, "Siyah kazak," dedi.

Şaşırarak ne demek istediğini anlamaya çalıştım.

"Siyah kazak. O gün babamın üzerinde siyah bir kazak vardı. Atölyesinin camlarına yağmur damlaları vuruyordu. Evet çok iyi hatırlıyorum. Zihnimdeki imajı hiç sönmemiş o siyah kazaklı adam... Evren'i gördüğüm ilk günü sana anlattığımı hatırlıyor musun? Siyah kazaklı adam... Belki sana şu an sadece tesadüf gibi gelebilir ama hayır. Onda beni neyin bu kadar çektiğini şimdi anlıyorum. Dış görünüşü babama çok benziyordu. Sakin, bilge ve beni korumaya çalışan biri gibiydi."

"Ve karakteri de evdeki başka birine benziyordu," dedim.

"Evet. Annemin bana yaşattıklarını yaşatıyordu," dedi.

Benliğinde mozaik bir yapı oluşturmuştu. Babasının idealize ettiği olumlu taraflarıyla benzeşen bir eş arayacaktı. Annesinin de uyguladığı duygusal ihmali ve istismarı temize çekmek için bunları kendine tekrar yaşatacak birine yakın hissedecekti çünkü geçmiş tam olarak onarılmadığı sürece hayatımızdaki başka sahnelerde başka kişilerle tekrar ederdi.

"Evet," dedi tekrar Arya, "o soruma verdiği cevabı da çok iyi hatırlıyorum. 'Başkalarının kırdıklarını neden biz onarıyoruz?' demiştim. Bana aynen şunları söylemişti: 'Başkası kırmış olabilir ama senin onaracak olduğun kendi hatıraların, kendi kişiliğin, kendi geçmişin Arya. Çünkü yarayı bir başkası açar ama onu iyileştirmek bizim elimizdedir. Bak bu raflarda gördüğün onarılmış eşyaların hepsinin bende bir anısı var. Bulgaristan'dan geldiğimizde yaşayacak bir evimiz ve kullanacak eşyalarımız yoktu. Zamanla çok çalışarak elde ettik hepsini. Bunlar bana emek verdiğimiz o yılları hatırlatıyor. Belki annen de o yılları hatırlamak istemediği için kırmıştır onları... Arkadaşının hediye ettiği bu kırmızı kalp de senin kendi geleceğin için dilek tutup üflediğin bir eşyaydı. Kırılınca çok üzülmüştün. O dilek her neyse onu tekrar hatırlaman için onardım.'

Babam bana sonra kintsugi sanatından bahsetmeye başlamıştı. Japonlara ait çok eski bir gelenekmiş bu."

Benim de çok etkilendiğim bir onarma sanatıydı bu. Seansta bunu duymak bana da iyi gelmişti. Yağmur damlaları eşliğinde Arya'nın babasına içtenlikle teşekkür etmek isterdim. Ah! Bir terapist olmak ve insanların anılarına eşlik etmek... Sen ne güzel bir yaşam biçimisin!

Kintsugi, kırılmış bir eşyayı altın tozu ile onararak tamir etme sanatıdır. Kırık bölümleri altınla daha da belirginleştirerek yarayı tekrar hatırlatmayı amaçlar çünkü yaralar değerlidir. Eşyanın tabiatında kırılma olduğunu, bunun o eşyayı daha değerli kılabileceğini çünkü orada yaşanmışlığın izlerinin bulunduğunu düşündürür. İnsana dair çok şey söyler bu felsefe; acı çekmiş, kırılmış, hatalar yapmış insanlar aslında değer kaybetmez, kazanır. Çünkü bundan bir anlam çıkarmış, olgunlaşmış olarak yoluna devam etme şansına sahip olur. Nasıl ki eşyayı değerli kılan "yeni" olması değilse bireyi değerli kılan da "yarasız" olması değildir, yaşanmışlığıdır. Yaşamaya dair hikâyelerimizi buluruz orada. "Yara izi" hediyedir. Onarma yeteneğimizi keşfetmemize imkân sağlar. "Yara izi" bizi güçlü kılar. O yara tam olarak benliğimizdir. Eşya bahanedir.

Babasının Arya'ya verdiği mesaj açıktı: "Git kendi benliğini onar. Kırıldığın şeylerin seni durdurmasına izin verme."

Elbette bu mesajı almak ilişkiler yaşayıp, içlerinde yaralanarak mümkün olacaktı. Deneyim kazanmanın en zor tarafı budur; geçmişin en zor tarafı ise bize kendisini yıllar sonra tekrar dayatmasıdır. Yaşanamamış hikâyeleri tekrar sahnelemek ve tekrar anlamaya çalışmak...

Bir annenin yarattığı boşluk duygusunu yapıştırmak için ise kilolarca altın gerekebilirdi. Kim tarafından yaralandığınızın da bazen bir önemi yoktur. Bir kadın olarak anneniz yaralar ya da bir erkek olarak babanız. Fark etmez. Dönüp gelmesini istediğiniz o sevgiyi bıkmadan şimdiki partnerinizde tekrar yaratmayı düşlersiniz. Sizi yaralayan kişiyi bu yüzden seçersiniz. Kaybettiklerinizi kazanmanın tek yolu size benzer duyguları yaşatan insandır. Bunu fark etmezsiniz bile. Bilinçdışınız sandığınızdan daha bilinçlidir ve uyanıktır çünkü. Nasıl da sinsice dayatır size benzer hikâyeleri... Onarmanız gereken yerler onun kırdığı ilişki parçaları değildir, kendinize olan saygınızdır. Kendi geçmiş rolünüz her ne ise onu tekrar canlandırmaya yeltenirsiniz. Bu kez başarmanın, size kimliğinizi vereceğini sanırsınız. Üstelik hiç benzemek istemediğiniz ebeveynlerinizden kaçarken en çok onlara yakalanırsınız.

Arya ilişkilerinde annesine benzememek için çok çabalamıştı. "Öfkeli bir kadın olmak istemiyordum. Sakinliğin sevgiyi onaracağını düşünüyordum. Babamı atölyesinden çıkaracak, kardeşimi ve abimi gittikleri şehirlerden geri getirecek olanın yaşanan her şeyi kabullenmek olduğunu sanmıştım. Sessizlik bizi tekrar bir aile yapabilirdi. Henüz yanlış limana sığındığımı anlamıyordum. Annemin fırtınaları dinmediği sürece ben ne yapsam olmayacakmış. Sanırım umudumu bir şeye dayandırmam gerektiğini düşünüyordum. Babam gitmediyse ben de kalmayı başarabilirdim. Mesajı çok yanlış anladığımı şimdi idrak ediyorum. Babam, 'Kırılan benliğini onar,' demişti bana. Ben ise tekrar kırılmak için bir ortam yaratmıştım çünkü annemi onaramazdım. Babam, 'Kendine saygın olsun,' demişti. Bense saygıyı hiçe sayan bir adamla olmuştum çünkü saygıyı elde edebilmek için önce saygısızlıkla baş edebilmem gerektiğini düşünmüştüm. Oysa savaştıklarım değiştirilemez şekilde geçmişte kalmıştı."

Bir ilişkiye her şeye rağmen tutunmayı sadece geçmişle açıklayamayız elbette. Özellikle evlilik söz konusu olduğunda bunun toplumsal ve kültürel baskı yönü de olduğunu unutmamak gerekir.

Boşanmak pek çok kadın için toplumsal yargılar ve yeni savaş alanları yaratır. Kısa siyah saçlarla görüntüyü değiştirmek yetmez. Çok fazla sorunun muhatabı olacağınız kesindir. Yenilmişlik duygusunu sizin kucağınıza bırakacak pek çok erkek ve kadın tetikte bekler. "Neden beceremedin?", "Neden elinde tutamadın?", "Neden yeterince kadın olamadın?" Bu sorulara cevap vermek istismara maruz kaldığınız bir evlilikte olmaktan daha zordur bazen. Çıktığınız yolda yalnız hissedebilirsiniz. Yolda kalmamak diye bir seçenek vardır ama. Kimseye hesap vermeme cumhuriyeti. Hiç alışık olmadığınız bir arenadır belki bu… Olanları yalnızca siz bilebilirsiniz çünkü. İki kişinin karanlık bir odada ne yaşadığını kimse onlardan iyi bilemez. Hesabınız yalnızca kendinizle olabilir. "Beni affet," demeniz gereken, toplum değildir. Çünkü toplumsal değerler söz konusu olduğunda herkes çok ilkel davranabilir ve düzenin devamı her şeyden daha kutsal sayılabilir. Kendinizden caymanız gerekiyorsa bunu kabul edemezsiniz. Başka odalarda sizi bekleyen güzelliklere inanmak zorundasınızdır.

Kişinin tutunmak için bile bile kendine sunduğu bahaneler tükenmez. "Ama beni sevdiğine inanıyorum.", "Ama o da benden vazgeçemiyor.", "Ama iyi olduğumuz zamanlarda birbirimize çok yakınız.", "Ama bazen o kadar duygusal oluyor ki gözyaşları içimi sızlatıyor."

Evren'in yeniden ortaya çıkışı tam da bu duyguların üzerine oturdu.

"Affet beni," diyordu telefonun ucundaki ses. Arya'nın aylardır beklediği cümle nihayet gelmişti. Şimdi sıra önemli bir karardaydı. Arya seramikleri mi yoksa kendi benliğini mi onaracaktı?

Bazı seslenişler insana öyle bir kapı açar ki… Eğer geçmişinizde engellenmişlik duygusuyla donatıldıysanız birinden ayrılmak duvara çarpmak gibi gelir. Ne zaman ki o kişi kapıyı aralar, tüm basınçlı duygularınız o kapıdan savrulur gider; o zaman kendinizi rahatlamış hissedersiniz. Kapı açıktır ve gerçekten oradan geçmek; birine ulaşabilir olmak ve artık onun üzerine daha gerçekçi bir yerden düşünmek, onu ölmüş kabul etmemek, içinize sakladığınız cümleleri savurabilmek, dökmek içinizi, utanmadan kusmak belki, o şelalenin ucuna sizi bırakan insanla vedalaşmadan önce belki son sözler olduğunu bile bilmeden o son sözleri söyleyebilmek artık sizin elinizdedir.

Dönüp gelen kişi sizi tekrar aynı orman yangınlarına davet eder, kabul etmeye can atarsınız çünkü yanmaya çok alışmış olan teniniz aynı sıcağı ister.

Arya'nın iyileşmesi kendi sıcaklık ayarını hissettiğinde başlamıştı. Ne donarak ne yanarak...

Sorulara cevap arıyordu. Hepsini birlikte yanıtlıyorduk. Aylar böylece, dolu dolu geçiyordu.

Sadece Arya değil Evren de beslenmişti bu ilişkiden. İkisi de kendilerinde bastırdıkları duyguları ötekinde deneyimliyordu. Arya'nın öfkesizliği ve sürekli sükûneti, Evren'e hep olmak istediği dingin kişiyi hatırlatıyordu; kendini Arya'da onarıyordu. Öfkesiyle yüzleşmek yerine birlikte olduğu kişide tamamlanıyordu. Arya da o zamana kadar kimseye kusamadığı ve yuttuğu öfke duygusunu, onun adına yaşayan Evren'de gördükçe anlıyordu. Öfkeyi onun üzerinden, ikincil olarak seyrederek deneyimliyordu. Onun saldırganlığına yani kendinde hiç olmayana sahip olana ayrıca saygı duyuyor ve öfke kusulanın, kendisi olmasını umursamıyordu bile.

Arya'nın çaresizce bağımlılığı ve hiçbir durumda terk etmeyecek olması, Evren'in yüreğinde koşulsuz sevgiye denk geldiği için bağlanmasına sebep oluyordu. Ve Evren'in her an gidebilecekmiş gibi sözde kendine güvenli duruşu Arya'nın hiçbir zaman sahip olamayacağı bir şey olduğu için Evren'e hayranlığını artırıyordu.

İşte anahtar, kilit olmak ve kopamamak böyle bir şeydi.

İkisi de neyin acısını çektiğini bilmediği bir davanın yükünü taşıyordu. Kaotik duyguların, dramların yaşanmasına alışık iki kişi için beklenen atmosfer oluşmuştu.

Ama Arya'ya güveniyordum. Bir yandan kendi çocukluk dinamiklerini anlaması bir yandan da o adamı seçme ve her acıya rağmen kalma sebeplerini fark etmesi, iyileşmesinin ve özsaygısını kazanmasının yollarını açıyordu.

Bilgi, yaşamlarımızda paha biçilemez bir yer kaplar. Yolculuk; neyi, neden, nasıl yaşadığımızı çözüp kendimizi bilmek gibi değerli bir hediye ile sonlanır.

Arya, Evren'in telefonlarına yanıt veriyordu ama artık ona güvenemiyordu. Yeni bir oyununun parçası olmaktan korkuyordu. Yani onunla ilgili inkârları, görmezden gelmeleri, bahaneler sunmayı bir kenara bırakmaya ve gerçekliği daha net değerlendirmeye başlamıştı. Bazen eski korkuları canlanıyor ve, "Telefonlarına çıkmak zorundayım," diyerek ürkek bir çelişkinin içine düşüyordu. O zaman ona şöyle söylüyordum:

"Mecbur olduğunu düşünme, kurban gibi hissetme, davranışlarının kontrolünün artık senin elinde olduğunu ve onun telefonunu yanıtlamaya 'karar verdiğin' için bunu yaptığını söyle kendine. Karar verdiğini ve yaptığını düşünmek; çaresiz hissetmenden kurtaracak seni. Sorumluluğunu ve kararlarını kendi alan bir yetişkin olarak özsaygı hissedeceksin. O zaman o telefona çıktığın için de suçluluk hissetmezsin."

Bazen de onu çok özlediği için konuşmaya hevesli oluyordu ama bunun için utanıyordu. O zaman da diyordum ki:

"Birine olan sevgi ve özlem duygularının kapatma düğmesi yoktur. Bunları hâlâ hissetmen çok doğal. Duygularımıza ortaya çıkmamalarını söyleyemeyiz. Bu yüzden onlardan utanmamalıyız ama onları yönetebiliriz. Duygularının hangi eylemlere dönüşeceği hakkında söz sahibisin. Yeter ki kendini duygularından ötürü yargılama."

Olumlu ya da olumsuz tüm duygularımızı hissetmek ve bunlardan utanmamak bizi özgürleştirir. Özlemek, öfkelenmek, savunmasız ve çaresiz hissetmek, korkmak, kaygılanmak sahip çıkıp benimsememiz gereken parçalarımızdır.

Bir diğer önemli nokta da karşımızdaki kişiye yüklediğimiz idealizasyonları yerli yerine oturtmaktır. Çünkü toksik bir ilişkide olduğunuzda onu yüceltmeyle ona sahip olduğundan çok daha fazla özellik ve anlam atfetme sık sık devreye girer. Bu "gözde büyütme" ilişkiye tutunmanızı sağlar. Kendi benliğinizi de böyle bir değerle birlikte olduğunuzu varsayarak onarmaya kalkışırsınız. Onun da başkaları gibi sıradan biri olduğunu kabul edebilmek bile önemli bir adımdır. Kurguladığınız oyun bozulur. Üstelik size ve başkalarına ezici, küçük düşürücü, incitici davranışları olduğunu kabul edip bunları da mazeretlerin arkasına gizlemezseniz artık daha da dengede olduğunuzu kabul edersiniz. Güç aranızda adaletli dağılmaya başlamıştır artık. O inerken siz yükselirsiniz gözünüzde.

Seanslar boyunca bir yandan da Arya'nın kendilik algısı yani kendi varlığıyla değerini nasıl betimlediği ve başkalarıyla ilgili toplumsal algıları, onları nasıl değerlendirdiği hakkında konuşuyorduk. Korkular ve kendi yeteneklerine güvenmemek öyle yerleşmişti ki, "Beni sevecek bir insan bulabilir miyim artık bilmiyorum, ömür boyu yalnız mı kalacağım yoksa, herkes beni bir evliliği sürdürmeyi başaramadığım için küçük mü görecek, boşanmış bir kadın olduğum için bazı ortamlardan dışlanacak mıyım, ona dönmezsem bana zarar verir mi, ya sonradan çok pişman olursam, ya şimdikinden mutsuz olursam..." diye endişeleniyordu aynı zamanda.

Bu endişeler tanıdık geldi mi?

Bunları başkasında duyduğunuzda size mantıksız gelirler ve, "Elbette hayır, bunlar sadece senin korkuların, gerçeklik değil," dersiniz. Ama yaşayan kişi siz olduğunuzda bu girdabın içine kolayca çekilebilirsiniz. Bunların bir kısmı ailenin bir kısmı da toplumun yüklediği algılardır. Burada toplumun düzen kurmak adına insanlara yüklediği, "Ancak bir eşken değerlisin, yalnız bir birey olarak ikinci sınıfsın," diye kodladığı kolektif bilinçdışımızın ürünleridir. Bir yandan da insan olmanın getirdiği duygusal ihtiyaçlar bizi eş olmaya iter. Hepsi bir dereceye kadar çok anlaşılır ama tüm bunlar sizi biricik hayatınızda iplerin ucundaki kuklalara çevirmeli mi yoksa muhtaç olmayan, özgür bir birey olarak mı kararlar alabilmelisiniz? Toksik bir ilişkiden çıkmaya cesaret etmezseniz daha iyi bir yaşam şansınız olmaz zaten. Öyleyse tüm korkuları sırtlanıp, özsaygınızı da yanınıza alıp, yeteneklerinize güvenerek yola çıkmaya ve başka bir yaşam şekli denemeye değmez mi? Çünkü sandığınızdan çok daha güçlüsünüz. Ezici bir ilişkide kalabilen bir insan için gitmek, hiçbir zaman karşılaşacaklarıyla uğraşmaktan daha zor olmamıştır.

Sürecimiz ilerlerken Arya'yı hiçbir şekilde, Evren'in yeniden birlikte olma teklifine karşı olumlu ya da olumsuz yönlendirmiyordum elbette. Biz terapistler rolümüzün gereği olarak nötr pozisyonda durmayı, kişi adına karar almamayı gözetmek zorundayızdır. Hatta bazı zorunlu durumlarda başka vakalarımdaki ayrılıklarda önermek durumunda kaldığım "sıfır iletişim kuralı"nı Arya için gündeme bile getirmemiştim. Bu onun için uygun bir teknik değildi. Bazı kişiler ayrılık sürecinde hiç temas kurmadıkları zaman bunun üstesinden gelebilirdi ama Arya "sıfır temas" döneminde daha da kaygı yaşıyor, engellenmiş ve duvara çarpmış gibi hissediyordu. Evren ölmüş gibi yas tutmasını istemiyordum.

"Adam tam da orada bir yerde yaşıyor. Ölmedi o. Sakin kal. Ve kararın yalnızca sana ait olduğunu hisset. Bu senin ruhunu özgürleştirecektir," dedim.

Evren'le buluşabilme ve konuşabilme fikri çok iyi hissettirdi Arya'ya. Ve o büyük buluşma için sözleştiler. Buluşmadan önceki gece Arya büyük bir kaygı atağı ile beni arayarak, "Kusura bakma bu saatte arıyorum ama ne yapacağımı, ona nasıl davranacağımı, ne yapmam gerektiğini bilmiyorum. Kafam çok karıştı, o kadar ilerleme kaydettiğimi düşünürken şimdi neden böyle hissediyorum?" dedi.

Onu çok iyi anlıyordum. Eleştirilmeye ve değersizleştirilmeye o kadar alışıktı ki tam bir sınav heyecanı yaşıyordu. "Arya," dedim usulca, "hiçbir şey yapmak, hiç kimse gibi olmak, hatta bir karar almak ve bildirmek zorunda değilsin. Sadece kendin ol yeter. Gerçek kendin gibi. Bu sana fazlasıyla yetecektir."

Ve buluştular.

Seans günümüzü iple çekiyordum. Arya büyük bir heyecanla ve aydınlık bir yüzle oturdu koltuğa. Muzip bir gülümsemeyle bana bakıyordu.

"Başka biriyle buluştum," dedi.

"Anlamadım, nasıl yani?" dedim şaşkınlıkla.

Bir kahkaha patlattı. Anladım ki içindeki oyuncu çocuk ortaya çıkıyordu artık.

"Karşımda oturan Evren'di evet ama başka biri gibiydi. Konuşmalarımız ilerleyene kadar tam algılayamadım. Sonra yine beni eleştirmeye, bana emir vermeye, saygısızlık etmeye başlayınca aynı adam olduğunu anladım. Ama gözümdeki Evren değişmişti. Çünkü değişen bendim. Onu gerçek haliyle gören bendim. Kendini ifade etmek, duyulmak ve anlaşılmak isteyen ben... Saygıyı şart koşan, bunu hak ettiğine inanan ben... 'Böyle düşünüyorum, buna inanıyorum, böyle yapmayacağım, bunu istiyorum,' diyebildim. Düşünebiliyor musun? Evren'le buluşmaya gittim ama kendimle buluştum. Söylediğin gibi olmuştu. Kendim olmuştum ve bu bana yetmişti. Onu gözümde ne kadar yüceleştirdiğimi fark ettim birden. Aslında onun da korktuğunu, güçsüz ve yetersiz hissettiğini anladım ama tüm bunların başkalarını kırması için mazeret olamayacağını idrak ettim. Bu kez onun adına bahaneler üretmedim. Karar bildirmek zorunda değildim ama olmayacağını anlamıştım. Kendine saygı duyan bir kadın olarak onun sınırlarında var olamazdım. Sana bunun nasıl bir his olduğunu tarif edemem. Kendime güvenmekten, gücüme inanmaktan bahsediyorum. Bir an eski duygularım girdi devreye, onu o halde yalnız bırakacağım için üzüldüm. Sonra bir an suçluluk duydum ama toparlandım. Biz birbirimizle iyileşemezdik. İkimiz de kendi yolunda denemeliydi bunu. Bunun, onun için de en doğrusu olduğunu hissettim. Kaybetmek korkulacak bir şey değildi. Kaybetmek dönüştürebilirdi. Kaybetmek kazandırabilirdi. Birbirimizden uzakta ikimiz de kendimizi kazanabilirdik."

Öyle hızlı konuşmuştu ki nefesi son kelimelere zor yetmişti. En korktuğu sınavı başarıyla geçmiş bir çocuk gibiydi. Cesaretiyle gurur duyuyordum. Evet daha kat edilecek yollar vardı ama artık yolun üstünde cam kırıkları yoktu. Özgüveni, özsaygısı arttıkça yollarına ipek kumlar da dökülecekti. Benliğimizi, kimliğimizi, arzularımızı, hayallerimizi, sınırlarımızı, varlığımızı onarma yolunda ayaklarımıza değen her şey ipek bir yolda yürüdüğümüzü hissettirir.

Coşkulu sesiyle konuşmaya devam etti Arya:

"Masadan kalkmadan önce ona dedim ki: 'Benim üzerime devrettiğin mülkleri en yakın zamanda devralmanı istiyorum. Detaylar için yeni bir protokol hazırlarız. Ben kendime bakabilirim ve yeni sürecimde senin bir katkın olsun istemiyorum. Düşmanım değilsin ve hiç olmayacaksın. Anılarımda kalacaksın hep, kendimi bulmam için tetikleyici bir güç olarak hatırlayacağım seni.' Sonra kendimi dışarı attım. Hafiflemiş, kararlı ve çok değerli hissediyordum."

"Değerli hissetmeni duymak da bana bir hediye gibi geldi şimdi," dedim.

İlk seansta, "Değerli hissetmek ne demektir?" diye soran kadının şimdi geldiği noktaya baktım. Evet, onunla çok gurur duyuyordum.

"Bu arada," dedi, "oradan çıktığımda babamı aradım. 'Bana şu altın tozuyla seramik onarma işini öğretir misin?' dedim. 'Uzun zamandır yapmıyordum, birlikte tekrar başlarız,' dedi ve çok sevindi. Annemin sesi geldi içeriden: 'Arya mı o arayan? Söyle ona son günlerde bizim yanımıza gelmeyi çok ihmal etti!' Babam da ben de güldük. Artık anlıyordum, ben ihmal etmemiştim. Annem ihmal edilmiş hissetmeye yatkındı. 'Yakında görüşürüz baba, anneme söyle önce senin atölyeni ziyaret edeceğim, hatta o da gelsin, sonra da eve geçer annemin kekleriyle birlikte çay içeriz,' dedim.

Olan biteni kişisel algılamayı bırakmıştım. Annemi, babamı, Evren'i ve tüm olanları kabul etmiştim. Çünkü kendimi kabul etmiş, yeni tanıştığım bu kadını sevmiştim."

İçindeki orman yangını dinmişti.

Ona "bir hiçmiş" gibi hissettiren boşluk duygusunu, altın tozlarıyla onarmayı başarıyordu.

BİR SONBAHARDA KEFARET

Dilime takılan şarkıyı mırıldanarak yürüyorum. Telefonumdaki şarkıyı ise sağır edercesine son seste açmış, kulaklığımı takmış dinliyorum. "Bahar geldiğinde mi ben böyle olurum? / Yoksa böyle olduğumda mı gelir bahar? / Ayrıca bunun seninle ne ilgisi var?" Ayşe Kulin ne güzel şeyler yazıyorsun! Hayatta bir tek güzel yazanları kıskanıyorum. Candan Erçetin ne güzel söylüyorsun! Güzel şarkı söyleyenleri kıskanmaya ise cüret bile edemiyorum. Haddimi biliyorum.

Bu güzel akşamda "ihanet" üzerine derin düşünceler içinde kaybolmak istemezdim ama buna mecburdum. Çünkü aldatılmış olmak yas tutmayı zorunlu kılıyordu, yas tutmak da olanları anlamak için zihnin içinde bir savaşa sürüklüyordu insanı. Aldanmanın, hayatın bize dayattığı müthiş bir yıldırma politikası olduğuna emindim. Bundan sonra hangi yolu seçecektim? Ayrılmak bir yol değildi çünkü yolun başlangıcıydı. Her ne kadar kısa bir süre içinde ayrılmayı seçmiş olsam da hikâyenin sonrasında başladığını biliyordum.

Küçük bir çocukken adımı soranlara ne zaman, "Bahar," desem istisnasız bir şekilde "İlkbahar mı sonbahar mı?" sorusuyla karşılaşırdım. "Şimdi ilkbaharım," derdim, "yaşlanınca sonbahar olacağım." Aldanmışım... Sonbahar insanın yaşında değil yaşadıklarında saklıymış. Ayrıca son da değilmiş. Mevsimsel döngülerin doğa kanunları bizi tekrarlara zorluyormuş. Hiçbir şey son değilmiş! Tam buradan yakalamıştım kendimi. İnsanlara ve dünyaya olan temel güven duygumu, bir aldatılma hikâyesine feda edemeyecek kadar zenginleşecekti sanki içim… Yine de anlamak istiyordum. Neden?

Bir kadınla erkeğin ilişkisi arzu, tutku, cinselliğin yanı sıra ve bunların da ötesinde sağlam bir dostluk, dayanışma, paylaşma, sırdaşlık, yol arkadaşlığı hatta evlilik bağı içeriyorsa mesele artık kadın-erkek arasında yaşanan aldatma-aldatılma sığlığından öteye taşınıyor ve dostluğa da ihanete dönüşüyordu.

Peki aldatmanın olduğu bir ilişkide tüm bu yaşananlar bir yanılsama mıydı yoksa kişiler özüne mi dönüyordu yahut zamana mı yeniliyordu? Ama ne gariptir ki insan dostunu kaybetme sancısıyla daha rahat boğuşuyor, daha ılık savaşıyorken o sığ suda boğulup, "Neden bir başkasıyla oldu?" sorusunda alev alıyordu. Suyun içinde yanıyordu insan. Neden?

İhanet, tüm insan ilişkilerini meşgul ediyor belki de. Bağlılık kadar meşru mu yoksa? Ahlakçılık ile açıklanamayacak kadar derin mi mevzu? Toplumsal olarak yaşanan her travma nasıl ki bizi istisna olmadığımıza ikna ediyor ve olayın çok boyutlu hallerini irdelememize müsaade ediyorsa ihanet de tam olarak böyle yapıyor.

Hayatında bunu yaşamamış veya buna tanık olmamış hiçbir canlı yoktur ve bunu bilmek bizi rahatlatır. Çoğumuz kendi ilişkimizde veya çevremizdeki ilişkilerde aldatma ya da aldatılma hikâyesinin bir karakter öğesi olmuşuzdur. İşte bu bizi, insanı anlamaya yönlendirir. Kızgınlığı atlatmayı beklemeden sorgulamaya başlarız.

Aylar geçiyordu. Cevap kovalamayı bırakmıştım. Kendime ihanet etmediğim bir yaşamda yola devam ediyor olmak yetiyordu. Evlenmek ve boşanmak arasındaki uçuruma yamalar yapmıştım. Dostluğu ve vefayı bile gözümde büyütmemeyi öğrenmiştim. Sarsıntı hafiflemişti çünkü sebep ihanetti. Mahkemedeki dava dosyasından daha hızlı kapanmıştı kalbimdeki dosya.

Ve mevsim sarı hüzün, sonbahar hükmündeydi.

Günün son seansına girecektim.

Yeni bir randevuydu. Erkeklerin başvurmak için genelde özel bir gündemi olurdu. Onun ne yaşadığını merak ederek dinlemeye başlamıştım.

"Sizden özel bir ricam var," diye başladı sözlerine. "Dört seans görüşmemiz lazım. Beni geri çevirmezseniz çok sevinirim. Hatta buna mecburum."

Hevesim kırılmıştı. Nasıl bir randevuydu bu? Neden mecburdu? Neden dört seans görüşmek istiyordu?

"Beni size eşim gönderdi," dedi. "İlişkimizin devamı için bunu şart koştu. Eğer size dört seans gelirsem ayrılmamamız için bana zaman tanıyacakmış. Yoksa benim psikiyatriste gelmek için bir motivasyonum yoktu. Gerçek bu!"

Demek bir oyuna dahil oluyordum... Bir ilişkinin devam edip etmemesi sürecinde bana henüz hiç tanımadığım kişiler tarafından sorumluluk yüklenmesi hiç hoşuma gitmemişti.

"Cezalı gibi konuşuyorsunuz. Durum nedir?" dedim.

"Yok, ben cezalandırılmam gerektiğini düşünmüyorum. Evet yapmamam gereken bir şey yaptım, bunu kabul ediyorum ama eşimden ayrılmak istemiyorum ve onun istediklerini yaparsam bir şansım olacağını düşünüyorum," dedi.

"İlk seansı şu anda gerçekleştiriyorsunuz zaten. Kalan üç seans için henüz söz veremem ama bu seans sonunda kararımı vermiş olacağım, söz. Ne olup bittiğini anlatmaya başlarsanız bu çok kısıtlı zamanımızı daha verimli geçirmiş oluruz," dedim.

"Aldattım onu," dedi.

"Neden?" dedim.

Bu sorum karşısında ikimiz de kalakaldık. O, bu tek kelimelik sert sorumu beklemiyordu; ben de kapsayıcı olmayan bu tavrı göstereceğimi düşünmüyordum. Terapilerde hiç de sık kullanılmayan bir sorudur: "Neden?"

"Çünkü bu her ilişkide oluyor. Ben sadece yakayı eleverdim."

Bu sıradışı cüretin altında ne saklıyordu acaba? Neyle karşılaşacaktım?

"Beni çözümlemenizi istemiyorum. Neyi, neden yaptığımın farkındayım."

Nasıl yani? Nasıl bu kadar emin olabilmişti ki?

"Ancak ihanetler üzerine sizinle sohbet edebilirim. Erkekler ve kadınlar birbirini neden aldatır, nasıl aldatır... Buna varım."

Konu ilgi çekici olmaya başlıyordu.

Öncelikle onu tanıyabileceğim genel şeyler sordum. Kırk beş yaşındaydı Savaş. Mimarlık bölümü mezunuydu ve kendine ait bir ofisi vardı. Aynı zamanda kendi girişimi olan, endüstriyel ürünler tasarımı satan bir internet sitesinin kurucusuydu. Bir sivil toplum kuruluşunda da yöneticilik yapıyordu. Cansel'le sekiz yıldır evlilerdi. Sevgililik dönemiyle on iki yıldır birliktelerdi. Eşi bir tekstil firmasında çalışıyordu. Altı yaşında bir oğulları vardı.

Karşımda çok yakışıklı bir adam oturuyordu ama karizmatik değildi. Özenli ve modern bir giyim tarzı vardı. Hafif bir kibirle ancak kendini iyi ifade eden bir özgüvenle konuşuyordu. Ama onu çekici olmaktan yoksun kılan neydi? Hayatı, olmasını beklediği gibi kurmuştu âdeta. Bu güzel bir şeydi.

"Peki, sohbeti başlatabilirsiniz. İhanet üzerine sofistike düşünceler duyacağım sanırım, yine de merak ediyorum," dedim.

"Bahar Hanım," dedi, "bilirsiniz. Tekeşli yaşamak fazla yüceltiliyor. İmkânsız olan bir şeye bel bağlıyor insanlar. Elbette karımı seviyorum. Başka kadınlarla birlikte olmam da ona olan sevgimi azaltmıyor, bilakis güçlendiriyor."

"Haberi olmadığı müddetçe," dedim.

"Elbette haberi olmadığı müddetçe. Sürekli yaptığım bir şey değil zaten ama iş gezilerinde ya da çok eğlendiğimiz bir erkek gecesinde son bu olabiliyor. Dünyanın düzeni bu. Arz talep meselesi. Beni besleyen herhangi bir şey eşime olan bağlılığımı güçlendiriyor sonuçta. Ve günün sonunda başka bir kadına âşık olmuyorum. Başka kadına bağlanmıyorum. Eve dönüyorum. Bu durum aramızdaki heyecanı da canlı tutuyor."

Çok cüretkâr!

"Heyecanı güçlü tutmak kesinlikle çok önemli. Bunu mevcut ilişkinizde bulamadığınızı ve başka kişilerden beslenme ihtiyacı içinde olduğunuzu mu söylüyorsunuz?"

"Cansel'in beni neden özellikle kadın bir terapiste gönderdiğini şimdi anlıyorum. Sorgulanacağımı hissediyorum ama buna üç seans daha katlanabilirim sanırım," dedi.

Terapistin kadın ya da erkek olmasına odaklanan herkese olduğu gibi ona da beni cinsiyetsiz değerlendirmesinin çok mühim olduğunu söyledim. Terapist, cinsiyet tarafı tutamazdı, insan olmanın içeriğine odaklanmalıydı. Zaten işin özü buydu. Hepimiz buna mükemmel bir şekilde şartlanmıştık. Etiğe ve değerlere önem veren bir grup tarafından da yeterince iyi uygulanıyordu bu. Seanslarda cinsiyetlerden bağımsız halde bir insan tarifleyicisi olduğumu gayet tatminkâr bir şekilde anlattım. Uzlaştık.

Ben de cüretkâr olmaya karar verdim. İlk sorum ise şu oldu: "İlişkinizde hiç aldatıldınız mı?"

"Aldatıldım mı? Hayır, hiç sanmam, düşünmedim bile ya da düşündüysem de, 'Bu benim başıma gelemez,' demişimdir."

Yanılsama!

"Sizce ihanet tam olarak ne demek? Sadakat kelimesi sizde hangi çağrışımları yapıyor?" diye sordum.

Zihnim hemen şu kelimelerle yankılandı: Güvenlik, şefkat, arzu, aşk, teminat, yasalar, huzur, yalnızlık, özgürlük, yuva, hayal kırıklığı, intikam. Bu kelimeler üzerine hep düşünürdüm. Hepsi bizim hayatımızdı.

"Aslında bu bir seks meselesi. Hepsi bu bence," dedi. "Erkeklerle konuştuğum zaman da çoğunun ilişkisinde seksin bir süre sonra sıkıcı bir rutin haline geldiğini duyuyorum. Özellikle kadınlar seks konusunda çok kısıtlayıcı ve muhafazakârlar. Oysa iyi bir seks yaşantısı erkeğin, ilişkinin içinde uzun süre aldatmadan kalmasını sağlayabilir."

"Seksin öğrenilen bir davranış olduğunu biliyorsunuzdur. Öyleyse neden eşlerinize bunu öğretmiyorsunuz? İki tarafın da çok tatmin edici bir yaşantısı olabilir o zaman," dedim.

"Kadınlar cinselliği öğrenmeye çok dirençliler. Çok yerleşmiş toplumsal tabuları var. Bunu kırmak gerçekten çok zor oluyor. Bu nedenle çoğumuz özellikle yabancı kadınlarla çok daha iyi bir cinsel performans sergiliyoruz."

"Sizin eşinizle cinsel yaşamınız nasıl peki?"

"Ayda bir kez cinsel ilişki yaşadığımız söylenebilir."

"Kimin isteği bu?"

"Bence karım sekse karşı çok soğuk. Ben de uzun zaman önce uğraşmayı bıraktım. Sürekli reddedildiğimi hissetmek bana iyi gelmiyordu."

"Seks hakkında konuşur muydunuz peki? Mesela eşinizin nasıl cinsel fantezilerden hoşlandığı ya da vücudunun hangi bölgelerine nasıl dokunmanızı istediği hakkında bir fikriniz var mıydı?"

"Bahar Hanım, eğer bu kadar mahrem konulardan bahsedeceksek sizli-bizli konuşmaları bırakmamız nasıl olur? O zaman size kendimi daha iyi açabileceğimi hissediyorum," dedi. Rahat bir alan aramakta haklıydı.

"Elbette olur. Ben genellikle bunu ilk seans sonunda sorarım zaten. Peki o zaman sorumu tekrarlayayım: İyi bir cinsellik için iki kişinin birbirini her açıdan tanıması ve özellikle cinsellik hakkında konuşması gerekir. Bunu eşinle yapar mıydın? Erkek olarak sen daha rahat hissediyorsan onu bu alana davet eder miydin? Çünkü kadınları fethetmek istiyorsan cinsellik, duygular, arzular gibi her konuda kesinlikle konuşabilmelisin."

"Off, tabii ki hayır. İşe yarayacağını hiç sanmıyordum."

"Sen de çareyi başka kadınlarla olmakta mı buldun?"

"Sanırım öyle olmuş. Başka nasıl olabilirdi ki? Sonuçta seks yapmaya mecburum."

Koltuğumda dikleştim. Hafifçe öne eğilerek gözlerinin içine baktım. "Savaş," dedim, "sana bir düşüncemi belirtmeyi çok isterim."

O da dikleşti. Gelecek cümleleri merak etmişti. Hafif tedirgin olduğunu hissettim.

"Erkekler aldatmanın çoğunlukla seksle ilgili olduğunu söyleseler de meselenin ve erkek dünyasının bu kadar tek boyutlu olduğuna inanmıyorum. Evet, insanlık var olduğundan beri aldatma hikâyeleri gerçekleşiyorsa mesele çok sık yaşanıyor demektir, doğru. Ama ben işin içinde bundan daha fazlasının olduğunu düşünüyorum. Erkeklerin de kadınlar kadar beğenilmek, onaylanmak, takdir edilmek, paylaşmak, sevilmek ihtiyacı içinde olduğunu ve buralarda bir sorun yaşandığında aldatma hikâyesini kolaylıkla sekse indirgediğini düşünüyorum. Kadınlar ve erkekler uzun süreli ilişkilerde bile eğer isterlerse cinsel hayatlarıyla ilgili daha yaratıcı olabilir, cinsel hayatlarını canlandırabilirler. Belki sizin ilişkinizde de eksik olan daha farklı şeyler vardı... Ne dersin?" dedim.

"Bilmiyorum, açıkçası pek düşünmedim. Çok kavga eden bir çift değilizdir biz. Özellikle Ege doğduktan sonra Cansel daha çok onunla ilgilenmeye başladı. Bizim ilişkimiz daha da sakinleşti sonrasında."

"Kenara atıldığını mı düşünüyorsun? Oyundan atıldığını ya da ne bileyim artık ilgi odağı olmadığını?"

"Yok canım, ne ilgisi var? Elbette çocukla daha çok ilgilenecekti," dedi ama sesindeki yılgın kırgınlığı yakalamıştım.

"Kadınların hiç kavga etmemesinin hayra alamet olmadığını duydun mu daha önce?" dedim.

Ne demek istediğimi sorgular gibi keskin bakışlar attı.

"Bak," dedi, "eşimi gerçekten seviyorum. O da beni seviyor ama aramızda sıradan bir olay gerçekleşti. Aldattım ve yakalandım. Şimdi de durumu toparlamamız gerekiyor. Olay bu!"

"Peki," dedim, "sence üç seans daha bana gelmen durumu kurtaracak mı dersin?"

"Eminim. Onun istediğini yapmış olacağım. Cansel'in benden vazgeçeceğini hiç sanmıyorum. Bu durumda seni üç seansa daha ikna etmem her şeyi düzeltecek gibi duruyor."

Sonra beni üç seansa daha ikna etmeyi başardı mı? Evet.

Neden?

İyi bir konuşmacıydı. Söyleyecekleri vardı. İyileşme veya gelişme talep etmeyen birinden beslenme konforu ilgimi çekmiş de olabilirdi. Ama hayır! İşin içinden katmerli hikâyeler çıkacağını, bizi bu seanslara bağlayacak şeyin de daha derin bir ihtiyaç olduğunu hissediyordum. Nedeni tam olarak buydu.

"Üç seans daha birlikteyiz. Sonrasına sen karar verirsin. Gerçekten ne istiyorsun? Bir ilişkide kalmanın kefaretini mi ödeyeceksin yoksa kendini gerçekten görmek mi isteyeceksin? Aynam hazır senin için. Çıkarken haftalık randevularını oluşturursun," dedim. "Haftaya görüşürüz."

İçi rahatlamıştı.

Benimse asla!

Tekeşliliğin ya da ihanetin kadın veya erkek cinsiyetine yüklenmesini kabul edemezdim hiç. Sonuçta hepimiz doğduğumuz an bir ihanete uğruyoruz. Annemizin bir tek bizimle birliktelik yaşadığını sanıyoruz. Sonra onu babamızla paylaşıyoruz. En güvendiğimiz kişiyle başlıyor çetrefilli durum. Sonra belki de ihanete saplantılı bir hale geliyoruz... Aldatmak kelimesi olayı basite indirgiyor, sığlaştırıyor. Bu durum özellikle erkekler için daha da sersemletici. Çift olarak doğuyoruz. Anneye sonsuz bağlı oluyoruz. Sonra ondan ayrılmak zorunda kalıyoruz. Mükemmel şekilde seven bir anne bile başka ilgi alanlarını da idare etmeye mecbur kalıyor çünkü hayatı devam etmek zorunda. Oysa bir çocuk olarak bizim tek bağımlılığımız, anne. Hâl böyle olunca yaşamaya devam edebilmek için kendimizi koruma altına almak istiyoruz. Yaşamda kalmak için başkalarına yönelmek zorunda kalıyoruz. Sonra erişkin oluyoruz. Sevdiğimiz kişi hayatımızdayken hatta yaşamımızda kalsın diye kendimize bir alan yaratmaya çalışıyoruz. Bizi çift olmaya sürükleyen sebepler başkasına yönelmemizi sağlayan nedenlerle benzer. İçimizdeki bazı parçaları yaşatmaya çalışmamız olabilir mi bunun nedeni? Bu sebeple aldatmak asla sadece cinselliğe indirgenemez.

Ancak tek kişiyle kalmak bu durumda bir niyet meselesi haline geliyordu. Sadakati önemsemek, bunu değerler sistemine dahil etmek, bir eşle birlikte zenginleşmenin yollarını aramak ve vazgeçmemek... Tüm bunlar ancak bir karar ve niyetle mümkündü. Dürtüsel olarak gidip başka bedenlerle cinsellik yaşamıyordu kimse. Bunun iyi bir alternatif olduğuna inandığı için böyle yapıyordu.

Doğru, aynı bedenle, aynı kişiyle kalmak çok zordu. Ama işte niyet! Ayrıca ciddi bir emek ve uğraşı...

İlişkileri incelediğimde daha çok şunu görüyordum: İnsanlar duygusal yaşantılarını iyi kötü yıllarca idare edebiliyor ve bir arada kalmayı başarıyordu ama cinsel yaşantı, en fazla tökezledikleri alan oluyordu. Oysa seksüel eylemler bir yandan da öğrenilen, geliştirilen; pratik yaptıkça kişinin kendini ve partnerini keşfettiği önü açık bir alandı. Bir kişide keşfin ötesinde icat edilecek çok şey vardı. Olanla yetinmek ve noktayı koymak, kişiyi öyle kabul etmek, onun doğasında tutkusuz ve yeteneksiz bir seks olduğunu kabullenmek çok büyük bir yanılsamaydı. Bu bir ilişki için ölü doğum ya da ölmüş olana yas tutmak gibi duran ancak hâlâ canlı olan bir varlığın nefes aldığını inkâr etmek kadar talihsiz bir yaklaşımdı. Üstelik seks ilişkisi kişiler birbirini iyi tanıdıkça, duygusal dünyalarını cinselliğe kattıkça daha tatminkâr olabilirdi. Sanıldığı gibi tanıdık ve ezberlenmiş olan bedenden soğumak değildi mesele, onu henüz tanıyamamış olmaktı.

Savaş bir konuda çok haklıydı: Kadınların cinsellikle bağlantıları uzak, mesafeli, maskeli, toplum önünde yargılanan ve şekillenen bir durumdaydı. Oysa cinsellik fazlasıyla doğal davranmayı, kendinden çıkıp her şey olmayı; kurallardan, yasaklardan, tabulardan arınmayı zorunlu kılıyordu. Zihnine mahkemeler kurulmuş kadınlar, kendi yargıçları oluyor ve sıklıkla suçlu pozisyonunda hissediyorlardı. Kendi avukatı olamayan büyük bir güruh gibi, kendini savunmaya cüret edemeden hatta buna haddi olmadığını düşünerek hareket ediyordu.

Bu dünyada cinsellik bir görev; erkeklere verilmesi planlanmış, kadınlara da uyulması dikte edilmiş bir ödev haline dönüşüyordu. İşin en hüzünlü tarafı bunu başaramadığını düşünen kadın, erkeğin cinselliği başka kadınlarda aramasının doğal ve kaçınılmaz olduğuna ikna oluyor, kendinin veremediklerini erkeğin başkasında aramasının zaten meşru olduğuna inanıyordu. Yetersiz hissediyordu. Bunu kendi eksikliği gibi algılıyor, utanıyordu.

Utanç!

Kadın, vermekten utanmaya şartlanmış bir canlıydı. Bu nedenle cinsel aldatılma halinde durumu sessizce sineye çekiyor, bunu kendine reva görüyordu. Gözlerini kapatıyor, yüzleşmek istemiyor, kendinin veremediklerini veren hemcinslerine karşı yenik ve çaresiz hissediyordu. Erkek ise almaya şartlanmış ama nasıl alacağını öğrenememiş bir canlı. Bir başka hüzünlü tarafsa erkeğin zaten sahip olamayacağına baştan inandığı ve belli bir süre sonra dışarıda araması gereken bir eylem olduğunu düşündüğü cinselliği, seks işçileriyle ya da üç-beş günlük gönül maceralarıyla yaşamasıydı. Kimse çıkıp da alma-verme dengesini sorgulamıyordu. Alan ve veren diye bir şey yok. Hepsi işbirliği, hepsi ortaklık.

Buraya gelene kadar her şey çok net görünüyordu ama aldatmaları cinsellik düzeyine indirgeme tuzağı bana yine de ikna edici gelmiyordu. Tüm bunlar meselenin duygusal açmazlarına yüz çevirmemize neden oluyordu. Aldatmak, altında yatan sebep seks arayışı olsa bile her zaman bundan daha fazlasıydı. Erkekleri hiçbir zaman geleneksel görüşün iddia ettiği gibi cinsel organlar düzeyinde algılamamak gerekiyordu. Sonuçta herkes insandı ve cinsiyetinden bağımsız olarak benzer duygusal ihtiyaçların arayışı içindeydi. Sonuçta seks hiçbir zaman sadece seks değildi. İçinde her durumda bir insan ilişkisi barındırıyordu. Herkes hissetmek, hissedilmek, arzu duymak, arzulandığına inanmak, kaç dakika sürerse sürsün tam ve bir bütün olabilmek, en mahrem dünyasını bir başka canlıyla paylaşabilmek; üstelik buna dair kabul görmek, onaylanmak, beğenilmek, alkışlanmak, alkış tutmak, başardığını düşünmek, zevk almak, zevk vermek, güvende hissetmek, dışlanmamak, canlı ve tutku dolu olduğunu fark etmek, özgüvenini onarmak, yaratıcı olduğunu kanıtlamak, gücünü görmek, gücü karşısında sevilmek istiyordu. Belki de bu yüzden seks işçileriyle yaşadıkları cinsellikte, öpüşmeyi kendine yasaklamış kadın karşısında inciniyor ya da gönül maceraları çoğu zaman kalıcı olmuyordu ve eve dönüyorlardı. Kadınlar ve erkekler... İhtiyaçları aynı, sunum ve bekleme şekilleri farklı... Beklentileri aynı, umduğunu arama şekilleri farklı...

Bu nedenle yine duygular ve samimi insan ilişkisi sahnede!

Gösterinin adı seks, sevgililik, evlilik ya da macera. Hiç fark etmez. Aynı! Kadın ya da erkek olmak... Aynı! Birbirimize yüklediğimiz şu esaret olmasa...

İhanet söz konusu olduğunda altta yatan motivasyona daima dikkat ederdim. Kişi bir başkasını sevdiyse, başkasına âşık olduysa durum değişirdi belki... Çünkü insandık. Çünkü duygularımıza emir veremeyeceğimize inanmıştık.

Sonbahar tüm baştan çıkarıcılığıyla devam ediyordu.

Oysa aldatmalar, aldatılmalar ilkbahar gibi duyguların yükseldiği bir dönemde yaşanır gibi geliyordu. Kışın aldatılmış bir kadın olarak yine zamanlamayı tutturamadığımı düşündüm. Ama belki de önümüzdeki ilkbahar yas tutmak için daha uygun bir zaman olduğundan hayat tarafından ödüllendirilmiş olabilirdim. Aylar sonra tam da 20 Mart'ta sormuştum yüce soruyu: "Neden?"

"Neden?" sorusunu bizzat muhatabına, telefonda ağlayan sese fırlattığım cesaret anımı düşündüm. "Sevdim," demişti, "çünkü sevdim onu."

Aylardır konuşmamıştık. "Öyleyse neden beni arayıp ağlıyorsun?" demiştim. Sesinin duygusunu bile unutmaya yüz tutmuştum. Yabancı gibiydi ama değildi. Tanıdık gibiydi ama çıkaramıyordum. Bildiğim tek bir doğru vardı: O artık benim sevdiğim adam değildi!

"Neden aradın beni?" demiştim. Bunun cevabını ikimiz de verememiştik. Bazı sorular cevapsız bazı dünyalar giz olarak kalabilirdi. Belirsizliğe tahammülsüzlük iyi eğitim aldığım bir konuydu. Sonra bu soruya bir daha hiç yanıt aramadım.

Ama ertesi gün yani tam 21 Mart'ta başka biriyle tanıştım ve âşık oldum. Ödül müydü ceza mıydı asla bir daha yanıtlayamayacağım bir soruydu bu ama âşık oldum. Ne olduğunun önemi yoktu. Demek ki kalbim aşka hazırdı artık. Kadınların kalbini iyi tanıyordum. İzin vermekle çalışırdı. Kalbim artık izin veriyordu.

Bir başka kadının kalbini dinlemek için, Savaş'la geçirdiğimiz üç seansın ardından eşi Cansel'i seansımıza davet etmeyi teklif ettim. Olayın başkahramanı olarak onu dinlemeden final yapamazdık. Hevesle kabul etti Savaş. Seanslarına devam ettiği için evde her şey sakin görünüyordu. Üstelik kadınlar ve erkekler hakkında yaptığımız uzun, teorik analizler evliliklerini canlandırmışa benziyordu. Cansel tarafından affedildiğine neredeyse emindi. Ama Cansel'i davet ederken benim içimde elbette bambaşka bir sıkıntı vardı. Düşünsenize aldatılmayı affetmek için dört seans terapiyi şart koşan bir kadın! Hikâyenin devamı basit olmayacaktı, biliyordum.

Güzel denemez ama alımlı, bakımlı; güvenilir bir his uyandıran bakışları, sakin kalmaya çalışan ama yorgun olduğu hissedilen vakur duruşu olan; otuzlarının sonunda bir kadın. Seans odasına girerken her şey yolunda gibi görünüyordu. Davetimizi kırmayıp geldiği için ona teşekkür ettim.

"Asıl ben size teşekkür ederim," dedi. "Sandığınızdan çok daha fazla yardımcı oldunuz bize. Hatta bana..."

Evliliklerinin görece ılımlı bir hâl aldığından bahsediyor olamazdı. Bahsettiği bu değildi.

"Savaş daha farklı ve minnettar davranıyor. Bense bunu yeni bir aldatmaya kadar bana verdiği bir hediye gibi görüyorum. Ama..." dedi.

Savaş hemen atıldı: "Bunu konuşmuştuk! Elbette bir daha olmayacak. Sana her şeyi anlattım. Başkasına âşık olmadım. Sadece seksti. Seninle..." derken Cansel onun sözünü kesti.

"Mesele sadece bu değil," dedi. "Bunun kadar önemli bir başka sorunumuz var."

Sustu. Derin nefes aldı. Savaşa hazırlanmış bir amazon gibiydi.

"Ben seni aldattım Savaş!"

Buz kesti oda. Bir hayli ölüm sessizliği... Herkes birbirine bakıyor. Biri sözcükleri kurtarsın diye herkes birbirine muhtaç ama her kelime can çekişiyor. Neden? Neden şimdi ve bu şekilde söylüyor?

Cansel tam anlamıyla ihtilal yapıyor. Yönetime el koyuyor. Odaya tanklar gönderiyor. Bu yaptığı hiç ama hiç hoşuma gitmiyor çünkü demokratik değil. Belki daha önce aldatılması da demokratik değildi ama devrim böyle yapılmazdı. Bu hiç cesurca değildi.

"İntikam almak için değil. Buna eminim çünkü senin son aldatmandan önce oldu bu," dedi Savaş'a.

Savaş bana bakıyor. Ne söylemeliyim? Onun yerine savunacağım her dilim adalet onu daha da güçsüzleştirebilir. Kendi davasında yalnız olmalı. Olacak mı peki? Ben onun terapistiyim. Nerede kaldı yardım eli uzatmak?

Cansel'e dönüyor Savaş. Sesi içine kaçmış. Fısıltıyla, "İnanmıyorum," diyor. "Öfkelisin bana. Yalan söylüyorsun. İnanmıyorum."

İnanç!

Biliyorum bu duyguyu. En zor kısmı inanmak oluyor. Bir zamanlar inandığından vazgeçmeye, sonra yeni bir bilgiyi kabullenmeye ve bu yeni olanı sindirmeye inanç diyoruz.

"İnan çünkü gerçek bu," diyor Cansel.

"Yapamazsın!" diyor Savaş.

"Neden?" diye soruyor Cansel. Gayet soğukkanlı.

"Çünkü sen bir annesin!"

Ah! İçsesim haykırıyor: "Hayır, bu değil senin davan! Anne olması değil mesele. Sana annen değil, karın ihanet ediyor. Üstelik annelerin de seksüel ihtiyaçları vardır. Cinselliği başkasında aramasını sorgulayabilirsin ancak. Cinselliğini reddederek olmaz bu. Anneler de seksi olabilir. Kadın olmak ve anne olmak gayet farklı dosyalardır.

Üstelik seninle özelinizde paylaşması gerektiği bir bilgiyi, senin alanın olsun diye gönderdiği bir yerde sana sunuyor. Senden saklaması ve senin onu 'yakalaman' yani onun 'yakayı elevermesi' bile daha anlaşılır olmaz mıydı? Daha dürüstçe, daha saygın bir yolu yok mu bunların? Seni karşısına alıp itiraf etmesi daha mı onurlu? Aldatmanın bile bir onuru olur mu?" Kendi düşüncelerime mesafe koyuyorum burada.

Dürüstlük!

Yaşanan bunca şey içinde nedir ki dürüst olmak? Dürüstlüğün açık olmakla sıkça karıştırıldığını düşünüyorum.

Yine de Savaş'ın, Cansel'in anneliği üzerine oynamaması iyi olurdu ama elindeki en iyi silah buydu. Fakat gerçek bir su tabancasıydı bu. Savaş tam bir çocuğa dönüşmüştü. Yavaşça kalktı. Odadan usulca çıktı. Durdurmak istemedim. Çıkmak zorunda olduğunu hissetmiştim. Bizi orada baş başa bırakıp gitti.

"Cansel... İtirafın gayet cesarete ve takdire değer olabilirdi doğrusu ama bunu burada yapmasaydın... Savaş'ı ellerinle teslim ettiğin bir terapi odasında yapmandan ötürü bunu hiç açıkyürekli bulmadım," dedim.

O an ben de kendimi garip bir şekilde aldatılmış hissediyordum.

"Planladığımı düşünmüyorsunuz umarım?" dedi.

Bilmem!

Öyle düşünüyordum ama aldatıldığımıza dair her şüphenin içinde, "Acaba yanılıyor muyum?" diye gizli saklı bir düşüncenin de hep farkında olurdum. Aldatılma şüphesinin ikizidir: "Ya değilse?"

"Planlı ya da değil. Burada ve bu şekilde, bunu ilk kez bir başkasının yanında söylemen doğru değildi," dedim. Savaş'ın davasını devralmıştım galiba. Öfkeyle savunmaya geçmiştim.

"Doğrular bir kere ayarını şaşırınca insan sonrasında neyin doğru neyin yanlış olduğuna karar vermekte zorlanıyor," dedi.

Konuşmaya daha fazla devam etmedik. Bu, onun kendi bireysel terapisinde çözmesi gereken bir durumdu.

Kafam karışıktı. İlişkiler bazen çok karışıktı.

Sonbahar kendini göstermeden hemen önce yazın son akşamları diyebileceğimiz bir akşamda telefon gelmişti. Şimdi bakıyorum da aylar geçmiş üstünden ama duygusu o andaki gibi aklımda. Eski bir kadın hastamdı arayan. Boşandığı eşi aramıştı. Adam telefonda haykırmış ve, "Senin yüzünden ölüm tehditleri alıyorum, yaptığını beğendin mi?" demişti. Meğer adamın karısını aldattığı öteki kadının ailesi olayı öğrenmiş ve adamı tehdit etmeye başlamış. O da bu hikâyeyi yayan kişinin eski eşi olduğunu düşünmüş. Oysa ihaneti duymayan yoktur genelde. Hatta en son muhatabı duyar. Bu ihaneti muhakkak adamın kendi çevresindekiler, arkadaşları veya birlikte çalıştığı kişiler ya da öteki kadının sosyal çevresi yaymıştı. Ancak bunun hesabını eski eşine soran hem suçlu hem güçlü adam karşısında dilim tutulmuştu o zaman.

Şu an bunları yazarken bile kafam karıştı. Şunları söyleyebildiğimi hatırlıyorum: "Sen tamamen olayın dışında tut kendini. Yaymak gibi bir şeye belki hakkın olduğu halde bunu yapmadın, ikimiz de biliyoruz. Onun ne düşündüğünün önemi yok. O kendi suçluluk duygularını hâlâ senin üzerinden tamir etmeye çalışıyor. Tekrar aldanma ve kendini koru yeter. Kendini uzak tut sadece!"

Nereden gelmişti şimdi bu aklıma? İlişkilerde yaşanan karmaşıklığın, hadlerin, usulsüzlüğün, ahlaki değerlerin çiğnenmesinin sınırları yoktu sanırım. Yani ahlak ve etik; aldatmadan sonraki durumlarda gelen itiraf şekillerinde, aldatan kişi aldatılanı kendi bencil çıkarları doğrultusunda daha fazla yaralamaya kalktığında daha da önemli bir hâl alabiliyordu. Saygı, aldatmanın açığa çıkmasından sonraki süreçlerde belki daha da gerekliydi...

Aldatma hikâyelerini açıklamanın bitmek bilmez bir tarihi olduğunu gözlemlerken bunun gizini çözebildiğimi söylemeye cüret etmeyeceğim. Milyarlarca insanın baş edemediği bir kavramla mücadele edemem ben. Ancak bireysel hayatlarla karşılaştığımda olayı kadınlık ve erkeklikten öteye taşıyabilirsem belki iki insanı birbirini anlamaya yönlendirebilirim. Mesele barışmak ya da ayrılmak değil, mesele olan biteni ana hatlarıyla olsa bile anlamak ve inandığın yola devam edebilmek.

Cansel'in, seanslarımıza kendi aldatışı üzerinden dahil olması hakkında bazı farklı düşüncelere teslim etmiştim zihnimi. Genelde erkeklere atfedilen, seksüel ve duygusal ihtiyaçları başkasında arama durumu sadece yeni dünya düzeninde değil, geleneksel dünya insanında dahi kadınları da kapsayan bir durumdu aslında. İnkâr etmek istesek de gerçek buydu. Bu nedenle kimse ne fail ne de kurban cinsiyetindeydi. Duygusal, fiziksel veya cinsel ihtiyaçlarını mevcut ilişkisinde karşılayamayan her insan bu yola girebiliyordu.

Şimdi önemli olan sorular şunlardı: İnsan gerçekten var olan ilişkide ihtiyaçları karşılanmadığı için mi bir başkasına yönelir yoksa ihtiyaçlarının sonu gelmediğinden ve açgözlülüğünden mi başkasında arar tüm bunları? Bunu çözmenin bir yolu var mı? Hep aldatacak veya aldatılacak mıyız? Aldatmaya veya aldatılmaya mahkûm muyuz?

Bunlar duruma ve kişiye özel olarak doğruydu. Önemli olan sizin kendi ilişkinizde ve partnerinizde bu iki ateşin neresinde durduğunuzdu.

Aldatma sebeplerine dair yazılar tüm magazin dünyasının, arkadaş sohbetlerinin konusudur ve bunları herkes bilir. Yeni bir heyecan arama, başka bir vücudu merak etme, yaşı genç biriyle yaşlanmayı onarma, bağlanmaya dair korkularını hafifletme, macera aramaya hakkı olduğunu düşünme, partnerinden intikam alma veya onun ilgisini kendi üzerine çekme, mevcut ilişkinin onun ihtiyaçlarına duyarsız olduğunu düşünme, cinsel aldatmayı önemsizleştirerek bunun bir aldatma olduğunu kabul etmeme, duygusal anlamda başkasına tutulma, âşık olma, yaşam döngüleriyle baş edemeyecek kadar stres altında hissetme, eşi tarafından reddedilme, onay ihtiyacını başka kişilerde gidermeye çalışma, hâlâ arzulandığını görmek isteme ya da yüzlerce sebep...

Günün sonunda bunların bir önemi var mı? Kimine göre sebeplerin önemi var kimine göre yok. Hatta affetmeyi sebebe göre belirleyebilir insan. Oysa belki de asıl odaklanılması gereken şey bir zamanlar güzel ama şimdi çıkmazlara girmiş olanların iki kişi arasındaki hangi yaradan kaynaklandığıdır.

Aldatma bir yara açar ama çoğunlukla çiftin ya ortak geçmişindeki ya da bireysel tarihindeki başka bir yaranın ifadesidir bu. Üstü örtülmüş, anlaşılmamış, iyileşememiş bir yaranın... Belki tam da bu yüzden her aldatma bir yandan da kendini aldatmadır. Kişi aldatma eyleminde zorunlu olarak, karşılanmamış asıl ihtiyaçlarından uzaklaşıp bunu kendince meşru kılacak sebeplerden birinin ardına gizler. Çünkü onlar hikâyeyi görünürde anlaşılır kılar. Bu bağlamda kendinde ya da başkasında ihanet yarası açma ve bu yarayı onarma girişimi nasıl açıklanabilir?

İki kişinin yaşamına duygusal ya da seksüel şekilde dahil olan birey daima kopmuş bir parçanın yamasıdır. En azından başlangıçta, yama olmak dışında bir işleve sahip olma şansı yoktur. Sonrasında ona yüklenen anlam ve değer neticesinde yamanın bütünü aşıp daha görkemli hale geldiği de görülebilir ama ne olursa olsun bu onun en baştaki yama olma görevini değiştirmez.

Peki bu ruhsal yamalar gerekli midir?

Vücudumuzdaki biyolojik işlevlerin birebir modelini gördüğümüz ruhsal/zihinsel dünyada yamalar yani öteki kadınlar veya erkekler mevcut ilişkinin varlığını ve bütünlüğünü korumaya hizmet ediyor olabilir. Nasıl ki vücudumuzda bir bölge yaralandığında; örneğin kesildiğinde veya bakteri istilasına uğradığında oraya iltihap yaratan hücreler akın edip irin oluşturuyorsa; ruhsal yaralarda da durum böyledir. İrin görünürde tiksindirici olsa da bedenin biyolojik sağlığının ve bütünlüğünün eski haline gelmesi için bir süreçtir. İltihap bölgesi kendi başına, bedenden ayrı bir oluşum gibi durur. İstenmeyen, bedenin kusursuzluğuna yakıştırılmayan, beklenmedik bir misafirdir. Sonra o bölgeye akın eden dokuyu koruyucu hücreler ile onarıcı faaliyetler sayesinde irinli bölgeyle baş edilebilir. Bazı durumlarda, hatta çoğu zaman iz kalır. Bu da kişinin vücudundaki baş etme yeteneklerine ya da yaranın büyüklüğüne bağlıdır. Sonra yaranın olgunlaşma evresi başlar. Ancak koşullar elverdiğinde eskisinden de sağlam bir bölge tekrar oluşturulabilir.

Onarıcı, koruyucu, savaşçı hücrelerle irinden kurtulup tekrar bütünlüğünü kazanmaya çalışan bedende olduğu gibi ilişkilerdeki ruhsal yaralardan kurtulmak için neler yapılabileceğinin, bir zamanlar temiz ve sağlıklı olanın tekrar nasıl kazanılacağının bilgileri kıymetlidir.

Mevcut partnerle her şeye rağmen devam etmekten bahsetmiyorum. Bu, çok kişisel bir karardır. İnsanın kendisiyle de böyle bir ilişkisi olduğunu savunuyorum. Ayrıca "öteki kadın/erkek" ne işe yarar? Bu sorunun cevaplarını arıyorum.

Belki hepimizin onu hem gerekli görüp hem de "öteki" adı altında aşağılama sebebi budur. Gerektiğinde yama yapar ve kurtarıcı olduğunu düşünürüz. Onu aşağılarız çünkü istenmeyen ve dışlanandır. Öteki kişi, bir yarayı onarma hizmetinde bulunurken gözümüzde anlamını değiştirir ve onu kolaylıkla yaftalarız. Onursuz ve değersizdir. Böyle düşünmek iyi gelir ama mesele "öteki"nden fazlasıdır.

Bedenin kendi içindeki bu yara onarma çatışmaları, kişinin ruhsal düzeyde hem kendisiyle hem de başkalarıyla kurduğu ilişki bağlarını temsil eder: İrinli bölge ilişkideki yarayı, iltihap hücreleri ise aldatma faaliyeti için kullanılan üçüncü kişiyi. Anlamlandırma ve açıklama daima bütüne bakmakla gelir. Yamanın işlevi açık ve gözle görülür haldedir aslında.

Bedenin bağışıklık sistemi güçlüyse her doku daha sağlam bir şekilde onarılabilir ancak bağışıklık sistemi güçsüzse her şey farklı gelişir. Bir iltihap bölgesi tüm vücudun sağlığını ele geçirir. Üç santimlik bir yaraya yenilir beden. Tıpkı üç saatlik, üç günlük, üç haftalık gönül macerasına yenilen bir ilişki gibi... Temel önemlidir.

Önemli olan sizin bedeniniz, dayanma gücünüz ve savaş hücrelerinizin tüm bunların neresinde olduğudur. Ruhunuz, ilişkiniz, sevgi ve dostluk bağınız, yaşanmışlıklarınız, onarma faaliyetiniz tüm bunların neresinde?

Nasıl da göreceli durumlar aslında bahsettiklerimiz... Tüm bunları düşünürken ve yaşananları anlarken, olanlarla ilgili de nerede ve nasıl bir konumda duracağınız, sonrasında nasıl devam edeceğinizle ilgili bir yol haritası sunar. Bu yüzden de her yaranın sonraki aşaması kişiye özeldir. Doğrusu, yanlışı yok. Ve bir yandan da her yara iyileşir. İz kalabilir ama yaşamda izler de kaçınılmazdır ve değerlidir. Yaşanmışlık daima izlerde görünür. Yara izi bu yüzden çekicidir. Kendi içinde muazzam bir karmaşayı ve hikâyeyi barındırır.

Savaş ve Cansel ile olan son seansımızın üzerinden dört hafta geçmişti ve Savaş'tan bir haber alamamıştım. Aslında sonrasında olanları çok merak ediyordum. Aralarında neler yaşanmıştı? Aynı evde kalıyorlar mıydı? Hesaplaşabilmişler miydi? Yoksa tamamen ayrılmışlar mıydı? Ya da tam tersi ortalık her zamankinden daha mı sakindi? Hepsi mümkündü. Aldatmaların açığa çıktığı durumlarda her bireyin tepkisi kendi parmak izi gibi biricik olabiliyordu. "Umarım seanslara devam eder," diye geçiriyordum içimden. Hatta bence Savaş'ın daha önce görev odaklı geldiği seansların gerçek bir terapi yolculuğuna evrileceğini hissettiğim için o dört seansa izin vermiş; onu derinlikli çalışmaya hazırlamak yerine ihanetler hakkında sofistike, entelektüel konuşmalarına göz yummuş ve beklemiştim.

Dördüncü haftanın sonunda merakım son buldu. Randevu aldı ve gelip karşıma oturdu. Ben onun olanları anlatacağını düşünürken o hiç beklemediğim bir cümle sarf etti.

"Senden özür dilemek istiyorum."

Neden dercesine gözlerimi şaşkınlıkla araladım.

"Ben sana yalan söyledim," dedi. "Sana başka kadınlarla olan ilişkilerimin sadece cinsellik üzerine kurulu olduğunu anlatırken yalan söyledim. Ben bir kez çok fena âşık oldum. İlişkimiz sekiz ay sürdü. Sonra bitirmek zorunda kaldım."

Durdu ve benden bir tepki bekledi. Terapiste yalan söylemek ya da onu manipüle etmek sanıldığı kadar sık olan bir durum değildir. Herkes bunun kendi terapi sürecini sabote edeceğini düşünür. Yalan söylemek bir aldatma biçimi midir peki? Savaş beni de mi aldatmıştı yani? Hayır, bu bir kendini aldatma biçimiydi. Yalan söylemek aldatmanın bir parçasıdır ama yalancılık temelde önemli bir farkla ayrışır. Yalanın sahibi doğrunun ne olduğunu bilir ama aldatma eyleminin sahibi gerçeğe bu kadar net bir biçimde ulaşamaz. Gerçeğe sansür uygulayarak, onu bastırarak ve başka bir hikâye yazarak baş etmeye çalışır onunla. Aslında bu, kendini onarma girişimidir ama kişinin bunu, yeni bir yara açarak yapması talihsiz bir durumdur.

Hayır, bu detaya odaklanmayacaktım. Resmin bütününde yer alanları bir kez daha kaçırmasına fırsat vermeyecektim. O sekiz aylık aşk ilişkisinin de diğer cinsel maceralarının da neye hizmet ettiğini anlamasını sağlayacaktım.

"Bence son seansımızdan sonra yaşananlardan başlayalım," dedim.

"Kızmadın mı, bozulmadın mı? Sır sakladığım ya da seni kandırmaya çalıştığım için bana bir şey söylemeyecek misin?" dedi.

İşte Savaş'ın olayı buydu. Yaptığı her şeyden yargılanacağına dair kesin olan inancıyla ilişkilerinde tuzaklar hazırlıyor, sonra ya yakalanıyor ya da itiraf ediyor ama insanlarla kurduğu güven bağını zedelemeye çalışıyor ve olası bir hayal kırıklığına ilk anlardan itibaren kendini hazırlamaya başlıyordu.

"Hayır," dedim, "elbette kızmadım. Saklamak istediysen vardır bir bildiğin. O dönemde öyle davranmak istemişsindir, ihtiyacın olan budur. Kendi hayatını kendi kararlarınla sürdürmeni nasıl yargılayabilirim ki? Ama asıl mesele tüm bu yaşananların sana kendi hayatını nasıl ve kiminle sürdüreceğin hakkında söyleyecekleri. Daha da önemlisi hiç tanışmadığın yönlerinle tanışmanı sağlayacak mı? Gerçekten derdin ne acaba? Kaoslardan beslenmediğine eminim ben."

O günden sonra Cansel ve Savaş ayrı yaşamaya başlamıştı. Onu kendi yaşamında her şeyin nasıl böyle karmaşık olduğunu sorgulamaya davet ettim. Terapi dilinde, "Derinlikli seanslar," dediğimiz zamanlar böylece başladı.

"Oysa o kadar güzel bir aşkla başlamıştı ki Cansel'le ilişkimiz, aradığım kişiyi bulmuş gibiydim. Benimle çok ilgileniyordu. Hayatımla, ne yapmam gerektiğiyle, o gün ne giyeceğimle, işimde ya da başka yerlerde nasıl davranacağımla... Bana sürekli bir şeyler katmaya çalışıyordu. Bu kadar önemsenmek harika bir duyguydu, önemli ve güvende olduğumu hissediyordum ancak zamanla kendimi bir başöğretmenle yaşarken buldum. Hatta evde âdeta bir otorite vardı. Sevgi dolu olması beni kararsızlığa düşürüyordu. Tüm bunları sevdiği için yaptığını düşünüyordum. Annem gibiydi. Hem çok kaygılı hem çok kapsayıcı ama her durumda kontrolcü. Sonra cinsel isteğim tamamen kayboldu. Kendimden büyük bir güç karşısındaydım ve penisim artık işlevini yerine getiremiyordu. İktidarımı her anlamda kaybetmiş gibiydim. İsyankâr bir ergene döndüğüm zamanlar oluyordu ama bundan bir sonuç alamıyordum. Tartışmanın sonunda onun beni ve ailemizi korumak dışında bir niyeti olmadığında uzlaşıyorduk. Hem suçluluk duyuyordum hem kendime sahip çıkamıyordum. Sonra babama benzemeye başladığımı fark ettim. Kaçamaklar yaptığını bildiğimiz babama... Haklı buluyordum babamı. Anneme başka türlü tahammül etmek olanaksızdı. Cansel'i de zaman zaman anneme benzetiyordum. Anneme benzetmek beni onun karşısında daha da güçsüz hissettiriyordu. Başka kadınlarla kaçamak bir dünya yaratmak, kendime ait sırlarım olması; özgüvenimi ve kişiliğimi tekrar kazanmama sebep oluyordu. Cansel olmadan bir şeyler yapabileceğimi kendime ispat ediyordum. Bir yandan da elbette cinsel zevkler yaşıyordum."

Savaş'ın annesi küçük yaşta annesini kaybetmiş, babası başkasıyla evlenmiş, kendini hep yalnız hissetmiş, sonra da yuva kurmaya duyduğu yoğun ihtiyaçla evlenmeye mecbur olduğunu düşünmüştü. İkinci yuvası ilk yuvası gibi dağılmasın diye elinden gelen her şeyi yapmıştı. Gerçekten tek başına ayakta kalmanın ne demek olduğunu çok iyi öğrenmişti ama kaybetmeye aşırı duyarlı hale gelen psikolojik yapılanmasıyla, yuvanın içindeki kişilere sahip çıkmayı ve onları garanti altına almayı hedeflemişti hep. Kaygılı bağlanma tam olarak böyle bir şeydi. Beraberinde yoğun kontrolcülüğü getirirdi. Zamanla her şeyin yolunda gitmesine, doğruların yapılmasına verdiği önem; şefkate ve kabule verdiği önemin önüne geçmişti.

Bu genelde böyledir. Kendi içinde sevgi hissetmenin günün sonunda hiçbir önemi yoktur. Bir başkasına ne yaşattığımız ve hissettirdiğimiz belirleyicidir. Büyük ihtiyaçlarla, muhtaçlıkla hatta bunların ötesinde kontrolcülükle yaklaşırsak, ne kadar sevsek de sessizce ve fark ettirmeden uzaklaşır etrafımızdakiler. "Gidiyorum," demeye cesaret bile edemeden... Hayatımızda fiziksel olarak kalırlar belki ama esaretin olmadığı, özgür ve gizli bir dünya yaratırlar kendilerine.

Cansel'le tanıştıklarında ondan gördüğü yoğun ilgi Savaş'a çok cazip gelmişti. Annesinden aldığı sevgi biçimine çok benziyordu ama burada mekanik bakımın ötesinde şefkat de vardı. Savaş için Cansel'in varlığı, çok aç hissederken doyuma ulaşmak gibiydi. Bu nedenle onun bazı yönlerini görmeyi başaramamıştı. Cansel aslında yönetici, belirleyici ve karar mekanizması olmak için doğmuştu. Savaş'ı seviyordu ama onu şekillendirebildiği sürece huzur buluyordu. Sürekli eleştiriyordu. Eleştiri iyi bir kontrol yöntemidir. Kişinin kafası o kadar karışır ki onu neyin doğru neyin yanlış olduğunu ayırt etmeksizin teslim olmaya sevk eder. Savaş'ın kendisi olmasına izin vermesi karşısında Cansel'in kaybetme duygusu tetikleniyordu. Kaybetmekten korktuğu içindi aslında her şey. Güçlü görünmesi, kendi korkularından kaçmasını sağlıyordu.

Kaybetmekten korktukça kendi sonumuzu hazırlarız. Olayları ustalıkla bitişe doğru yönlendiririz çünkü korku gizlenerek öfkeye dönüşür. Öfke ise davranışlarımızı işlevsiz ve yararsız bir hale getirir. Böylelikle karşımızdaki kişiyi korkuturuz. Korktukça kaybederiz. Odağımız değişir. Yaratmaya değil yıkmaya yatkın hale geliriz. Sevgi gerçek kimliğinden uzaklaşır ve bir duygusal manipülasyon aracı haline gelir. Karşıdaki kişi hem sevildiğini hisseder hem de bu işte bir yanlışlık olduğundan şüphelenmeye başlar. Sonra çaresizce kendi çıkış yollarını arar. Fiziksel olarak kalır, ruhsal olarak uzaklaşır. Gitmeye cesaret edemez ama artık başka dayanakları olmadan kalması imkânsızdır.

Bu dayanaklara bazen, "Üçüncü kişi," bazen, "Öteki," deriz... İşte o kadim yamalar devreye girer.

Savaş'ın o sekiz aylık ilişkisinin aşk öznesi Eda tam da böyle bir zamanda olanca rahatlığıyla gelmişti. Onu şöyle anlatıyordu:

"Onunla her şey çok kolaydı. Başımda bir öğretmen varmış gibi hissetmiyordum. Yönetilmiyordum. Tam aksine iki yaramaz çocuk gibiydik. Onun yirmili yaşlarında olması ve hayata karşı heyecan duyması beni de rahatlatıyordu. Görevlerimden arınmış gibiydim. Onun yanında hata yapma korkum yoktu. Karşımda beni hiç eleştirmeyen biri vardı. Cansel'in yönetici ve kontrolcü hali beni o kadar yorardı ki kendimi yetersiz hissederdim. Eda'yla her şey çok farklıydı."

Her ne kadar Eda'ya âşık olduğunu hissetse de ayrılmışlardı. Söylediğine göre hem karısını seviyordu hem de bu süreç hayattan bir süre uzaklaşıp tatile çıkmak ve eve dönmek gibi gelmişti.

İlişkiler anlatırken kolay, yaşarken karmaşıktır.

Savaş, Cansel'le olan mevcut durumlarını anlatmaya devam etti:

"Cansel'in ihanetine evden ayrılmak dışında bir yanıt veremedim biliyor musun?" dedi. "Tek kelime konuşmadık hâlâ, kavga bile edemedik. İki yabancıya döndük. Böyle olduğu için kendimi tamamen bir korkak gibi hissediyorum. Oysa Cansel'i aldattığım zamanlarda çok cesurdum."

"Emin ol, nasıl yanıt vereceğinin belirli bir kalıbı yoktur. Korkaklık ve cesaret bununla belirlenemez. Belli ki ilişkinizde sandığından daha fazla yara var. Ya onarırsınız ya da öylece bırakır ve vazgeçersiniz. İnan bana bunların cesaretle bir ilgisi yok."

"Karım düpedüz beni aldattığını söyledi, hem de burada, senin önünde. Ve ben bir erkek olarak bunu duymamış gibi davranıyorum."

"Hayır, evden ayrılmışsın ya işte. En azından şimdilik... Sonra da hep suskun kalmışsın. Bazen bir insana vereceğimiz en güzel yanıt onu kendi davranışıyla baş başa bırakmak oluyor. Ayrıca belki içten içe cezalandırılması gerektiğine inanmıyorsundur... Sonuçta sen de başkasına âşık oldun, sen de başkalarıyla cinsel ilişki yaşadın. Belki de istemeden de olsa onu anlıyorsundur... Ve bu ayıp ya da günah değil."

"Ama ben bir erkeğim, o bir kadın, üstelik anne... Ne bileyim, kafam öyle karışık ki çıldırma noktasındayım."

"Peki, şuradan başlayalım istersen: Ne kendini ne de onu cezalandırma mevzusunu dikkate al öncelikle. Bu düşünceleri bir süreliğine rafa kaldır. Toplumsal yüklemeleri bir kenara koy. Herhangi bir sevda ilişkisinde ve sevda suçunda toplum yargılarına göre karar veremeyiz. Sen evde tek başına ağlarken toplum yanında olmaz. Gerçekten ne hissettiğine, artık hayatını nasıl devam ettirmek istediğine zamanla karar verirsin. Artık acele etme."

"Çok büyük hayal kırıklığına uğradım," dedi.

"Eminim öyledir," dedim. "Güvendiğimiz kişi bize beklenmedik şeyler yaptığında böyle oluyoruz. Acı çekiyoruz. Sence bu tam olarak neyin hayal kırıklığı? Hiç aldatılmayacak olma düşüncesinin mi? Hiç sanmam. Herkes bir gün aldatılabilir. Bunu sessizce ve gönülsüzce biliriz ama bu ihtimale sırtımızı döneriz."

"Evet. Bizim düzenimiz hiç bozulmaz sanıyordum."

İkimiz de sustuk. Konuşmasını bekledim sabırla.

"Lütfen bir şeyler söyle, çok şaşkınım," dedi.

"Evet çünkü tüm kurallara uyarsan ve kendin olmaktan vazgeçip olman gerektiği gibi davranırsan her şeyi garantiye alabileceğini sandın. Kendince bunun için çok emek verdin. Gizli hayatının ortaya çıkacağı güne kadar bir yanılsamaya inandın. Yönetilmeye bile razı oldun. Ama görüyorsun ki başka bir insanın nasıl davranmamız gerektiği konusundaki kararına harfiyen uysak bile gerçekte istediğimiz yaşam bizi bulmuyor."

Geçmiş anılarından çıkarıyordum ki annesiyle ilişkisinde de benzer davranmıştı. Annesinin yörüngesinde kalıp onun istediği gibi davrandığı sürece kendini "doğru" hissetmişti. Ancak annesinin istediği gibi davranırsa onun sevgisini alabileceğine inanmıştı. Beklendiği gibi bir çocuk olmak sahip çıkılmayı garanti edecekti. Çünkü bir çocuk olarak buna ihtiyacı vardı.

Ama erişkinliğimizde aynı ihtiyaçları günümüze uyarlamadan ve sorgulamadan devam edersek çocukluk döneminin aciz savunmaları da bizimle olmayı sürdürürdü. Yetişkinlik çağı ilişkilerinde kullanılmayacak olan tüm kalıplar bizi kaçınılmaz olarak hayal kırıklığına uğratırdı.

"Aramızda pek çok şey solarken sadece izledim sanırım. Gözlerimi kapatıp, aktif savaşa girmeden olaylara kafamı çevirirsem her şeyin yoluna gireceğini sandım. Birbirimizden uzaklaşıyorduk, bir dönem bunun farkındaydım ama ne yapabileceğimi bilmiyordum. Cansel'e karşı çıkmak bana daha zor geliyordu. Ben de tüm erkeklerin meşru bulduğu hakkımı kullandım. Hayatıma başka kadınları dahil etmenin çok doğal olduğunu düşündüm."

"Toplum ona izin vermese de kendi hayatını onarmak için belli ki Cansel de aynı yolu izlemiş," dedim.

"Nasıl yani? Sence beni bir kez değil defalarca aldatmış olabilir mi?" dedi.

"Bilemem. Ama günün sonunda bu çok fark ediyor mu?" dedim.

Bazılarına göre eder bazılarına göre etmezdi. Bazı kişiler cinsel aldatmayı önemsemeyebilirdi bazı kişiler için ise o tek ve büyük duygusal macera her şeyin sonu olurdu. Kişisel farklılıklar...

Ama insanın asıl derdi neydi?

Cansel'in itirafı da elbette intikamdan daha fazlasını içeriyordu. İstemediği sürece büyük olasılıkla açığa çıkmayacak olan bir gerçeği Savaş'ın kucağına kendi iradesiyle bırakmıştı. Hem onu cezalandırıyor hem kendini cezalandırarak suçluluk duygularından kurtuluyordu. Sonuçta itiraf etmek insanı daima rahatlatırdı, üstelik bedelleri öngörüldüğü halde. Ya gerçekten bu ilişkiden vazgeçmişti ya da affedilmeyi bekliyordu. Peki ya bundan daha fazlasıysa her şey? Bir yapı fazlasıyla bozuluyor ve yönünü şaşırıyorsa onu yıkmaktan ve hâlâ arzu ediyorsak yeniden inşa etmekten daha anlaşılır ne vardı? Ya bu dinamit, daha yeni ve farklı bir bilinçle tekrar başlama çığlığı ise?

Aylar geçiyordu. Bir sonbahar sona ermiş, yenisi gelmişti. Ne boşanmışlardı ne de tek kelime hesaplaşmışlardı. Evet sıradışı bir durumdu bu. Çocukları Ege, Cansel'le kaldığından Savaş'ın onu görmesi için mecburi temaslarda bulunsalar da bunun dışında iletişim kurmamışlardı.

Bir seansta konuştuğumuz konu beni derinden etkilemişti. Savaş, o seansı Cansel'de bulduğu vazgeçilmez özelliklere adamıştı.

"Sekiz ay süren duygusal ilişkim açığa çıktığında Cansel'i kaybettiğimi biliyordum galiba. Eve dönmüştüm ama artık her şey değişmişti. Yine kontrolcü, hırçın bir öğretmen gibiydi fakat artık ilgisiz ve şefkatsizdi. Ama düzeni ikimiz de devam ettirdik. Oysa ondan önceki süreçlerimizi düşünüyorum. Cansel benim en zor günlerimde sığındığım limandı. Hiç kimseye anlatamayacaklarımı güvenle anlatabilirdim, yaslanabilirdim ona. Oyuncaklarıyla oynamaya dalmış bir çocuk gibi davrandığımda gözüm arkada kalmazdı. Çocuğumuz ve evimiz güvendeydi. İyi hissetmemi her şeyden fazla önemserdi. Yüzüm güldüğünde, günün neşeli anlarını ona anlatırken koltuğuna yayılıp huzurla bana bakmasını unutamıyorum. Gözleri benden daha çok gülerdi. Çok eğlenirdik bazen. Kendi aramızda oluşturduğumuz bazı küçük espriler vardı. Bir tek biz bilirdik anlamlarını. Cansel hep iyi niyetliydi. Hiçbir zaman bir başkası hakkında fena düşünmezdi. Hiç kimseye kasıtlı olarak zarar vermezdi. Bu, ona çok saygı duymamı sağlardı. Benim duygularım sürekli değişirken o hep tutarlı ve kendinden emin bir halde kalırdı. Kaygıları bana ve oğlumuza dair karamsar senaryolarıyla ilgili olurdu. Ama çabucak, hatta benim yardımım olmadan bunların üstesinden gelmenin bir yolunu bulurdu. Benim hastalanmaya hakkım vardı çünkü grip bile olsam nazlanabilirdim. Cansel'in hasta olup benden bir şeyler beklediğini hatırlamıyorum bile. Belki de kendi gücümü hissetmem için benden çok o beklentide olmalıydı... Ama ona alan tanımadığımı biliyorum. Her sonbahar bana eldiven ve atkı örmeye başlardı. Hiç takmadığım halde... 'Seviyorum çünkü,' derdi, 'yatakta üstünü örtmeyi sevdiğim gibi.' Yaşarken hepsine izin verdim, sonra onu kadın değil anne olmakla suçladım. Oysa hayatımın en güzel sevişmelerini ilk kez onunla yaşamıştım. Onunla olmak sıcacık kollar, çok güzel bir beden demekti. Onun kendine olan saygısı ve özgüveni yeterliydi. Beni ya da herhangi bir şeyi hiç vazgeçmeyecek gibi sevmesine saygı duyardım. Bağlandığı her şeye tutku hisseder, onları yaşatmak için kendini adardı. 'Tanıdığım tüm erkeklerden daha cesursun sen,' derdim ona. 'Sen hariç,' derdi. Üstelik korktuğumu bilirken... Dosttuk biz. Her şeye rağmen..."

İkimizin de gözleri dolmuştu.

"Ondan ölmüş gibi bahsediyorsun," dedim.

"Bilmem, yaşıyor mu?" dedi.

"Her şeyi yaşatmaya kendini adamış bir kadından söz ediyorsun sonuçta," dedim. "Yanılıyor olamazsın. İkinizde de nelerin hâlâ canlı olduğunu bilmenin bir yolu var. Belki yaranın iyileştiği yerdeki izi kabul edeceksiniz ve sonra çok daha sağlam bir bütüne sahip olacaksınız... Belki de onca zaman ertelediğiniz, görmezden geldiğiniz her şeyi konuşabilirsiniz... Bu kez korkmadan, sonunu hesaplamadan, yargılamadan... Sadece anlamak için..."

Yeni bir dönem başladığı açıktı. Belki daha sahici bir dönem... Makineye bağlanmış gibi otomatik ve dikkat verilmeksizin yaşanmış yıllara inat... Belki artık gerçekten birlikte olduğu kişinin kim olduğunu, nasıl mutlu olacağını görecek, duyacak, dokunacak, tadacaktı. Aynı zamanda kurumların ve toplumun dayattığı sınırların ötesinde, bir zamanlar özgür hissederken sevmeyi becerdiği; kendini tanımaya, anlamaya, kendine sahip çıkmaya çalıştığı ve bu güçlü kimlikle bir ilişkide olmanın refahına kavuştuğu daha gelişmiş bir benlikle…

Kişi, değerler dünyasının sarsıldığını hissettiğinde onları tekrar sorgulama ve yapılandırma şansına sahiptir. Bu acı, kişiye kendini gerçekleştirmesi adına hizmet edebilir. Acı o zaman rastgele ve gereksiz bir duygu olmaktan çıkar. Buna, "Acılardan anlam çıkarma," deriz. Ancak değerlerini daha tutarlı, daha doğru belirleyen bir birey, hedeflerini ve eylemlerini bu referansla güvenle seçebilir. Hepsi bir zincirin devam eden parçaları olduğunda da anlamlı bir yaşama kavuşabilir. Değerlerini doğru analiz edemeyen kişi hem hedeflerinden kopuk yaşar hem de eylemlerini yönetemez. Buna da, "Amaçsız davranışlar ve dürtüsellik," deriz. Eylemin başıboşluğu geçici süreyle haz yaratır ama hepsi budur. Her haz gibi tükenmeye mahkûm, anlamdan yoksundur.

O sonbaharın son günlerinde seanslarımızı sonlandırmaya karar vermiştik. Yas tutulmuş, olanlar artık daha farklı açılardan kavranmaya başlanmıştı; kendi tabiriyle on yaş büyümüştü Savaş. Tuhaftır ki ona hiç Cansel'le tekrar deneyip denemeyeceğini sormadım. Sanırım kararında bana, seanslara, topluma hesap vermeyi hissetmeyeceği bir yerde durmasını istiyordum. Ve sanırım alacağı kararı hınzırca biliyordum.

Son seansımız bittiğinde, sonbaharın son akşamları kış soğuğunu haber vermeye başladığında Cansel'in ördüğü atkıları ve eldivenleri düşündüm. Evlerde soba olan günlerin nostaljisi kadar naif geldi örgüleri bana. Merkezi sistemler bizi kendi merkezlerimizden uzaklaştırıyordu ama bunu hiç fark etmiyorduk demek... Dostluklarını düşündüm.

Sonra kendi dostluğuma yapılan ihaneti... Bana ayrılık kararı verdiren değerlerimi, içimdeki gerçeği... Demek ki her dinamit her dokuyu farklı dağıtıyordu. Sonrasında yaşadığım aşka, deneyime fırsat sunduğu; ilişkiden ve ayrılıktan çok şey öğrendiğim için teşekkür etmiştim ihanete. Kimse bilmeden, sessizce. Ben kendimi bulmuştum ve aldatılmama tam da bu nedenle kaç kez teşekkür etmiştim...

Böyle hissettiğimde fon müziğim de hep aynı oluyordu. Sonbaharla da barışmış kalbim bıkmadan ilkbaharı bekliyordu. "Yoksa böyle olduğumda mı gelir bahar? / Ayrıca bunun seninle ne ilgisi var? / Tabii ki ben böyle olduğum için bahar. / Çünkü sana değdiğinden beri ellerim / Bütün kış dallarında tomurcuklar var."

TUVALDE VALS

Sanatçıların ruhsal dünyası bizi cezbeder ve içimizde merak uyandırır. Çünkü karanlıklardan gelenler, her zaman gizli bir arzu ve ilgi doğurur. Bu karanlık, sanatçının bilinçdışı içeriğidir. Sanat eseri üretmeyenlerin hayretle sorduğu sorular değişmez: "Bunu nasıl yarattın? Nasıl başlıyor her şey? İlham mı bekliyorsun? O süreçte başka bir kimliğe mi bürünüyorsun?" Bunların cevabını hiçbir sanatçı tam anlamıyla veremez çünkü net bir yanıtı yoktur. Onların farklı işleyen bir hayal güçleri, etkisini sık sık kaybeden bilinçdışı sansür mekanizmaları ve çoğu insanın erişkin olduğunda terk ettiği çocuk oyunları vardır. Yaşamlarında, eserlerinde geleneksel ve toplumsal olana karşı çıkışlarındaki cesaretleri etkiler bizleri. Sıradan yaşamında hayallerinden uzaklaşanlar, risk alamayanlar karşısında onları kahraman yapar.

Terapistliğe başladığım ilk yıllarda iki sanatçının kurduğu ilişki ayrıca dikkatimi çekerdi. Özgür ruhların hayatla baş etme şekilleri, çatışmaları ve kendilerini ifade edişlerinde kullandıkları kelimelerin peşine takılmak, bir oyunun içindeymişim gibi hissettirirdi. Ancak uzun yıllar içinde pek çok sanatçıyla gerçekleşen çalışmalarım bana kahramanlarımızın da en az diğerleri kadar sıradanlığın ve olağan yaşam düzeneklerinin karşısında yenildiğini gösterdi. Sanatçılara atfedilen tüm o özellikler pek çok açıdan doğru olsa da onların yaşamlarındaki sıradışılığın, zihnimizdeki idealizasyonlar olduğunu fark ediyordum. Onları belirli bir kalıba koyuyorduk çünkü birilerini gözümüzde kahraman yapmaya ihtiyaç duyuyorduk. Bize hayata dair beklenmedik cevaplar sunmaları için can atıyorduk. Sanatçıdan beklenen misyonlar bir anlamda gerçekdışıydı. Oysa onların da içinde yaşadıkları toplumun tuzaklarına kolayca düşebildiğini görüyordum. Özellikle söz konusu olan kavramlar evlilik ve çocuk sahibi olmak gibi evrensel ise geleneksel taraftan hepimiz gibi yutuluyorlardı.

Yine de onların yaratıcı cesaretlerini kullanarak iyileşmelerine katkıda bulunabilir miydim?

İkisi de ressam olan Erdem ile Sezen'in ve terapistlerinin sanat terapisi rüzgârında usulca yere konana kadar süren savruluşunun hikâyesidir bu.

"Bana düşmanınmışım gibi bakma öyle!"

"Tam aksine. Acıyarak bakıyorum şu anda. Düşmanım olsan acımazdım. Karşında senden ayrılmak isteyen bir kadın var ama bunu kabullenemiyorsun. Sen terk edilmeyi kabullenemiyorsun aslında. Bunun beni sevmenle bir ilgisi yok."

"İşte senin sorunun hep buydu. Sevilmeye layık olduğunu düşünemiyorsun. Seni sevdiğimi söylemem hiç yetmiyor sana."

"Elbette yetmiyor. Davranışların hiç öyle söylemiyor çünkü.

Uzun zamandır iki yabancı gibi yaşıyoruz ama birden beni sevmeye kalktın. Neden? Çünkü senden ayrılmaya karar verdim. Hepsi bu!"

"Yabancı gibi yaşamıyoruz. İstesek de yabancı olamayız. Birbirini çok eskiden beri tanıyan iki insan olarak bir süredir birbirimize emek vermeyi bıraktık sadece. Biz her zaman başkalarının gözünde bile örnek çift olduk. Herkes bizim aşkımıza gıptayla bakardı. Yaşadığımız bunca güzel zamanı nasıl göz ardı edebiliriz? Seninle vals öğrenmeye gittiğimiz günü hatırlıyor musun? Dans hocası tekniği bilmeden o kadar uyumlu adımlar atmamıza hayran kalmıştı. Özünde biz buyuz işte."

"Yapma Erdem. Tam sekiz yıl önceydi bu. Ben kızımıza hamileydim ve o gece doğum sancılarım başladığında dans derslerine gitmemizde ısrarcı olduğum için beni suçlamıştın. Erken doğum yapmamda bile beni suçladın."

"Olabilir... Haklısın. Çünkü çok korkmuştum. Bunu kaç kez konuştuk..."

"Hayır, hiç konuşmadık! Sen bebeğe bir şey olmasından korktuğunu anlattın bolca. Oysa sen ailenden korktun, bunu kabul et. Kendimize ayırdığımız tek özel etkinliğe ailenin karşı çıkmasına rağmen ısrarcı olduğum için öfkeliydin bana. O zamanlar bana neler olduğu hakkında hiç konuşmadık. Ayrıca kendini resim yapmaya adamıştın, beni görmüyordun bile. Hamilelik dönemimi nasıl tek başıma yaşadığımı dinlemek bile istemedin. Sadece kendi başarına odaklanmıştın. İşte senin sorunun bu! Şimdi istediğini elde etmek için bana romantik hatıralarımızdan bahsedip her şeyi düzeltebileceğini sanıyorsun."

"Sergi açmaya çalışıyordum. Kendimi işime adamam suç mu oldu şimdi? Ayrıca birimizin para kazanması gerekiyordu. Ben erkek olduğum için bunu üstlenmek zorunda kaldım. Bunu ailemiz için yaptım. Üniversitede tanıştığımız günlerde resim bölümünü seçtiği için gelecek kaygısı yaşayan o genç kadın, şimdi bana başkaldıracak hale gelmesini sağlayan bunca yolu nasıl yürüdü acaba?"

"İşte böyle! Biraz kışkırtınca Erdem'in tüm yüzü açığa çıkar. Yani son resimleri onca ülkede satılmış, onca kişisel sergi açmış bir ressam olmayı sana borçluyum öyle mi?"

"Bunu söylemek istemediğimi biliyorsun."

"Ben söyleyeyim o zaman. Son iki yıldır senden uzaklaşıp kendime ve resimlerime odaklanmama borçluyum. Senin ve ailenin hizmetindeyken kendimden, her şeyden vazgeçmek zorunda kalmıştım biliyorsun!"

Erdem, ailesi hakkında konuşulduğunu duyunca öfkeyle savunmaya geçti.

"Onlar evlendiğimizde bize kucak açtılar. Para kazanmamın ne kadar zaman aldığını biliyorsun. Karşı dairelerini bize vermeselerdi nerede yaşayacaktık? Kira ödeyemeyecek durumdaydık."

"Evet, bunun karşılığında da hayatımızı teslim aldılar. Yaptığımız her şeyi onlara danışmamız gerekti. Ben zaten istenmeyen gelindim. İşçi ailenin ezik kızı. Sen de beni onlara karşı hiç korumaya kalkmadın. Ben yıllarca çocuk bakmak ve ailenle olmaktan tuvalime dokunamadım bile. Hayallerim, umutlarım... Kimse duymadı beni. Ama en önemlisi sen duymadın."

Yüz ifadelerinden ve ses tonlarından anladığım kadarıyla birbirlerine neler yaşadıklarını anlatmaya çalışıyor ama bunu yaparken acı çekiyorlardı. Yine de kayıtsızlık yoktu. Duyguların öfke, kırgınlık gibi olumsuz olduğu bir şekilde iletişim kurulmuş olsa bile orada anlaşılmayı bekleyen insanlar vardır. Sonucun nasıl seyrettiğinden bağımsız olarak o duyguları oluşturan hikâyeler hakkında konuşmak gerekir. Odada suskunluk olması sözü bana bırakmıştı. "Sonra nasıl devam etti ilişkiniz?" diyerek genel bir soru fırlattım ortaya. Erdem, Sezen'e dönerek yanıtlamayı tercih etti.

"Evet sonra da tam manasıyla çıkardın işte her şeyin acısını. İki yıldır onlardan uzakta oturuyoruz zaten. Ve aynı evde birbirimize de uzağız."

Sezen konuyu bir an önce kapatmak istercesine yorgun bir ifadeyle Erdem'e baktı.

"Bitti Erdem, bunu artık kabul edelim!"

Erdem bu hamle karşısında Sezen'i suçlayacak bir şeyler aradı. Bulmakta da zorlanmadı. İkisi de diğerini yaraladıkça kendine de hançer sapladığını görmüyordu.

"Sürekli seyahat ettiğin için düşük yaptın. Bir çocuğumuzu kaybettik. Bunlarla ilgili tek kelime etmedim ama sen şimdi beni kolaylıkla her şeyin suçlusu gibi gösterebiliyorsun!"

Erdem çok yaralı bir konuya dokunmuş olmalıydı ki Sezen ağlamaya başladı. Biz onun bu yoğun duygularla savrulmasını izlerken hıçkırıkları tüm odayı sarsıyordu.

"Ve sen de şu an sahip olduğumuz tek çocuğun bizi terk etmesine sebep oldun. Tek kızımız. Tüm varlığımız. Neden? Cinsel arzularına düşkünlüğünden. Senin o kadınla mesajlaşmalarını okuduğu için evi terk etti Melis. Üstelik yine senin ailen kazandı. Bizi bırakıp babaannesi ve dedesiyle yaşamak istedi."

Sezen'in hıçkırıkları artıyordu.

"Yapma Sezen, o daha sekiz yaşında. Melis'in evde olmamasını buna bağlayamazsın. Aramızdaki kavgalara dayanamadığı için babaannesine gitti o. Ayrıca mesajları ona göstermeyebilirdin!"

Erdem uysalca devam etti. Kendini savunur gibi bana bakarak anlatmaya başlamıştı. Sezen'den umudu kesmişti. "Yüzünü bile görmediğim bir kadınla olan mesajlaşmamdı çünkü kendimi birilerine anlatmaya ihtiyacım vardı."

Sezen atıldı: "O sırada telefonun ikimizin elindeydi, nasıl saklayacaktım Allah aşkına? Nasıl böyle üste çıkabiliyorsun? Ayrıca biz mesajları görmesek belli ki buluşacaktın o kadınla!"

Erdem köşeye sıkışmış gibi hissediyordu: "Yapma..."

Odada bir süre yine kimse konuşmadı. Sezen'in ağlaması dinmişti. Erdem ona mendil uzattı. Sonra kalkıp Sezen'in yaşlı gözlerini ve akan burnunu sildi. Sakince yerine oturdu.

Onları konuşmaya davet edecek bir cümle aradım. Erdem'e dönerek, "Belli ki bu mesajlar konusunda anlaşmazlığınız var. Bu konuda kendini Sezen'e tekrar anlatmak ister misin?" dedim.

"Senin dikkatini çekmeye ihtiyacım vardı. Tek sebebi buydu. Kıskanmanı, beni görmeni ve yeniden duymanı istedim."

Bana dönerek, "Kulağa çok saçma ve anlamsız geliyor değil mi?" dedi.

Aslında anlamsız değildi. Kendinden uzaklaşan partnerin ilgisini çekmek için onunla aradaki mesafeyi artırmak ve başkalarına gidebileceğinin sinyallerini vermek üzere dikkat çekme davranışları sergilemek, hiç de az rastlanan bir aldatma sebebi değildi. Birinin canını acıttığınız zaman onun size bakmasını sağlarsınız ama şunu unutursunuz: Kırık bir kalple size bakan, daha çok körleşecektir.

O sırada kahvelerimiz geldi. Kahve servisini beklemek ikisini de sakinleştirdi.

Sezen sessizce, "Sade kahve içmesin Erdem. Midesi ağrıyor sonra. Ben alayım onu," dedi.

O ana kadar pek kesmek istemedim hesaplaşmalarını. Belli ki bunun için buradalardı. Üstelik boşanma davaları başlamıştı. Birinci celse bitmişti ama mahkemede olmak yerine terapistin odasına gelen herkes adliyede söylenemeyen şeyleri anlatmak istiyordur özgürce. Boşanan her çift onlarca soruyla ayrılır o soğuk koridorlardan. Birbirine bakmamaya çalışarak bekler sırada. Celse bitince biri hızlıca yürümeye başlar koridorda, diğeri arkasından bakakalır. "Ne zaman düşman olduk? Ne zaman kaybettik birbirimizi?"

Dava gününden beri yani tam iki aydır ayrı yaşıyorlardı. Üç ay önce de sekiz yaşındaki kızları Melis, babaannesi ve dedesiyle yaşamaya başlamıştı. Durduramamışlardı kızı. Anne ve babasıyla hafta sonları kısa süre görüşmeyi kabul ediyordu. Evden ayrılmak istemesinin sebebini de açıklamıyordu.

Bunun üzerine Sezen daha da çaresiz hissetmiş, Erdem'e öfkesi artmış ve hızlıca boşanma davası açmıştı. Anlaşmalı olarak boşanacakları için yakın zamana gün alabilmişlerdi ancak dava günü Erdem, hâkime eşinden boşanmak istemediğini söyleyip vazgeçmiş ve imzayı atmamıştı. Böylece süreç uzamıştı.

Açıkçası bana geldikleri ilk seans ne yapabileceğim hakkında çok kuşkuluydum. Olan olmuştu. Neyden bahsedecektik? Ortada kurtarmaya çalışacağımız bir evlilik kalmamıştı. Sezen, Erdem'in ona çift terapisini şart koştuğu için bana geldiğini söylemişti. Aksi takdirde Erdem kızlarının velayeti konusunda anlaşmaya varmayacağını belirtmişti.

"Yani bir tehdit üzerine buradayım. Erdem, Melis'in velayetini almak istiyor. Çift terapisine katılmazsam bunda diretecekmiş," dedi Sezen ve ilk seans boyunca bir tutsak gibi mecbur kalmadıkça konuşmadı. Sonrasında neler olacağını çok merak ediyordum. Kaç seans böyle devam edecektik acaba? Erdem çift terapisini şart koşmuştu ama kaç seans geleceklerini ikisi de bilmiyordu. Bu konuda anlaşmamışlardı. Ben ise şunu biliyordum: Sezen seans sayısı belirlemediyse kesinlikle söylemek istedikleri vardı. Nihayetinde sözleri bitmemiş her ilişkinin kurtulma şansı olurdu.

Neden kurtuluş gibi gördüğümü sorarsanız çift terapisine başvuran bir ikilide biz oyumuzu, o odaya adım atan herkesin gizli ajandasında buna dair bir inanç yattığını düşünerek, daima sürdürmekten yana kullanırız. Tabii fiziksel ve cinsel şiddeti kesinlikle dışladıktan sonra... Duygusal şiddetin boyutları ise görecelidir. Bunu çok iyi ayırt etmek de terapistin görevidir. Bizim esas sorumluluğumuz burada başlar. Kimisi aldatmayı duygusal şiddet olarak algılar kimisi hakareti. Etik olmayan ama zaman zaman insanın doğası gereği gerçekleşen bazı duygusal ihmaller ve istismarların niteliği kadar niceliği ve ne sıklıkla gerçekleştiği de önemlidir. Kişilerin bunlara kendi değerler dünyasında nasıl bir anlam yüklediğini bulmak gerekir. Bunlar zor meselelerdir ve çiftle birlikte karar vermekte fayda vardır. Kendi değerlerimizden yola çıkamayız. Bilimsel bir doğruluk da yoktur. Tam bir terzi dikimi gibi, kişiye özel durumlardır bunlar ve ardında yatan hikâyeler önemlidir.

Sezen ve Erdem ne kadar isterse kapım o kadar açık olacaktı. Seanslarda sadece hesaplaşmalarını sağlayacaktım. Devam etmemekte kararlı gibi duran bir kadınla onu ikna etmeye odaklanmış bir adam vardı karşımda. Benim görevim konuşmaları için onlara alan tanıyıp ayna olmaktı. İki sanatçı, iki söz sahibi olarak bakalım nasıl karşı karşıya geleceklerdi ve nasıl bir yaratma ya da yıkma cesareti ortaya koyacaklardı? Sezen otuz dört, Erdem otuz altı yaşındaydı. Olgunluk yaşlarını süren iki birey yaşamlarının rotasını nasıl bir yöne çevirecekti? Bir terapist olarak nasıl bir rol almam gerektiği konusunda kafam çok karışıktı. Açıkçası yaptığımız her seansın son olma ihtimali olacaktı, bir sonraki seans için randevu alıp almayacaklarını hiç bilmeden eşlik edecektim sanırım onlara. Belki de en merak ettiğim yerde keseceklerdi… İzlediği dizinin en heyecanlı bölümünde yayından kaldırılmasından ötürü hayal kırıklığına uğramış seyirci gibi hissedecektim belki de… Bilemezdim. Sanırım onlar da bilmiyordu olacakları.

Herkesin en az bir kere içinde bulunmaya can attığı ama içine girdikten sonra da en fazla şikâyet ettiği kurum hangisidir? Cevabı bulmak zor değil: Evlilik. Başlangıcının nasıl olduğundan bağımsız bir şekilde; romantik bir aşkla, evden kaçış mecburiyetiyle, görücü usulüyle, maddi çıkarlar sebebiyle olduğu fark etmeksizin sürecin herkesi aynı kadere yönlendirdiği bir yolculuktu evlilik. Aile dışından biriyle aynı evde aynı yaşamı paylaşma zorunluluğu getiriyordu. Arzuyla başlayan bu süreç nasıl oluyordu da boşanmayla sonuçlanıyordu? Boşanmayla sonuçlanmayan evliliklerin ise azımsanamayacak bir kısmında kişiler toplum baskısı, yeni bir hayatın zorluğu, bilinmezliğe atılacak olma, maddi dayanağı olmama, çocukların üzülmesi, gidecek yeri olmama gibi sebeplerle devam etmek zorunda olduğunu düşündüğü için sistemin içinde kalıyordu. Sonucun gitmek ya da kalmak olmasından bağımsız olarak tüm sosyoekonomik, kültürel, coğrafi durumları en adil biçimde etkileyen yani pek çok haneye eşit derecede uğrayan bir sorundur, evlilikte kusur bulmak.

Nasıl bir aileden geldiğimiz ve psikolojik süreçlerimiz ile evlilik dolayısıyla katıldığımız yeni ailenin psikodinamik yapısı temel belirleyiciler olarak incelenmeye değerdir. İlk seansta bana anlattıkları, daha doğrusu Sezen'in çoğunlukla susup Erdem'in anlattığı tanışma süreçleri ve aile yapısı şu şekildeydi:

Dokuz yıldır evlilerdi. Tanıştıklarında ikisi de güzel sanatlar fakültesinin resim bölümünde öğrenciydi. İkisi de ailesiyle yaşıyordu. Büyük aşk dediğimiz türdendi onlarınki. Okul bittikten sonra resim dersleri vererek para kazanmaya çalışıp zorlanmışlardı. Eserlerinin yüksek meblağlara satılması için çok zaman vardı önlerinde. Deneyimleri ve çevreleri yoktu. Sanat eğitimi alan herkes gibi yol bulmakta zorlanıyorlardı. Zaman içinde daha fazla uzak yaşamamaya karar vermişlerdi ancak bunun için önlerinde tek seçenek vardı: Erdem'in ailesinin yaşadığı evin karşısındaki daireye yerleşmek.

Erdem'in varlıklı ve geniş bir ailesi vardı. Apartmanın diğer dairelerinde de başka akrabaları oturuyordu. Geleneksel ve ataerkil bir aileydi aslında. Anladığım kadarıyla babanın sözü yasaydı. Aileyle ilgili alınacak tüm kararlarda son sözü o söylerdi. Babasının büyük bir aile şirketi vardı. Erdem'in kendinden üç yaş küçük erkek kardeşi şirkette çalışmaya rıza göstermişti. Erdem ise bu şirkette çalışmayı reddetmiş ve meslek olarak ressamlığı seçmişti. İkinci karşı çıkışı da eş seçimiyle olmuştu sanırım. Ailesi Erdem'i, babasının iş yaptığı, aynı zamanda arkadaşı olan birinin kızıyla evlendirmek istiyordu. Annesi de bu kıza hep gelini olacak kişi gözüyle bakmıştı ama Erdem ısrarla karşı gelmiş ve âşık olduğu kadınla, Sezen'le evlenmişti. Anne, eşine karşı çok uysal ama ailenin geri kalanına söz geçiren bir yapıdaydı. Erdem'in ifadesine göre annesi sevgisini gösteremeyen ama çok fedakâr bir kadındı; hep ailesi için yaşayan, kendisi için hiçbir şey istemeyen bir yapıdaydı.

Aklıma iki soru hücum etmişti: Erdem'in bu aile dinamikleri içinde sanatçı yönü nasıl gelişmişti, köklerini kimden almıştı? Çok merak etsem de bu soru şimdilik bekleyebilirdi. Yine de özellikle not aldım bunu. Göründüğünden daha ufuk açıcı bir soru olduğunu ve bizi farklı bir hikâyeye taşıyacağını hissediyordum.

Daha acil cevap bekleyen diğer soru ise şuydu: Erdem'in herkese karşı çıkarak yaptığı evlilik ve uğrunda bunca emek verdiği bir ilişki, nasıl olmuştu da bu kadar kırık dökük bir hale gelmişti?

Sezen'in kararlı ve açıksözlü bir yapısı vardı. Seansa tehditle geldiğini söylese bile böyle şeylere boyun eğecek bir kadın görmüyordum ben karşımda. Bence söylemek istedikleri başkaydı. "Gelmek istemedim. Bitti, devam etmek istemiyorum," derken insan bazen, "Beni kalmam için ikna et," demek ister. İlişki boyunca bu kadına neler olmuştu? Hikâyeye başladığı zamanki kişilik özellikleri ve beklentileri şimdiki noktaya nasıl evrilmişti?

Sezen'e açıkça sordum: "Evlenmeye karar verdiğiniz zamanki Sezen'in nasıl hissettiğini anımsayabilir misin? Nasıl bir evlilik beklentisi içindeydin? Ne gibi arzuların vardı? Seni böylesine hayal kırıklığına uğratan süreçler nasıl ilerledi?"

Sezen bir süre dalgınlaştı. Zihni onu geçmişine davet ediyordu. "Tüm o şartları kabul ederek evlendiğime inanamıyorum ve kendimi sorguluyorum. Şimdi daha iyi anlıyorum ki ilişkimizin başladığı yıllarda Erdem'e bağlı olmaktan öte bağımlıydım. Yüzüme ilgiyle bakmasına muhtaçtım. Sevgiye çok açtım. Onun kanatlarına sığınmıştım ama o kanatların altı o kadar kalabalıktı ki bana çok az yer kalıyordu. Evlenene kadar her şey yolundaydı. Birbirimizi anlayabiliyor, görebiliyor, konuşabiliyorduk. Evlenip ailesiyle karşılıklı dairelerde yaşamaya başladıktan bir süre sonra, hatta kızımızın doğumunun ardından ilişkimizden uzaklaştı Erdem.

Ayrıca yaptığım her şey için bu aileden izin almam gerekiyordu. Akşam yemeklerini mutlaka birlikte yiyorduk. İlişkimize ait tek özel an kalmamaya başlamıştı. Gittikçe yok oluyorduk. Öğrencilik yıllarımdaki özgür kıza ihanet etmiş gibi hissediyordum kendimi. Erdem'le aşk oyunumuz fena tökezlemişti. Aldığım onca eğitime, okuduğum kitaplara ve sanata ihanet etmiştim. Bedelini ağır ödüyordum. Her şeye rağmen nasıl kaldığımı merak ediyorum. Bir çocuğumuz ve maddi sıkıntılarımız vardı ama bence asıl sorun bu değildi. Sanki Erdem ailesine karşı geldiği için suçluluk duyuyor ve kendini onlara kabul ettirmeye çalışıyordu… Anne ve babasının sevgisini tekrar kazanmaya uğraşıyordu. Benim sevgimse umurunda bile değildi artık. O sevgisini benden esirgedikçe ben ona daha fazla sarılıyordum. Sarıldıkça her gün biraz daha kaybediyordum onu. Yabancılaşmıştık. Tanıdığım ve sevdiğim adam değildi artık. Elbette ben de onun için öyleydim. Birlikte eriyorduk."

Erdem araya girdi, "Seni her zaman sevdim ben," dedi. Yüzünde ağır bir suçluluk vardı.

Sezen uysal bir tavırla devam etti: "Seni de suçlayamıyorum bazen. Bana boyun eğdiren gelenekler sana çocukluğundan beri işlenmişti. Hatta kendimi daha çok suçluyorum. Ben de kendi benliğimi yitirmiştim. Öylesine sevgine aç bir halde gelmiştim ki... Kendimi ailene sevdirmek için nasıl da çabalıyordum... Üzülüyorum şimdi o kıza."

Sezen içinde bulunduğu yerden bakınca aslında kendi ailesiyle yaşadığı yılların nasıl da sevgiden yoksun olduğunu çok sonra anlamıştı. Sürekli çalışmak zorunda olan, maddi sıkıntılarla boğuşan, birbirini ve kızlarını görmeyen bir anne-baba vardı evde. "Annem yaptığım hiçbir şeyi beğenmezdi. Resimlerimi ilk ona gösterirdim ve o, 'Sezen nasıl bu kadar karanlık şeyler yapabiliyorsun? Ruh karartıcı, kim bakar bunlara, kim alır, kim asar duvarına?' derdi. Babamsa neredeyse hiç bakmazdı bile. 'Ressam olunarak bir kariyer çizilemez,' derdi. 'Sen hobi olarak yine resim yap ama kalıcı bir mesleğin olsun.'"

Sezen kendi dünyasıyla yüzleşmeye devam ediyordu: "Oysa sadece yaptığım resimlerle onların ilgisini çekebiliyordum. Eleştirseler ve reddetseler bile benimle sadece o anlarda ilgileniyorlardı. Soğuk evimizde çok mutsuz ve yalnızdım. Bir gün ikisi de beni okuldan almayı unuttu. Bu görevi üstlenmek ikisine de ağır geliyordu. Günde on saat çalışıyorlardı. Okulda yalnız kalmayayım diye arkadaşım beni evlerine davet etti. Onun ailesi anneme ulaşana kadar birlikte zaman geçirdik. Yemek yiyip sohbet ettik. İlk defa gerçek bir aile gördüğümü anımsıyorum. Oysa ben o zamana kadar ailelerin bizim gibi olduğunu zannederdim ve durumumuzu çok normal karşılardım. Sonrasında anneme ve babama karşı çok hırçınlaştım. Onlardan vazgeçmiştim. Beni sevmeleri için uğraşmıyordum artık. Ben onlardan vazgeçince beni önemsemeye başladılar. İlk kez doğum günümü hatırladı babam. Birilerine kendimizi gösterebilmemiz için neden onlardan vazgeçmemiz gerekiyor?"

"Şimdi de Erdem'in aynı şeyi yaptığını mı düşünüyorsun? Sen ondan vazgeçince mi seni sevebildiğini düşünüyorsun?" dedim.

Kapalı uçlu yani fazlasıyla yönlendirici bir soruyla onu geçmişi ve şimdiki ilişkisi arasında bağlantı kurmaya açıkça davet ediyordum çünkü yakaladığım dinamikten emindim.

"Evet," dedi Sezen hiç duraksamadan, "böyle düşünüyorum. Ona ne zaman tutunsam benden uzaklaştı. Ben onun, sevgisini elde ettiğine emin olduğu biriydim sanırım."

Bu, bazı kişiler için geçerliliği olan bir düşüncedir gerçekten de. Çok yanıltıcı olsa da kişi fethettiğine inandığı ve garantilediğini sandığı ilişkilerden yatırımını çeker ve o zamana kadar eksik kaldığını düşündüğü diğer sevgi biçimlerine yönelir. Sezen'in serzenişlerine baktığımızda bu; Erdem'in partnerinden uzaklaşmış ve o zamana kadar tatmin olmadığı başka bir sevgi biçimine yani anne ve babasının sevgisine yönelmiş, onların onaylarını almaya yeltenmiş olmasını açıklıyordu.

Sezen tekrar savunmacı tavrına döndü: "Ama bu duygularım yıllar önceydi. Ben uzun zamandır ona tutunmak istemiyorum. Onunlayken kendimi bulamadığımı anladım. Ailesinin yanından taşınmaya direttim ve bunu başardım. Bu cesareti bulmuştum artık. Ne zaman ki Erdem'den uzaklaştım, o zaman kendimi tanımaya başladım. Artık bundan vazgeçmek istemiyorum."

Erdem söze girdi ve büyük bir içgörüyle hem durum değerlendirmesi hem de özeleştiri yaptı. "Sezen'i seviyordum. Ona âşık olduğum için bu ilişkiye başladım. Oysa tam da kendimi aileme ve kendime ispat etmem gereken yıllardı... Ailemde herkes başarı odaklıydı. Bildiğim en iyi iletişim yolu başarılarımı paylaşmaktı. Kendimi bir tek o anlarda önemli hissediyordum.

Yaptıklarım değer kazandığında ve satıldığında bunu kendi gözümde de çok büyüttüm. Sezen'in yoğun sevgisini görebiliyordum ama onun sevgisine karşılık vermek yerine ailemin bana hayranlık duyması için daha da başarılı olmam gerektiğini hissediyordum. Ne zaman ki kavgalarımız baş gösterdi ve Sezen ilgisini üzerimden çekti, onu kaybetmeye başladığımı anladım. Ailemden ve kendimden koruyamamıştım onu. Yalnız bırakmıştım. Aydınlanmıştım, âdeta uyanmıştım ama uyandığımda karım artık adreste yoktu. Sonrasında onu yeniden kazanmak için çok çabaladım."

Sezen: "Çünkü ben kendimi kazanmıştım. Yapıtlarım annemin bahsettiği gibi gerçek dünyamı anlatan karanlıklar değildi artık, başkalarının ulaşmak istediği eserlerdi. İhanet ettiğim özgür kızın gönlünü almaya başlamıştım. Başka bir eve taşındıktan sonra Erdem'in ailesiyle daha az görüşmeye başlamıştık. Gariptir ki onlar da uzaklaştıktan sonra beni anlamaya ve sevmeye başlamıştı ama artık herkes için çok geçti. Bir yandan da onlarla bağlantıda olmaya mecburdum çünkü Melis sıklıkla onlarda kalıyordu. Çünkü ikimiz de yoğun çalışıyorduk ve bakıcımız yoktu. Sadece Melis'i almak için o eve uğruyordum. Yaptıklarım nankörlük gibi ya da gaddarca gelebilir ama korkuyordum aslında. Yaklaştıkça tekrar yutulmaktan korkuyordum."

Zihnim bu çiftin her cümlesinde ayrı yere savruluyordu ama bir yandan da hepimiz için taşlar yerine oturuyordu. İkisinin de girdiği çıkmazlara ayrı ayrı kucak açıyor, onlarla empati kuruyordum. İkisini de anlıyordum. Bakalım bu süreçte onların birbirini anlamasını sağlayabilecek miydim?

Hayat sandığımız gibi bize sürekli cilve yapmaz aslında. Çoğu zaman psikolojik yapılanmalarımız dahilinde güdülerimizi ve isteklerimizi yaşarız. Sonra da yaşadıklarımız dahilinde kendimizi tekrar tanırız. Bu süreçte bir yabancıyla karşılaşırız çoğu zaman. Yaşadığımız her yeni deneyim ve ilişki biçimi bize henüz tanışmadığımız, karanlıkta kalmış bir kuytu köşemizi hatırlatır. İlişkilerdeki vals orada başlar. Kendi hareketlerini anlamlandırmaya, kontrol etmeye çalışırken bir diğerini de hissetmek ve anlamak çok gerekli ama ulaşılamaz olur. Bizi tüm karmaşalardan kurtaracağını düşündüğümüz kavrama, sevgiye sığınırız. O olduğunda her şeyin kendiliğinden hallolacağını zannederiz. Oysa sevgi sandığımız kadar güçlü bir bağ değildir, güçlü olan emektir. Bir başkasının ruhuna sarılmak, bedenine sarılmak kadar kolay değildir. Emek verilmemiş, korunmaya alınmamış sevgi bizi günün sonunda ansızın yarı yolda bırakabilir. O zaman da biriyle her şeye rağmen devam etmek ya da kendimizi kurtarmak adına sevgiden vazgeçmek arasında seçime gideriz.

Sezen ümitsiz bir sesle devam etti: "Sonra o gözümde çok büyüttüğüm adamın da gayet sıradan biri olduğunu anladım. Uzun zamandır tutku hissetmiyorum ve artık ilgimi çekmiyor. Ona çok arzu hissettiğim günlerde o yoktu. Onu gözümde sıradan biri yaptığımda bu evliliğe olan ilgim de bitti geride kalan her şey de. Arzum bitti anlatabiliyor muyum?"

Konuşmayı yıllarca ertelemiş bir çiftle birlikte olduğumu anlıyordum.

Öte yandan seanslarımız çok düzenli bir şekilde devam ediyordu. Hiç aksatmadan geliyor ve gayret gösteriyorlardı. Yoğun bir anlatma ihtiyacı görüyordum. Birbirlerine bunca zaman tanımadıkları alanı burada tanımaya başlamalarını istiyordum.

İlerleyen seansların sonunda üçümüz de gergin ve bir miktar umutsuzduk. Bol bol konuşmuşlardı ama arada hep kekremsi bir tat vardı. Sanki geç kalmıştık... Bir yandan çaresiz hissediyor bir yandan da seanslara asılmam gerektiğini düşünüyordum. Erdem ve ben ipin ucunu neden bırakmıyorduk acaba? Bu kadar tutunacak ne hissetmiştik?

O sırada Sezen'in telefonunun alarmı çaldı. Sezen telefonuna baktı ve Erdem'e döndü: "Rutin tahlil sonuçlarını alman için bugüne alarm kurmuştum, sen almayı unutursun diye." Sonra umarsızca bana baktı. Garip, anlamsız ama coşkulu bir ifadeyle onlara bakakaldım.

Zihnimde aniden bir ışık yandı. Sanatla başlayan yolculuklarını yine sanat kurtarabilirdi.

"Bir fikrim var, sonraki seansta bunu konuşalım lütfen," dedim.

Sanatın yaratıcılığı bu ilişkiyi tekrar yaratmak için bir araç olabilir miydi? Bir gün bir yerlerde kaybettikleri eksik parçalarını bulmalarına yol açabilir miydi?

Sanat, kendini hayattan sakınmaya başlamış olan insanın kendi gerçekliğiyle ve karanlığıyla tekrar yüzleşmesidir. Hayatla başka bir yoldan bağ kurma şeklidir. Kendimizle ilgili bilmediğimiz pek çok detayı anlatacak kadar kuvvetli bir dışavurumdur. Bu nedenle yardımcı bir araç olarak terapi sürecinde de rol alabilir.

Özellikle resim sanatıyla yaptığımız sanat terapi uygulamalarında daha önce şaşırtıcı sonuçlar almıştım. Örneğin seanslar boyunca ortaya çıkamamış olan, bilinçdışında fazlasıyla bastırılmış bazı içerikler, kişiler resim yaparken aniden gün yüzüne çıkıyordu. Ya da yorumlara direnç gösteren ve içselleştirmekte zorlanan biri, kendi yaptığı resimlerin anlamını kavradığında derin bir içgörü geliştirebiliyordu. Kişi somut olarak ürettiğini sonuçta inkâr edemiyordu. Kaygı ve korkuları, kabul edilemediği için savunma mekanizmalarına saklanmış olan çatışmaları farkındalık düzeyine taşınıyordu. Dolayısıyla kendini net bir yoldan, bizzat yarattıkları üzerinden tanımaya başlıyordu. Fazlasıyla akılcı düşünen ve her konuya bir mekanizma gibi yaklaşan birey bile sanatla ilgilendiğinde, onu incelediğinde, özellikle de kendi ürettiğinde duygularına ulaşabiliyor, onları deneyimleyebiliyor ve yaşadıklarına duyguları yoluyla da anlam yükleyebiliyordu. Kişi duygularıyla yüzleştiğinde ise daha insancıl, derin, tatminkâr, anlamlı bir hayat sürebiliyordu.

Ve sanat bize aşkı, hiçbir kelimenin yetmediği aşkın en saf halini en iyi tarif edecek olandı.

Sonraki seansa şöyle başladım: "Sezen sen Erdem'i ne kadar tanıyorsun? Ya da sen Erdem, Sezen'i ne kadar tanıyorsun? İkinizin de söylediğine göre seanslara gelene kadar yaşananlarla ilgili hiç bu kadar açık konuşmamışsınız. Birbirinizi yeterince keşfettiğinize emin misiniz? Hayatla ve birbirinizle kavga ederek yıllarınızı geçirmişsiniz. Sanatınızın sizi birbirinize tekrar anlatması için ona izin verebilir misiniz? Seanslarımıza sanat terapisinin yaratıcı gücünü eklemek istiyorum."

İkisi de teklifimi merak ederek beni dinliyordu.

"Önerim şu: İkinize de birer tuval, pastel boyalar ve kalemler vereceğim. Belli yönergelerim olacak. Size bildirdiğim temalar üzerinden resim yapmanızı isteyeceğim. Sonra herkes kendi yaptığı resimdeki çağrışımları bize anlatacak. Örneğin ilk resimde temamız 'ilişki' olacak. Bu kelimenin sizdeki anlamını hissetmenizi ve tuvalinize bir kompozisyon dahilinde yerleştirmenizi bekleyeceğim. Ne dersiniz? Hazır mıyız?"

İkisi de bunu ilgi çekici bulmuştu ve tahmin ettiğimden fazla heyecanla kabul etmişti. Nihayetinde kendilerini en iyi bildikleri yoldan, resim yaparak anlatacaklardı.

Bir süre ikisini odada yalnız bıraktım. Tuvale yansıyacak olanları büyük bir merakla bekliyordum. Bakalım "ilişki" kelimesi kendi ilişkileriyle ilgili neler çağrıştıracaktı... Odaya döndüğümde ikisi de düşünceli bir şekilde kendi resmine bakıyordu.

"Peki, resimleriniz üzerinde konuşmaya başlayalım mı? Hanginiz istiyorsa önce o söz alabilir," dedim.

Sezen yavaşça başını tuvalinden kaldırdı ve bana baktı. Sonra yaptığı resmi hepimizin görebileceği şekilde ortadaki sehpaya bıraktı. Resimde karakalem kullanılarak yapılmış bir kamp alanı, çadır, çadırın içinde oturan küçük bir kız çocuğu; çadırın dışında ise kendi işlerine dalmış, bir şeylerle meşgul olan bir erkek ve bir kadın vardı. Kadın yemek hazırlıyor gibi duruyordu. Adam denize olta atmış bekliyordu. Bu aileyi Erdem, Melis ve Sezen olarak düşündüm. Eminim Erdem de öyle düşünmüştür. Bakalım Sezen buna dair nasıl bir hikâye anlatacaktı...

Sezen bizi şaşırttı. "Annem, babam ve ben," dedi. "İlişki kelimesini düşününce hayatımdaki en mutlu anılardan birini anımsamak istedim. Sonra aklıma birdenbire burada çizdiğim kamp hatırası geldi. Çok istemiştim bu kampı. Uzun süre ısrar etmiştim ve nihayet gerçekleşmişti." Resmine baktı: "Ben burada sekiz yaşımdayım. O gün çadırın içinde tek başıma oturuyordum ama mutlu olduğumu anımsıyorum. Annem bize babamın tuttuğu balıkları pişiriyordu. Aslında kimse kimseyle konuşmuyordu. Eğleniyor gibi değildik. Belli ki yine kendi alanlarımıza dağılmıştık ama ben mutlu hissediyordum, bunun nedenini anlamaya çalışıyorum şimdi."

Erdem araya girdi: "Böyle bir anından bana daha önce hiç bahsetmemiştin. En mutlu anlarından biri olduğunu söylüyorsun üstelik. Şaşırdım doğrusu."

"Neden? Ben zaten birbirimize ait özel anıları ve duyguları konuşmadığımızı hep söylüyordum. Hayatta kalmaya daldık sadece. Bizi yaşamadık ki..."

Sezen'e döndüm: "O gün neden mutlu olduğunu anlamaya çalıştığını söyledin. Mutlu hissetmen neden anlaşılmaz ve şaşırtıcı senin için?"

"Çünkü yine yalnızdım. Çadırda saatlerce tek başıma oturduğumu hatırlıyorum. Kendi kabuğuna çekilmiş bir anne ve baba... Bir çocuk bu ortamda neden mutlu olsun ki?"

"Senin çok istediğin bir şeyi sana verdikleri için olabilir mi acaba?"

"Olabilir çünkü bu çok nadir olan bir şeydi. Anlaşılan bununla yetinmişim. Bu kadarıyla bile değerli hissetmişim. Daha fazlasını istememiştim. Benimle ilgilenmelerini örneğin..."

Bir çocuğun kendine verilenle yetinmesi beklenen bir durumdur. O zamana kadar duygusal ihmale uğradıysa daha fazlasını hak ettiğini düşünmesi ve talep etmesi pek de mümkün değildir çünkü çocuk zihni ebeveynlerinin yaptıklarını koşulsuz doğru olarak değerlendirmeye muhtaçtır. Bu, ona kendi içsel güvenliğini sağlayabilmesi ve kaygılarını yatıştırabilmesi adına gereklidir. Ruhsal kapasitesi değerli hissetmek, görülmek, onaylanmak adına sorgulama yapması için henüz çok yetersizdir. Hak ettiğinin bu olduğunu düşünür ve sessizce kabul eder. Bu arada da değersizlik duygusunu içselleştirir. Erişkin yaşamında sevilmeye layık olduğunu düşünmesi ve buna ikna olması zor olacaktır. Ayrıca o zamana kadar ona sunulan atmosferin özü yalnızlık olsa da bu tekrarlandığında bunu bildik, tanıdık ve aynılık hissi olarak alıp, kendini güvende hissedecektir. Sezen o çadırda elbette o zamana kadar yaşadığı hislere benzer bir duygu olarak yalnızlıktan olumsuz etkilenmek yerine bunu olağan karşılamış ve isteğini yerine getiren anne-babası karşısında değerli hissetmişti. Mutluluk diye tarif ettiği buydu. Değerli hissettiği nadir zamanlardan biri...

Yorumlarımı ona da aktardığımda kabul etti ve anladığını dile getirdi.

"Bir çadır çizdin. Çadır kapsanmayı ve yuva ihtiyacını temsil ediyor olabilir mi? Bu çocukken duyulan doğal bir ihtiyaçtır zaten. Peki sence hayatının sonraki dönemlerinde bir yuva arama ihtiyacın nasıl ve ne zaman oluştu?" dedim.

Sezen uzun uzun düşündü. Gözleri doldu.

"Hayatım boyunca oldu. Geniş bir aile özlemim, bir aile tarafından benimsenmeye ihtiyacım vardı. Bu resimde çadırın etrafındaki çakıltaşı gibi duran şu karalamalar var ya hani... Onların her biri bir insanı temsil ediyor. Kalabalıkları... Şu an bunlar hakkında konuşurken bir şeyi ilk kez bu kadar içten fark ediyorum. Erdem'le evlendiğimizde onun ailesiyle karşılıklı dairelerde oturmayı, bu geniş aileyle iç içe yaşamayı kabul etmemin nedeni aslında sadece maddi olarak muhtaç olmamız değilmiş. Evlendiğimiz ilk zamanlar onlarla yaşama fikrinin biraz cazip geldiğini yeni yeni fark ediyorum biliyor musun? Kalabalıkta olma ihtiyacımı gideriyormuşum. Erdem'i ve ailesini hep suçladım, şimdi anlıyorum ki bu geniş aile ve yalnızlıktan kurtulmak benim çocukluk özlemimdi. O çadırda bunu hayal etmiştim. Etrafımdaki her çakıltaşına bir hikâye yazmış ve onların kalabalık ailemiz olduğunu düşünüp şimdiki resme benzer bir şeyler çizmiştim. Evlenip bir yuva kurmak, onun geniş ailesi tarafından benimsenmek ruhumu iyileştirecekti sanki. Kendimi hep bir kurban gibi görüyordum ama sanırım bu, temel ihtiyacımı gidermem için fırsat olmuş. Üstelik zamanla sevileceğimi düşünmüştüm. Çabalarsam güçlü ve beni önemseyen bir ailem olacağına inanmıştım."

Bu içgörü Sezen ve Erdem'in ilişkisinde önemli bir dönüm noktası olacaktı bence. Sezen mağdur ve kurban koltuğundan kalkmış, hep başkalarını suçlamak yerine kendi ihtiyaçları doğrultusunda seçimler yaptığını fark etmişti. Üstelik bu, son iki yıldır ihmal ettiğini düşündüğü kızı Melis'le olan ilişkisini de tekrar güçlendirecekti. Konuşurken bir ara çadırdaki küçük kız ona Melis'i anımsatmış ve ağlamaya başlamıştı. Şimdi şartların kurbanı olan değil de daha güçlü hisseden bir anne ve kadın olarak kızına daha fazla sahip çıkabilirdi. Bu konuşma sırasında Erdem de çok duygulanmıştı. Kendini rahatlamış hissettiğini söyledi. Sonra da onun resmini incelemek üzere Erdem'e yöneldik.

"Aslında Sezen'i çizmeye başladım. Her rengi kullanmak istedim. Ona çok benzeyen bir kadın çizerken bir hareketim beni şaşkınlığa düşürdü," dedi ve bize resmini gösterdi. Sezen diye çizdiği kadın kızıl saçlıydı. Oysa Sezen sarışındı.

"Kim bu?" diye atıldı Sezen. "Beni aldatmaya kalktığın kadın olmasın?" Yine tırnaklarını göstermişti.

"Seni aldatmadım. Tekrar söylüyorum, seni kışkırtabilmek için kendimce çare arıyordum."

Resmine döndü: "Benim ilişkiden anladığım hep sendin Sezen ama resmi çizerken çağrışımlarım beni çok uzak bir geçmişe götürdü. Saçlarını çizerken elimin birden kırmızıya gittiğini fark ettim. Resim beni teyzeme götürdü. Bu kadın teyzem."

Sezen'e döndü. "Ailemin karşısındaki o dairede, yani bizim yıllarca yaşadığımız yerde daha önce teyzemin oturduğunu biliyorsun."

"Evet," dedi Sezen, "ama başka hiçbir şey bilmiyorum onunla ilgili. Sizin ailede teyzenden bahsedilmesi yasaktı. Hakkında hiç konuşulmazdı. Tabuydu bu konu. Ve bunu hiç anlayamasam da sana bile soramadım."

"Senden sakladığımdan değil aslında. Benim için o anılar çok yaralıydı. Çok derinlere gömdüğüm bir dönem oldu. Teyzemin hayatımdan çıktığı dönemde tüm ailem ölmüş gibi yapayalnız kalmıştım."

"Şimdi bahsetmek ister misin o yıllardan? Resminde çok renkli, hayat dolu, gülen bir kadın var," dedim.

"Teyzem eşinden boşanıp karşı dairemize yerleştiğinde dört yaşımdaydım. Memleketimiz Elazığ'dan gelmişti. O dönemde bizim muhafazakâr ailemiz boşanmasına çok karşı çıkmış ama teyzem kimseyi dinlememiş. Çok mutsuz bir evliliği varmış, ailenin yasalarına karşı gelerek boşanmış. Benim en yakın arkadaşım olmuştu. O gelene kadar hep yalnız oynardım evde. Bizim aile hiç eğlenceli değildi. Hep ciddi bir hava olurdu. Oysa teyzem en iyi oyun arkadaşım olmuştu. Sürekli kahkahalar atan, şarkı söyleyen, dans eden bir kadındı. O benim ilk aşkımdı. Aileden kimse onun dairesine uğramazdı. Teyzemi aileye yakışmayan, tuhaf biri olarak görüyorlardı galiba. Benimse neredeyse tüm zamanım onun evinde geçerdi. Çok renkli bir kişiliğe sahipti. Birlikte resimler çizerdik, sonra da o resimlere hikâyeler yazardık. Bana her şeyi resimle anlattırırdı. Onunlayken hiç sıkılmazdım, aksine çok eğlenirdim. Orada çok vakit geçirdiğim için annem bazen kızardı. Üzülerek teyzemi bırakıp eve dönerdim.

Evine zaman zaman bir misafir gelirdi. Teyzem gibi eğlenceli bir adamdı o da. Rahatsız olmazdım ondan. Teyzem bana bunun aramızda bir sır olarak kalması gerektiğini söylemişti. Ortak bir sırrımız olduğu için çok mutlu olmuştum. O arkadaşının Fransa'da yaşadığını, bir gün hep birlikte Paris'e gideceğimizi anlatırdı bana. Sevinirdim. Beni bırakmayacağına dair yemin ettirirdim. 'Sensiz gider miyim hiç?' derdi. Ailemi bırakıp onunla gidecek olmak bana hiç korkutucu gelmezdi. Benim ailem teyzemdi. 'Sen çok yeteneklisin, seni Paris'te resim okuluna göndereceğim,' derdi. Birlikte hayaller kurardık. Sanatçı ruhluydu. Şiir yazardı. Kaleme aldığı tiyatro oyunlarını birlikte oynardık. 'Paris'te oyunculuk okuluna gideceğim,' derdi. 'İşim olacak. Bu hapisten kurtulacağım.' Oysa ben çok mutluydum ve neyi hapishane olarak gördüğünü anlayamıyordum. Belki de her hareketine karışan annem ve babam onu rahatsız ederdi... Dışarı çıkıp gezmesine bizimkiler çok kızardı. 'Dul kadın,' derdi babam, 'hareketlerine dikkat etmeli.' Annem de onaylardı. Teyzem hakkında böyle konuştuklarında onlara çok kızardım. Dokuz yaşıma kadar hayatımız böyle geçti. Sonra o kâbus gece geldi. Teyzem beni karşısına aldı ve dedi ki: 'Seninle bir sırrımız daha olacak. Nedim Abin ve ben iki gün sonra buradan gidiyoruz. Paris'e. Ama kiminle ve nereye gittiğimi kimseye söyleme.' Ağlamaya başladım. 'Beni burada mı bırakıyorsun? Bensiz gitme ne olur,' dedim. Sakinleştirmeye çalıştı ama o da ağlıyordu. 'Burada mutlu değilim; bir işim, bir hayatım yok. Nedim Abin Paris'te yaşıyor. Onunla evleneceğiz. Özgür olacağım ve sen biraz daha büyüdüğünde seni de yanıma alacağım.' İkna olmamıştım. Sadece ağlıyordum. Teyzem iki gün sonra kimseye bir şey söylemeden gizlice gitti. O gün 'özgürlük' kelimesinden nefret etmeye başlamıştım. Beni teyzemden ayırmıştı. Aylarca ağladım. Terk edilmiştim. Ailemiz ise bu utançla nasıl yaşayacağını düşünüyordu. Elâleme ne diyeceklerdi... Onu ölmüş kabul ettiler. Adını anmamızı yasakladılar. Hakkında konuşulmuyordu. Teyzem aileden aforoz edilmişti. Onu bir daha görmedim."

Erdem seansta ağlamaya başlamıştı. Sezen uzanıp onun elini tuttu. "Bunca yıl tüm bunları hiç konuşmadığımıza inanamıyorum."

Odada yine uzun bir sessizlik oldu. O küçük çocuğun hayal kırıklığını yeniden yaşarken gözlerim dolmuştu. Ama üzerime düşeni yaptım, isteksizce de olsa onları şimdiki zamana davet ettim. Terapilerin en zor yanı buydu: Geçmişte kaybolmadan geçmişle şimdinin bağını kurmak zorundaydık. Ah!

"Peki sence bu yaşadıkların Sezen'le ilişkinizi nasıl etkilemiş olabilir?" dedim.

"Beni terk etmesinden hep korktum. Sezen ne zaman işinden, kariyerinden, özgür olmaktan bahsetse ona kulaklarımı kapattım. Elimden kayacakmış gibi hissediyordum galiba. Hatta tüm bunların o kadar farkında değildim ki, 'Beni anlamıyorsun, duymuyorsun, bu evde hapis gibiyim,' dediğinde neyi anlamadığımı bile fark etmiyordum. Kendi korkularımı ona yansıttığımı şu an daha iyi anlıyorum. Teyzemin oturduğu daireye taşınmak belli ki bende hem büyük bir mutluluk hem de korku yaratmıştı."

Bu içgörü Sezen'i gerçekten anlamasını sağlamıştı. Çiftin birbirine şefkatle baktığını yakaladım.

Erdem ailenin yasalarına karşı gelmeyi acı bir şekilde teyzesinde deneyimlemişti önce. Sonra kendisi de hem fark edemediği bir isyankârlıkla hem de korku barındırarak benzer eylemlerde bulunmuştu.

Sonraki seansa yine savunmalarını kuşanarak gelmişlerdi. Bir önceki seansta birbirine şefkatle bakan çift yoktu ama ben artık umutsuz değildim. Sonuçta ortaya çıkanları içselleştirmek hep zaman alırdı. Erdem haftaiçi Sezen'i yemeğe davet ettiğini ama onun bunu kabul etmediğini söyledi. Öfkelenmişti. "Sanırım artık ben de daha fazla çabalamayacağım," diye rest çekti. Sezen bu çıkış karşısında, "Belki de bizim karakterlerimiz çok farklıdır, birbirimizin coğrafyasında yaşayamıyoruz," dedi. Yine konuşarak bir yere varamayacaklarını anladım.

"Kaldığımız yerden devam edelim mi ne dersiniz? Hadi bugün ikinci resmi yapalım," dedim. Çizdikleri üzerinden kendi kişilik özellikleri hakkında konuşmalarını sağlamak istiyordum. Birbirlerini dinlerken farklı yönlerini keşfedebilirlerdi.

"Ne çizeceğinizi birbirinize söylemeden bir hayvan imajı seçip, onu tuvalinize resmetmenizi öneriyorum. Hepsi bu. Şimdi sizi bir süre yalnız bırakayım. Sonra da çağrışımlarınızla ilgili konuşuruz," dedim. Ellerine tuvalleri ve boyaları aldıklarında birer çocuğa dönüşüyorlardı. Onları bu halde izlemeyi seviyordum.

Döndüğümde daha keyifli olduklarını gördüm. Resim onları sakinleştiriyor ve birbirlerine yaklaştırıyordu. Sezen tuvalini gösterdi. Muhteşem renklere sahip, çok estetik çizgileri olan bir kuş çizmişti. Hayat vardı tuvalde.

"Bu bir sinekkuşu," dedi.

"Kendi karakterinde neleri ona benzetiyorsun?" diye sordum.

"Çok naif, çok küçük görünüyor ama aslında çok güçlü. Saniyede seksene yakın kanat çırpabiliyor. Özel manevraları var. Rengârenk. Aşkı temsil ediyor. Özgürlüğüne çok düşkün. Asla kafeste yaşayamayan bir kuş türü."

Erdem araya girdi: "Sinekkuşu bir yandan da kendine hep yuva arar. Ağaç dallarına özenle dokuduğu yuvalar yapar. Biliyorsun değil mi?"

"Elbette biliyorum. Evet, hep yuva yapar, bir yuvası olur ama kafese konursa ölür, daima özgürce uçmak ister."

Sonra bana döndü: "İkisinin bir arada olması çok mu zor? Mümkün değil mi? Ben yuva bulduğumda özgürlüğümden vazgeçtim, özgürlüğüme kavuştuğumda da yuvamdan. Neden dengede tutamıyorum ikisini? Bir yandan güvenlik istiyorum bir yandan macera, yaratıcılık, arzu. Sinekkuşu olduğumu anladığım bir gün vardı mesela. Melis'in odası, o doğmadan önce benim atölyemdi. Tekrar resim yapmak için o odaya girdim. Melis uyuyordu. Tuvalimi elime aldım ve yine bu kuşu çizmeye başladım. O şartlar altında bile yutulduğumu hissediyordum. Oysa ben âşık bir kadın olmak istiyordum. Arzu duymak ve kadın olmamın erkeğim tarafından onurlandırılmasını istiyordum. Oysa tutkum kaybolmuştu. Artık hiçbir şeye karşı arzu hissetmiyordum. Erdem beni duymuyor ve anlamıyordu. Kendi kadın kimliğimi, daha da ötesinde bu hayatta kim olduğumu bulmak, hayallerimin ve hedeflerimin olmasını istiyordum. O gün tam olarak karar verdim: Erdem, Melis ve ben ayrı eve taşınmalıydık. Kendimize ait bir hayatımız olmalıydı. Belki tutku dönerdi... Sonra sanatla ve işimle tekrar buluştum. Tekrar yutulmaktan o kadar korkmuştum ki bu kez de Erdem'in yakınlaşma çabalarına ben yanıt veremedim."

Sezen yine derin bir bakış açısı yakalamıştı. Düğümler yavaş yavaş çözülmeye başlıyordu. Elbette bu iki unsuru; güvenlik ve tutkuyu bir ilişkide birleştirmek mümkündü. Ancak uzun süreli ilişkilerde tam da bu mesele en çok sorun yaşanan alandı. Çünkü insanlar bir ilişkide garantide, güvende hissetmek istiyor, belirli kalıplarda yaşamakta diretiyor, belirsiz olana tahammül etmek istemiyordu. Bir yandan da tutkuyu ve arzuyu kovalamak; değişikliklere, hikâyelere akmak, birlikte olduğu kişiyi ilk günkü gibi cazip bulmak istiyordu. Tam bilinen ve tanıdık olanda rahat ediyor, yabancı olanda heyecan duyuyordu. Elbette iki olguyu da aynı ilişkiden bekliyordu. Öyleyse neden bulamıyordu? Çünkü arzu duymak cesaret gerektirir. Birlikte olduğumuz kimseyi asla tam anlamıyla tanımadığımızı, bir insanın içindeki mevcut dinamikleri incelemenin bir ömre sığmayacağını bilerek hiç kimseyi garanti gibi görmemeyi kabul edersek arzu ve tutku kendiliğinden geri gelecektir. İnsanın güvence arayan yönünü, diğer kişiyi kontrol etme ve sabit tutma ihtiyacını törpülemesi; bunu bir yandan belli bir düzeyde yaşaması bir yandan da diğerine alan tanıması ve ondaki maceracı daveti kabul etmesi aradığı güvenlik-tutku birlikteliğini sağlayacaktır.

Sonra Erdem'in tuvaline geçtik. O da uçan bir hayvan seçmiş, kartal çizmişti. Karakalemle. Bu öylesine gerçek bir çizimdi ki kanatlanıp tuvalden uçacak gibi duruyordu.

"Çizdiğin resim şu an sende nasıl çağrışımlar yapıyor?" dedim.

"Çok güçlü ve iktidar sahibi. En yükseğe uçabilen kuş. Ömürleri boyunca tekeşli yaşarlar ve yaşamlarını aynı yuvada sürdürürler. Ağaç tepelerinde yuva yaparlar ve erkek-dişi birlikte çalışırlar. Yavrularına ve ailelerine karşı çok koruyuculardır."

"Güçlü olmak senin için ne ifade ediyor?" diye sordum. Onun için çok önemli olduğunu biliyordum. Otoriter bir babaya sahipti, kendi kimliğini edinmek için çok çabalamıştı ama kaygı ve korkuyla geçirdiği çocukluğu erişkinlik döneminde ona, "Güçlü ve yenilmez ol, çok çalış," demişti. Kendini böyle onarabilmişti ama yuvaya düşkünlüğünü daha çok mekanik bir koruma sağlamak olarak ele almış, duygusal korumayı ihmal etmişti. Sevmeyi ailesinde öğrenemeyen çocuklar sonraki yıllarda yolda düşe kalka ilerleyip ilişkilerde tökezleyerek, sevdiği halde bunu sunmayı beceremeyerek yaşarlar.

"Güç benim için hayatım boyunca önemli oldu çünkü uzun süre güçsüz hissettim. Çocukluğum ve ergenliğim boyunca babamın altında ezilmiştim. Ancak kendi yuvasını kurmuş, işinde başarılı yetişkin bir erkek olduğumda kendimi kabul edebildim. Sahip olduğum hiçbir şeyden vazgeçmek istemiyordum. Evet, eşime sadıktım ama kendimi onarmakla öylesine meşguldüm ki onun duygusal ihtiyaçlarını görmüyordum sanırım."

Bu derin içgörüler bir ilişki için çok sağlamlaştırıcı dokulardı. İkisi de öyle güzel katılıyordu ki seansa âdeta bir vals izliyor ve onlarla gurur duyuyordum.

"İki hayvanın da farklı familyalardan olmadığını gördük. Peki onların aynı ortamda olduğunu düşünebiliyor musunuz, nasıl olurlardı sizce?" dedim.

Sezen gülerek, "Sinekkuşu çok barışçıl aslında, her türlü hayvanın yanında durabilir ama kartal ona bir şey yapar mı bilmiyorum," dedi.

Erdem de gülerek yanıt verdi: "Bu kadar zarif ve güzel bir kuşa ne yapabilir, bence aynı ağaçta yaşayabilirler; şimdiye kadar birbirlerini görmemiş olduklarına üzülerek."

Birbirlerine anlayış, ilgi ve merakla yaklaşmaya başlamışlardı.

"Peki bu iki kuşu aynı tuvalde birlikte çizebilir misiniz?" dedim.

Sezen, Erdem'e döndü, "Belki bir akşam yemeğinde birlikte çizebiliriz, ne dersin?" diye sordu.

"Şu an en yüksekte uçuyor olabilirim," dedi Erdem.

Bakalım bunca zaman sonra baş başa çıkacakları ilk yemekleri nasıl geçecekti…

Tam da ertesi gün bir sanat terapi atölyesine katılacaktım. Harika bir fırsat olduğunu düşünmüştüm. Yakın arkadaşım, ressam ve sanat terapisti Nilgün Sabar'ın "Yaratma Cesareti" adlı etkinliğiydi. Hevesle gittim. Atölye bittiğinde hepimiz kendimize dair farkındalığımıza çok şaşıracaktık.

Önce her birimiz serbest bir renk ve konu seçip resim yaptık. Üzerinde Nilgün'le konuştuk. Sonra tüm grup bir sonraki katılımcının resmine yeni eklemeler yaparak kendi resmine gelene kadar tüm resimleri dolaştı. Başka hayatlara serbestçe dokunmanın özgürlüğünü yaşarken kendi resmimizi belirsizliğe teslim etmiştik. Başladığımız resimle döndüğümüzde bulduğumuz resim bambaşkaydı. Her birimiz kendi içimizde başkalarıyla kaynaşma cesaretimizi ve sürprizlere ne kadar açık olduğumuzu deneyimlemiştik. En ilgi çekici olansa bir sonraki resimde iki kişinin aynı tuvali birlikte kullanması ve ortaya çıkan resimdeki hareketlerdi. Bu, ikili ilişkilerde nasıl durduğumuzu temsil eden bir çalışmaydı. Kimimiz hiç farkında olmadan tuvalin tek tarafını kullanarak diğerinden kaçmış, kimimiz diğeriyle fazla kaynaşarak üst üste figürler çizmiş, kimimiz bir ahenk, kimimiz ise savaş ortamı yaratmıştı. Örneğin ben hiç farkında olmadan, çalışırken yaşamın ve ölümün renkleri yeşille turuncuyu seçmiş, kendi halimde çizim yapmış, partnerimin çizdikleriyle ilgilenmeden kendime alanlar yaratmıştım. Partnerim ise beni jaguar olarak görmüş ama yine de peşime düşmüş, saldırganlığımdan korkmadan yaptığım her çizime müdahale etmişti. Nilgün, "Farkında mısın bu resimde hep tek başınaydın, onu görmedin bile," dediğinde uyandım. Kendimi her zaman ilişki kurmaya yatkın biri olarak tanımlardım oysa. Ama fark ettim ki çok içe döndüğüm; işime, projelerime yoğunlaştığım ve etrafımı görmediğim bir dönemimdeydim. Biri bunları bana sözcüklerle ifade etse karşı çıkabilirdim ama kendi yaptığım önümde dururken bunu inkâr edemiyordum. Sanat zihnimizi işgal etmişti ve farkındalığımızın dışına çıkmış olanı gözler önüne seriyordu. İnsanı kendisiyle yüzleştiren en gerçek araçtı. Çarpıcı ve etkileyici gerçeklerimiz... Sanat terapisinin gücüne yürekten inanıyordum.

Ve Sezen-Erdem çifti ile seans günümüz gelmişti. O akşam yemeğinde ve sonrasında olanları çok merak ediyordum çünkü bir önceki seansı iptal etmişlerdi. İki haftadır görmüyordum onları. Yüklü hikâyelerle geleceklerini hissediyordum.

Odaya girdiklerinde merakım iyice arttı. Sezen'in yüzünde rahatlık dolu, içten bir tebessümün eşlik ettiği huzurlu bir ifade vardı. Erdem ise gayet gergin ve öfkeliydi. Acaba ne olmuştu da bu kadar ayrı yönlere savrulmuşlardı?

Erdem konuşmaya başladı: "Sen sormadan söyleyeyim. On gündür birbirimizle hiç konuşmadık. Son seansımızdan sonra çok yakınlaşmıştık. Hatta akşam yemeği çok güzel başlamıştı. Âdeta flört ediyorduk. Boşanmaktan vazgeçmekten bahsediyorduk. O sırada kızımız Melis aradı. Biliyorsun bir süredir benim ailemde kalıyor. Bizi çok mutlu edecek bir şey söyledi. Gidip onu almamızı istedi. Koşarak gittik. Orada annemle babam bizi bir odaya aldı ve boşanmamızın çok yanlış olduğunu, Melis'i düşünmemiz gerektiğini söyledi. Evet biliyorum kararı bize bırakmalılar ama tamamen iyi niyetlilerdi bence. Sonra olanları tahmin edersin herhalde. Sezen çok yüksek ve öfkeli bir çıkış yaptı. Tartıştılar. Melis'i aldı ve kendi evine gitti. O günden beri de görüşmüyoruz."

Hiç kaygılanmadım. Bu, bizim için bir fırsattı. Yaşanmış her şeyin kısa özetiydi.

Dedim ki: "Aslında bu durum yıllardır sizin aranızda olanların bir özeti gibi olmuş. Peki sonra tüm bu olanları aranızda konuşmaya çalışmadınız mı? Yüzleşmek için tam bir fırsatmış çünkü. Yine içinize mi kapandınız?"

İkisi de cevap vermedi. Sonra Erdem'e şunu sordum: "Peki bu meselede sen neden sürekli uzlaşma sağlamaya çalışan tarafsın? Olanları kendi aralarında halletmelerine izin vermeyi düşündün mü hiç?"

Erdem bir süre bardağına baktı. Sonra da tavana... Sabırla bekledik. Ve sonra dedi ki: "Haklısın. Ben de sonra kendimde şunu tespit ettim aslında: Olanları kontrol edemediğimde kendimi çaresiz hissediyordum. Aslında tarafsızca düşündüğümde bu, ailem ve Sezen arasında bir meseleydi. Neden onların hep benim istediğim gibi huzurlu ve sevecen bir ilişki kurmalarını bekliyordum ki? Neden bir taraf tutmak zorundaydım ki? Hepsi yetişkin insanlar. Meselelerini kendileri halletsin. Ben ailemi ayrı bir şekilde gözetip, karımla da ilişkimi kendi içinde değerlendirip iki tarafı da yansız bir şekilde sevebilirdim. Neden sürekli uzlaşma sağlamanın peşinde koşuyordum ki?"

İşte şimdi çok doğru bir adresteydi. Sonra Sezen'e döndüm, "Sen bu süreçte kendi içinde neler yaşadın?" dedim.

"Çok şey yaşadım. Olanlardan elbette Erdem'in de haberi yok, şimdi her şeyi tüm açıklığıyla paylaşmak istiyorum," diye söze başladı. Bu çift beni sürekli şaşırtmaya devam edecekti sanırım. Bu sanatçı zihinler, hayatlarında da tuvalde bir şeyler çizer gibi hareket ediyorlardı âdeta. Çatışmalara rağmen geçirdikleri bu çok derin kavrayışlarından oldukça etkileniyordum.

"O gece Melis ve ben, kaldığım eve gittik. Bir süre sarıldık, kucaklaştık ve özlem giderdik. Sonra konuşmaya başladık. Babasıyla neden ayrı evlerde kaldığımızı sordu. Anlatmak çok zor oldu. Bunun geçici bir durum olduğunu geveledim. Sonra Melis bana dedi ki: 'Neden evden gidip babaannemlerde kalmak istedim biliyor musun?' 'Neden?' diye sordum. 'Çünkü babamın telefonuna mesaj geldiğinde sen çok kızdın. Kavgalarınızı duyuyordum. Sen sürekli, Melis gördü, diyerek ağlıyordun. Yanlış bir şey yaptığımı düşündüm. Benim yüzümden kavga ediyordunuz. Gidersem barışırsınız sandım. Önceden de çok kavga ediyordunuz. Sen çok çalışıyordun, evde yoktun. Beni sevmiyorsunuz sandım,' dedi. İkimiz de ağlamaya başladık. Ona sarılırken kendi çocukluğumu düşündüm. Ailemdeki tüm mutsuzluğun sebebinin benim varlığım olduğunu zannederdim. Geçmişimi kendi çocuğumda tekrarlamıştım.

Ertesi sabah bir karar verdim. Daha önce hiç yapmadığım bir şey yapacaktım. Annemi ve babamı aradım. Onlarla akşam yemeği yiyip konuşmak istediğimi söyledim. Yanlarına gittim. İkisini de karşıma aldım. Yalnız geçen çocukluğumu, hayatım boyunca onlardan sevgi beklediğimi ama kucağımın hep boş kaldığını anlattım. Geçmişin geçmişte kaldığını, değiştirilemeyeceğini biliyordum ama konuştukça rahatlıyor ve içimi temizliyordum. Annem ağlamaya başladı. Babam ise, 'Biz seni hep çok sevdik,' diye savunmaya geçti. Bu iki yaşlı insana bunu neden yaptığımı bilmiyordum. Suçluluk duysam da üçümüzün birlikte kurduğu hayata bunu borçlu olduğumuzu hissediyordum. Bundan sonra onlarla gerçek bir ilişki kurmak istiyordum. Anne-babamı affetmek ve onlarla uzlaşmak istiyordum. Konuşmanın devamı düşündüğüm kadar kötü geçmedi. Herkes kendince bir şeyler anlatıp durdu ama bu işe yaramıştı. Çocukluğumun geçtiği o evden çıktığımda hayatımda hiç olmadığım kadar hafiflemiş ve özgürleşmiş hissediyordum."

Sezen sonra Erdem'e döndü, "Sonra ne yaptığımı bilmek ister misin?" dedi.

"Elbette," dedi Erdem.

"Sonraki gün senin ailenin yanına gittim. Ben sana anlatana kadar bu ziyaretimin aramızda kalmasını rica ettim. Beni büyük bir olgunlukla karşıladılar. Yaşananların çoğunda onları suçlamakla haksızlık yaptığımı ve kendi iç hesaplaşmalarım nedeniyle onlara ayak uydurmamın zor olduğunu söyledim. Bundan sonra daha önyargısız yaklaşmak için can attığımı ve onlardan da bunu beklediğimi anlattım. Baban dedi ki: 'Biz bazen çocuklarımıza fazla yükleniyoruz galiba. Kendi babamızdan gördüğümüzü uyguluyoruz, haklısın kızım. Sen bize emanettin. Belki seni gerektiği kadar hoşnut edemedik, hoş gör bizi.' Ayağa fırladım ve sarıldım babana. Hiçbirinizin yapmaya kalkışmadığı, cesaret etmediği bir şeyi yapmıştım. Gözleri dolmuştu. 'İyi ki ailemizdesin kızım,' dedi bana. Annen ise, 'Sen buradayken evin neşesi vardı kızım, siz taşınınca çok sessiz kaldı buralar,' dedi. Onu da öptüm ve çıktım."

Bazı seanslarda gözlerimin dolmasına engel olamıyordum. Seans bir süre daha devam etti. Odadan çıktıklarında gözümde bekleyen yaşın süzülmesine izin verdim. Çocukluk yüklerimiz bizi nasıl da bir ömür ele geçiriyordu... İçimizde sevginin dolduramadığı boşluk hiç susmuyordu, biz de kendimize kaoslar yaratıp acılarımızın içinden geçerken yeniden ve yeniden canlanıyorduk. İnsan sevmeye, sevilmeye, değer görmeye, kabule, onaya aç ve mecbur bir canlıydı; ilişki kurma ve bağlanma üzerine programlıydı. Doyurulmadığımız her mesele, onunla cesurca yüzleşip iyileşene kadar kendini dayatıyordu.

Sonraki seansta daha önce ertelediğimiz, tam zamanının geldiğini düşündüğüm bir resim çalışmasına davet ettim onları.

"Aynı tuvali kullanarak birlikte bir resim yapmanızı öneriyorum. Bence vakti geldi," dedim. "Tuvali istediğiniz gibi kullanabilirsiniz. Konu serbest. Boyalar serbest. Başlayalım mı?"

Bu kez nasıl çalışacaklarını, hareketlerini ve duygularını izlemek için odada kaldım. Bir süre sonra benim varlığımı unutmuş ve resme dalmışlardı. Ortaya soyut bir kompozisyon çıkıyor gibiydi. Bazı yerlerde birbirinin içine geçmiş bazı yerlerde ayrılmış çizgiler ve figürler yapıyorlardı. Bazen rekabet ediyor, aynı alanı ve renkleri almaya çalışıyorlardı. Bazen tuvalin farklı köşelerine dağılıyor ve farklı hünerler sergiliyorlardı. Birinin çizimine diğeri eklemeler yapıyor, sonra birinin çizdiğini diğeri kapatıp başka bir şeye dönüştürebiliyor, diğeri de ona izin veriyordu. Birlikte ama ayrı... Ayrı ama hâlâ bağlantılı... Erdem'in tuvalin bir bölgesini tamamen Sezen'e bırakıp orada özgürce çalışmasına alan tanıması ayrıca dikkatimi çekmişti. Bu adam artık bu kadına güveniyordu bence. Birine alan tanımanın onu kaybetmek olmadığını kavrıyordu.

"Ne hissettiniz çalışırken?" dedim.

"Tek bir kişiye ait gibi oldu bu çalışma. İki kişinin elinden çıktığı anlaşılmıyor, ilginç," dedi Erdem.

"Çok tutkulu hissettim kendimi. Flört eder gibi... Ayrıca şuradaki alanı bana bırakman çok hoşuma gitti. Alanım vardı ama gördüğün gibi seninle birlikte de çok şey yaptım," dedi Sezen.

"Öyle güzel çalışıyordun ki durup seni seyretmek istedim," diye devam etti Erdem.

İkisi de birlikte kalarak ama kimliklerinden de vazgeçmeyerek yaşayabileceklerini kavrıyorlardı. Bunu kendilerine zamanında söylediklerinde anlayamamışlardı. Ama söze inanmak zordur, gösterilene ve davranışa inanmaksa kolay.

"Siz neden hiç birlikte sergi açmadınız?" dedim.

"Bence Erdem beni hiç ressam olarak görmedi," dedi Sezen.

"Gördüm elbette ama sanırım yeterince alan tanıyıp, takdir edip onurlandırmadım, haklısın," dedi Erdem.

"Şimdi birlikte bir projeye ne dersiniz peki?" dedim. "Tıpkı burada yaptığınız gibi aynı tuval üzerinde çalıştığınız resimlerden oluşan bir sergi mesela... İlginç olmaz mı? Sanatseverlerin buna bayılacağına eminim."

Konu resim olduğunda içlerindeki barışçıl çocuk hemen açığa çıkıyordu ve uzlaşmaya hazır bir hale geliyorlardı. Serginin adını bile bulmuşlardı: "Görünenler ve Görünmeyenler."

Sonraki günlerde resim yapmak için sık sık buluşmaya başlamışlardı. Onlara aralarında olanları konuşmaya nadiren başvurmalarını, bunları şimdilik seansa saklamalarını ve daha çok yaptıkları resimlere odaklanmalarını önermiştim.

İşe yarıyordu. Her seansta heyecanla projelerini anlatıyorlardı.

Artık çatışmalardan daha az bahsediyor ve ayrılığı rafa kaldırmışa benziyorlardı. Erdem kontrolcülüğü gitgide elden bırakıyor, yapıyı sabit tutmak için çabalamak yerine kendini ilişkinin akışına bırakıyordu. Gerçek ihtiyaçlarını daha iyi görüyordu. Güçlü ve başarılı olma üzerinden kendine saygı duymaktan öte, ilişkiye sevecen ve ilgili bir şekilde katılım gösteriyordu. Kaybetme korkularıyla yüzleştikçe sevginin korkularla değil, özenle ve özgürlükle ayakta kalacağını anlıyordu. Sezen ise tepkisel davranışlarını bir kenara bırakıyor, isyanın sesi yerine özgüvenin sesine kulak veriyordu. Aslında zaten ayrılmak istediği, sevdiği adam değildi; sistemin kendisine sunduğu sıkışmışlık hissiydi. Değersiz hissetmesinin kökleri Erdem'le başlamamıştı, çocukluk yıllarına ait ihmallerin yankılarıydı. Fark ettikçe kendini özgürleşmiş hissediyor, güvenli bir yuvaya olan inancı artıyor ama en anlamlısı bu alanda kendi kimliğini yok etmeden, gelişerek, zenginleşerek yaşam alanı bulabileceği ihtimaline tutunabiliyordu. Güveni ve tutkuyu bir arada bulmak ikisi için de mümkün görünüyordu.

Seanslarımız bir süre daha devam etti. Seanslarda sona yaklaşmak bana hep tuhaf bir hüzün verirdi ama iyileşme yolunda olduğumuzu hissettirdiği için de ayrı bir keyfi olurdu.

Sanat yine sözcüklerin gücünü aşmış, iki kalbe daha yaşam katmıştı. Çaresiz duygularla savrulduğumuz her anda olduğu gibi varlığı ile bize umut, nefes, çözüm olmuştu.

Terapi tünelinin ucundaki ışık olmuştu. Tüm terapi tekniklerinin tıkandığını düşünürken bizi ayağa kaldırmıştı.

Bilime en güzel dostsun; hatta en kapsayıcı yoldaşsın sen sanat.

Aşk olsun sana.

Yeter ki aşk olsun…

SEVMELER, SEVİŞMELER VE GİZEMLER

Sabah benim için erken sayılabilecek saatlerde arkadaşlarımla randevulaşmıştık. Kahvaltı bahanesiyle buluşacaktık, onları görmeye can atıyordum çünkü benim terapimdi onlar. O gün bir planımız varsa sevgiliyle buluşacak kadar hevesli olurdum. İnsan arkadaşlığın kıymetini ilerleyen yaşlarında daha iyi anlıyor bence. Aile içinde yaşanan özel alınganlıklardan, sevgiliyle yaşanan genel sorunlardan uzak, bambaşka bir özgürlük diyarı...

Gittiğimde masadaki herkes aynı anda konuşuyordu. Beni görünce Burcu bir çığlık attı: "İşte! Aranan kan bulundu. Konu tam senlik Bahar, yetiştin!"

"Konu senlik," denmesi, ilişkiler hakkında konuşulduğu anlamına geliyordu. İstemsizce söylenmeye başladım: "Benden medet ummayın çünkü dinlenmeye ve eğlenmeye geldim."

Oysa az sonra mesleğimi unutacaklarını ve doğal sohbetimizin başlayacağını biliyordum. İşin en iyi yanı buydu: Gerçek yakınlarımız yani dostlarımız ve ailemiz, mesleğimizi ve statümüzü çabucak unuturdu. Ekonomist oluruz ama yatırımlarını başkasına danışırlar. İçmimar oluruz ama evlerini başkasına tasarlatırlar. Bu bize ve yaptıklarımıza güvenmedikleri için değildir. Ruhumuz ellerinde büyüdüğü, özümüzü gördükleri ve bizimle simetrik ilişki kurdukları içindir. Ve ben buna bayılırım. Böylece ben de mesai dışındaki özümle bağlantıya geçebilirim.

Ancak itiraf etmeliyim, sohbet konusu ilişkiler olduğunda bana ayrıca sahadan bilgi akışı sağladığı için daha fazla ilgimi çekiyordu ki bunun biraz da mesleki deformasyon olduğunu kabul ediyordum. Sonuçta herkesin ilişkiler ve futbol ile ilgili bir fikri vardır. Bu konularda herkes duayendir. Çok şey konuşulur. Aklınıza gelmeyecek şeyleri duyabilirsiniz. Bu doğallığı da eğlenceli ve verimli bulurum.

"Kime ne olmuş peki?" diye meraklandım tabii ki.

Altuğ atıldı hemen: "Gel kurtar beni. Bugün hepsi bana yükleniyor. Deniz'den ayrıldım. Kıymet bilmezmişim ben. Tipik erkekmişim. Ne ilgisi var anlamıyorum. Bir süre sonra herkesten sıkılıyorum gerçekten. Ne yapayım yani zorla mı kalayım?"

"Aa ben de şaşırdım bak şimdi," dedim. Kendimi bir şeyleri analiz etmeden aklıma gelen ilk düşüncenin kucağına bırakmaya çalışıyordum. "Ee, 'Âşık oluyorum galiba,' diye geziyordun. 'Bu kez çok farklı,' diyordun. Gerçi üç ay senin için rekordu zaten."

Kahkaha attı Altuğ: "O dönemde öyle hissediyordum evet, yalan değildi ama duygularım değişti."

Bu kez Ceylan atıldı: "İşte bu yüzden, 'Tipik erkeksin,' diyorum sana. Hangi duygunuza güveneceğiz bilmiyorum ki... İlişkileri çocuk oyununa çevirdiniz iyice."

"Yaşarken güvenin. Her duyguyu sürdürmek zorunda değiliz ki. Bitebileceğini de kabul edin. İlişkide yasalar karşısında sözleşme yoktur, evlilikten bir farkı olmalı sonuçta. Bu devirde evlilikler bile çabucak biterken..." diye savunmaya geçti Altuğ.

"Hayır, birine yakınlaşmak ve onunla özel anlar paylaşmak her durumda sözleşmedir bence," dedi Ceylan.

Burcu söze girdi: "Ben o kadının yerinde olsaydım bu kadar çabuk tavlamana izin vermezdim. Her aradığında telefonun ucundaydı, ne zaman istesen buluşuyordu seninle. Senin gibi bir adama stratejilerle yaklaşmak lazım. Bak o zaman nasıl yola geliyorsun... Zaten ilk buluştuğunuzda seninle sevişmesi büyük hataydı. Uzak dursa daha fazla âşık olurdun."

Emir şaşkındı: "Siz kadınlar hâlâ burada mısınız? Birbirinize böyle öğütler mi veriyorsunuz? İlk gece, sevişmemek falan... Biz erkekler kimseyi bununla yargılamıyoruz. Hangi çağda kaldınız siz? Bence tam tersi, bir kadın için özgüven içeriyor bu davranış, benim daha fazla ilgimi çekiyor."

Altuğ tereddüt etti: "Açıkçası bilmiyorum, birini zor elde etmek galiba benim daha fazla ilgimi çekiyor... Bunu bir mücadele meselesi olarak görmek o kişiye karşı hislerimi tetikliyor."

"Olan terk edilene oluyor. Şu bağlanma sorunlarınızı aşsanız ne iyi olacak," diye araya girdi Ceylan.

Bunun üzerine Emir, "Kadınların sürekli böyle mağdur edebiyatı yapmasını anlamıyorum. Biz erkekler de elbette etkileniyor, üzülüyoruz. Ne sanıyorsunuz bizi, taş mı?" diye atıldı.

Bense hem erkeklerin hem de kadınların yani birbirine acı verme kapasitesi olan herkesin kendi içinde mağdur olduğuna, olanlardan kendince etkilendiğine ve acı çektiğine emindim. Başkasını üzebilmek bir zamanlar yeterince üzülmüş olmayı gerektirir. Ancak bize yaşatılanları biz de başkasına yaşatabiliriz.

Herkes payına düşeni yaşıyordu. Genelleme yaptığımızda ise hepimiz buzdağının üstünde geziniyorduk. Birine bağlanamayanlar da mağdurdur ama onları neyin böyle yönlendirdiği hakkında düşünmemiş kişilerdir. Ya da düşünmüşlerdir ama bazı temel ihtiyaçları reddetmek benliklerinde başka bir ifade bulmuştur. Sonuçta insanın yaşamındaki bir boşluğu fark edebilmesi için kendi geçmişinde nasıl eksik bırakıldığıyla cesaretle yüzleşmesi gerekir ki bu, zaman ve hüzün gerektirir. Bir direnme hikâyesidir bu. Sevginin vaat ettiği, insanın da doğduğu andan itibaren varoluşuna yüklediği güvenmek, önemsenmek, biricik hissetmek gibi doğal ihtiyaçları gerçekten bir zamanlar yeterince karşılanmadığı için kendi repertuvarına eklenememiştir.

Elbette duruma genel geçer sohbetlerde yüzeysel bakmak kolayımıza geliyordu. Bu açıdan bakınca görece haklıydık. Gündelik ilişkiler ve arkadaş buluşmaları terapi odaları değildi. Hepimiz rahatlamak için aklımıza gelen ilk şeyi, genellemelere sığınarak söylerdik. Kadınlar şöyledir, erkekler böyledir. Stratejiler önemlidir. Şöyle ya da böyle davranmak ilişki kurtarır. Böyle davranmak konforlu alanlarımızdı ancak farkında olmadan toplumda kadınlar ve erkekler hakkında kemikleşmiş bir algı yaratıyorduk. İlişkiye belli önyargılarla giriyorduk. Tüm savunma mekanizmalarımızı yanımıza alıyor ve korunma moduna geçiyorduk. Karşımızdaki insan da aynısını yapıyordu. Körebe oynuyorduk. Korkuyorduk hep birlikte. İncinmekten sakınıyorduk. Eğer belli bilgilerle gider ve yaşanacaklara dair önlemler alırsak güvende hissediyorduk. Elbette olaylar hiç de böyle gelişmiyordu. Soru ve hayat hep bilmediğimiz yerden geliyordu. Ya da bildiğimiz cevaplarda bile yanılıyorduk. Acı çekmek kaçınılmaz oluyordu. Kendimiz olamamayı ya da olmaya çalıştığımız modeli suçluyorduk. "Şöyle davransam farklı olurdu, böyle söylemesem o da böyle davranmazdı, ah o yanlış hareketim... Öyleyse bir sonrakinde ne yapmalıyım?"

Stratejiler yaratmak ancak belirli zaman dilimlerinde etkili olurdu ve yalnızca kaçıngan bağlanan insanları ilişkide tutabilirdi. Güvenli bağlanan, sağlıklı hiç kimse bu şekilde ilişki yürütemezdi. Kaçan kovalanır olarak bilinen o büyük şehir efsanesi bunca insanı nasıl da yanlış yönlendirmişti... Herkes bir oyunun içinde gibi hissediyordu artık. Kişi kim olduğunu yeterince anlamamış veya anlasa bile bunu özgüvenle başkasına göstermek gibi bir kavramın çoktan demode olduğuna inanmıştı. Cinsellikse sevgi kazanmak için sadece bir araç haline gelmişti. Evet, cinsellik etkili bir araçtır ancak çoğu zaman sadece cinsel dürtülerle ilgili olabilir ve sevgi satın almaya yetmez. Nihai amacımızın neyle ilgili olduğu hakkında kendimize net sorular sormalıyız.

"Kendimiz olmalıyız sadece," diye gruba çıkışırken buldum kendimi. "Hangi stratejiyi kimde ve nasıl kullanacağına dair sonu belli olmayan şeylerle uğraşmaktansa kendimiz olmalıyız elbette," dedim.

"Yok canım," dedi Burcu, "kendin olmak bir işe yaramıyor. Birlikte olduğun kişiyi analiz edip ona göre davranacaksın. Bak işte bizim Altuğ gibi bir adamı ancak kaçarak elde edebilirsin."

Altuğ da böbürlenerek arka çıktı ona: "Evet lütfen bir ilişkiyi böyle çoktan hazırmış gibi beklemesin kadınlar, biz erkekler mücadele severiz. Kadınlar fazlasıyla ilişki odaklı yaşıyor. Bu da bir sorun değil mi?"

Mücadele herkes için itici bir güç olabilir. Esas soru, nereye itildiğimizdir. Amaç kendini kendine ispatlamak ya da var olma kapasitesini sınamak, dolayısıyla tek kişilik bir hikâyeye inanmaksa canlı denekler kullanmak, üzerinde tekrar düşünülmesi gereken mühim bir meseledir. Çünkü tüm bunlar, karşımızdaki insanın da sorumluluğunu almayı gerektirir. Bu sorumluluğu alamayan biri karşısında ise belki denek olan kişinin kendi mücadelesi devreye girmelidir. Kimsenin laboratuvar aracı olmak istemeyiz…

"Evet, ilişkide olduğun kişiye kafayı takmak elbette bir sorun. Doğru, yaşamının dilimlerinden biri partner ilişkisi olmalı, bütünü değil. Kendine ait başka bir dünya da yaratmalı insan. Bu net," dedim kararlı bir şekilde. "Ama ben, şu strateji yaratmak adına kaçma meselesine takıldım. Ne kadar kaçacağız, var mı belirlediğiniz bir süre?" diyerek de alaycı tarafımı açığa çıkarmadan edemedim.

Burcu hınzırca atlayarak, "Erkek bağlanana kadar, gerisi gelir. Bağlanan erkek kolay kolay bırakmaz," dedi.

Ceylan grubun depresifi olarak, "Artık kimse kimseye güvenmiyor, erkekler doğru kadın yok diyor, kadınlar doğru erkek yok diyor. Tamam stratejiler, oyunlar olmasın haklısın da kendimizi tüm doğallığımızla birinin hayatına bırakırken ve birini tam tanımadan hayatımıza alırken de zarar görme olasılığımız artıyor," dedi.

"İşte doğru izi tam da buradan başlayarak sürebiliriz," dedim.

İlişkinin başlangıç dönemlerinde mesafelerle ilerlemek hem

çok mühim hem de kaçmak gibi bir strateji değil. Kişinin kendiyle ilişkisinin bu yeni duruma hazırlanması, bünyesinin alışması için ona bir nevi zaman tanımak aslında. Arkadaşlık ilişkilerinde tanıştığımız günden itibaren hızla yakınlaşmaz, gelişmesine zaman ve mesafe tanır, olaylar ve anılar biriktikçe güvenir, sevgi geliştirip kalıcı dostluklar ediniriz. Elbette sevgililik, aşk söz konusu olduğunda doğal olarak bu kadar yavaş ve düşünceli davranılamayabilir ama belli bir mesafe de gereklidir. Birini hayatına almakla ilgili sakin, kendine güvenli, seçici olmaktır bu. Kaçmak değildir. Bir kovalayan aramak da değildir. Kendi hayatına sahip çıkan ve değer veren kişi başkasını hayatına almakla ilgili süre isteyebilir ve değerli kanıtlar arayabilir.

Elbette ulaşılamayana arzu duymak insanca bir tepki olabilir. Aşkın engellerden doğabildiği gerçeği de inkâr edilemez ama aşk bu nedenle aldatıcıdır ve geçicidir. Çok doyumsuzdur. Bunu yaşamaya bayılırız ama bizi yanlış yönlendirmesine izin veremeyiz. Çünkü aşk, kişileri devamı olan bir ilişkiye taşımaya yetmez. İmkânsızlığın ve engellerin yarattığı durumlar bu nedenle aşkın doğmasına sebep olsa da bu, sevgi adına ölü doğum olabilir. Kiminle dans ettiğimizi iyi ayırt edebilme kısmı sorumluluk içerir.

Emir, "Ben cesur kadınları seviyorum açıkçası," diye yineledi. "Her özelliğini bana dürüstçe gösterebilmeli. Cinselliğini de istediği gibi yaşayabilmeli."

Burcu, "Cinselliği doğal yaşasın diyorsunuz ama sonra o kadınlarla evlenmiyorsunuz, o ne olacak o zaman? Cinselliğe o kadar değer verseydiniz bunu tıpkı erkekler gibi yaşayan kadınlara karşı seks arzusu dışında sevgi de besleyebilirdiniz," diye çıkıştı.

Emir, "İki kişinin cinsellikle alakalı değerler sistemiyle ilgili bu bence. Çok basit aslında. İlk buluşmada ya da yakın zamanda cinselliği yaşamak iki kişinin de değerler sistemiyle çelişmiyorsa sorun yoktur zaten ama kadın olarak sırf bu nedenle oyundan çekiliyorsanız bu zaten ikinizin değerler sisteminin ne kadar farklı olduğuna dair bir işarettir ve önem verilmelidir bu işarete. Demek ki o sizin için doğru kişi değil. Yaralanmak yerine bırakın ve yolunuza devam edin" şeklinde sürdürdü sözlerini.

"İnsanlar böyle mekanik düşüncelerle yaşamaz ki," diye devam etti Burcu.

"Sanırım cinselliği cesaret olarak tanımlamakta da sorun var," dedim. "Yemek yeme, ısınma ihtiyacını insanlarda cesaret olarak tanımlıyor muyuz? 'Doğal ihtiyaçlar,' diyoruz. Peki cinsellik neden bu kadar ayrıştırılıyor?"

Ceylan, "Duygulardan hiç bahsetmiyoruz. Sevmekten korkan ve sorumluluk almak istemeyen erkeklerle doldu ortalık," dedi.

"Oysa artık kendi başına hayatını kurmuş; işi gücü, arkadaşları olan, ilişkiyi kafaya takmayan bir kadın nesli var. Erkekler neyin sorumluluğunu alacaklar ki korkuyorlar," diye devam etti Burcu.

"Birilerinin düzenli olarak hayatındaki varlığı nasıl incittiyse artık ve sorumluluk almak nasıl zedeleyici olduysa, kişiliğini nasıl kaybettiyse demek insan... Yeni birinin varlığı bardağı taşıran son damla gibi geliyor," dedim.

Altuğ, "İtiraf etmeliyim ki sanırım bana böyle oluyor. Bir ilişkide düzenli bir şekilde ve belli görevlerle olmam gerektiğini hissettiğim anda içimde bir şeyler bitiyor," diye karşılık verdi sözlerime.

Yaşları yirmilerin sonunda ve otuz-kırk aralığında kişilerden oluşan bir grubun kadın-erkek ilişkilerini böylesine çözememiş olmasına hiç şaşırmıyordum. Başka arkadaş gruplarımda ya da sevgilim olan bir adamda da benzer patinajları görmüyor değildim. Oysa ortalıkta gizem dolu bir şeyler yaşanmıyordu. Mesele pek çok kişinin olayların kaynağını kadınlık ve erkeklikte arıyor; kendi kişisel tarihine ve geçmiş yaşam öyküsünde şekillendiği sahnelere bakmıyor olmasıydı. Buzdağının altı bunları içeriyordu. Toplumsal olarak belirlenmiş kadın-erkek kimliğini fazlasıyla önemsemek ve bu tuzaklara takılmak iki cinsi de geleneksel rollere hapsetmişti. Erkek ve kadın kelimelerini mümkün olduğunca tırnak içine almak ve insan olmanın özünden bahsetmek; temelde herkesin ihtiyacı olan sevme, güvenme, bağlanma, özgürlük, güçlü hissetme gibi kavramları cinsiyetsiz tanımlamak önemliydi. Toplumsal rollerde güvence arıyorduk, çok bildiğimizi sanıyor ve aldanıyorduk. Oysa maskeli bir balonun yoğun parlak ışıkları altında birbirimizi göremiyorduk.

Arkadaşlarımdan ayrılıp ofisime geçtim. İlk seansımın eski bir hastamla olduğunu öğrendim. "Selim." Eski dosyasını okudum. Ah evet! Beş yıl olmuştu görmeyeli. Sonra onu karşılamak için salona geçtim. Geldiğinde ise yabancı birini görmüş gibi hissettim. Karşımda duran adamı sokakta görsem asla tanıyamazdım.

Oysa beş yıl önce yaklaşık iki ay süren bir psikoterapi yolculuğumuz olmuştu. O zaman yirmi dört yaşındaydı. Tıp fakültesinden yeni mezun olmuştu. Yoğun kaygı şikâyetiyle gelmişti. Meslekte yönünü bulamıyordu. Seçeceği branşa bile hâlâ karar verememişti. Öğrencilik döneminde bunları hiç düşünmemişti. Sadece okulu bitirmeyi hedeflemişti. Üniversite sınavında tercih yaparken ise motivasyonu belliydi. Sınava iki yıl kala yani Selim on altı yaşındayken aniden kalp krizinden ölen ve doktor olan babasının tahtını devralma ihtiyacı duyduğu açıktı.

Kısa bir süre sonra duygularını yönetmeyi ve onlardan korkmamayı öğrendikçe, aksine onları deneyimlemeyi anladıkça kaygısı yatışmıştı. Süreç içinde ise tıpta uzmanlık sınavına hazırlanmaya karar verip yoluna devam etmişti. İhtisas alanı olarak da baba yadigârı ortopediyi istediğini düşünmüştü. Karar onundu. Karışamazdım. Öyle düşünüyorsa öyledir. Dolayısıyla bizim yolculuğumuz kısa sürmüştü, derinlikli bir çalışma yapmaya ne vaktimiz olmuştu ne de Selim buna hazırdı. O zamandan beri de haber almamıştım ondan.

Karşımda oturan Selim'in yirmi dokuz yaşında olduğunu söyleyebilmem ise imkânsızdı. On yaş daha büyük duruyordu. Saçları ve sakalları tüm yüzünü kaplamıştı, üzerinde eski bir kot pantolon ve fazla giyilmekten yıpranmış bir kazak vardı, düşmüş omuzlarıyla bana bakıyordu. Ela gözlerine odaklandığımda ise, "İşte bu!" dedim içimden. "Bu çok tanıdık bir bakış." Bakışı unutulacak gibi değildi çünkü Selim'in gözlerindeki anlam ve hüzün, İtalyan ressam Bruno Amadio'nun hepimizin özellikle 80'li yıllardan beri tanıdığı "Ağlayan Çocuk" adlı ünlü eserindeki Çiko'nun gözlerindeki hüznün aynısıydı.

Bunca yıl içinde neler yaşadığıyla ilgili çok meraklanmıştım. Sabırsızca ama ilgiyle anlatmasını bekliyordum. Ela gözleri sayesinde yabancı bir diyarda tanıdık birini gördüğümüzde hissettiğimiz rahatlamayla karışık duygular içinde onu dinlemeye başlamıştım. Haline bakılırsa tam bir kaybeden hikâyesi duyacağımı sanıyordum. Belki ihtisasla ilgili hiçbir şey yolunda gitmemişti... Ya da annesine mi kötü bir şey olmuştu? İki kız kardeşine mi yoksa? Ruhsal durum dışında başka bir hastalığı mı vardı? Tüm olasılıkları tarıyordu zihnim. Nihayetinde terapistler de zihinlerindeki felaket senaryolarına yakalanabilirdi.

Derin bir nefes aldı. "İki ay önce ayrıldık," dedi.

"Kiminle ayrıldınız?" dedim. Neyden bahsediyordu acaba? Ne kadar zor çıkıyordu sözcükler dudaklarından... Sanki utana sıkıla...

"Evleneceğim kadınla," dedi.

Hiç aklıma gelmemişti bu. Neden acaba? Oysa karşımda bir kadın olsa "ayrılık" olasılığını hızlıca düşünebilirdim. Erkeklerle bu kadar çok çalışmama rağmen ben de mi düşüyordum hâlâ bu tabulaşmış tuzaklara? Bir yandan da içimin rahatlamasına ne demeli peki? Diğer tüm sorunlardan daha mı hafif bir konuydu ki bu? Bir erkeği böyle yıkan mesele neden iş, sağlık ya da ailevi bir sorun olsun ki? Kadın-erkek ilişkileri neden erkekleri de en az kadınlar kadar sarsmasın ki? Üstelik bana psikoterapi seansı için başvuran çoğu erkek, ilişki sorunlarını tüm açıklığıyla önüme sererken... Ayrılık acısı neden kadınlara yakıştırılıyordu sadece?

Kadınlar ve erkekler arasındaki ilişkide yaşanan aşk ve ayrılık acıları bizim toplumumuzda çok kadınsal meseleler olarak görülüp kadın reyonuna konmuştu. Erkek reyonuna bunun dışındaki her şey için bakabilirdiniz. İş, para, hobiler, güç, rekabet ve pek çok çeşit bulunurdu. "Erkek reyonu bir alt katta efendim." Sadece mağazalarda geçerli olan bu ayrımı insan ruhuna böyle keskince uygulayamazdık elbette. "Ben en alt katlara bakmak istiyorum:

Çocuk katına. Anne ve baba katına. Sonra da gelenekselin, toplumsal yargıların katına." Oralara inmek tehlikeli olabilir, öyle değil mi? Toplumsal düzen bozulur. Herkes katını ve reyonunu bilmeli. Hayır! Kadınlarla yaşadıkları ilişkilerin erkeklere de acı verdiğini, onların da bu meseleleri en az kadınlar kadar kafalarına taktığını çok iyi biliyordum. Aslında bunu kadınlar da iyi biliyordu. Çünkü erkekler bu sorunlarını kendi erkek arkadaşlarına anlatmaktan utanıyordu ama kadın arkadaşlarına ya da terapistlerine anlatabiliyordu. Utansa bile... Ama kadınlar ilişkide olduğu erkek söz konusu olduğunda erkeklerin de aşkı yaşamak isteyen, bunlarla ilgili sorun yaşadığında etkilenen bireyler olduğunu unutup, "Erkekler böyledir; aşk, sevgi umurlarında değil," diyerek klişe tuzaklara düşüveriyordu. Kendi sevgilisi olmayan bir erkeğin kalp acısını dinlerken onun yaşadığının da kadınlarınkinden farklı olmayan bir incinme biçimi olduğunu görüp destek veriyor ama dinlediği erkek sevgilisi olduğunda, "Sen bir erkeksin sonuçta, aşktan sevdadan ne anlarsın," diye yargılayabiliyordu.

Bu konuda iddialı olmayı hak eden bazı gerçekler vardır. Erkeklere atfedilen güç, iktidar meseleleri; para, statü ve pek çok kadına sahip olmak gibi atılımcı faaliyetler ancak karşısındaki göz onları görüyorsa geçerlidir. Erkeklerin, kadınların olmadığı bir dünyada referans aldıkları bireyler sadece hemcinsleri olduğunda eninde sonunda tüm bu değerleri gözlerinden düşecektir ve atıl duruma geçeceklerdir. Erkeklik, kadınların bakış mesafesinde işler ve çalışır vaziyettedir. Aynı şekilde kadınsılığı yaşatan da erkeğin varlığıdır. Erkeğin varlığı olmadan yaşayabileceği kadınlıkta, dişil hissetmesini sağlayan tavırlar eksiktir.

"Açıkçası tüm hikâyeyi baştan dinlemem gerekecek sanırım Selim," dedim.

"Hayatımın yolunda gittiğini düşünüyordum. Her şey olması gerektiği gibiydi. Seninle yaptığımız seanslardan hatırlarsan sınava hazırlanmak niyetiyle ayrılmıştım buradan. Hedeflediğim gibi ortopediyi kazandım. Hatta kendimden beklemediğim bir performansla ilk sınavda kazandım. İhtisasımın dördüncü yılındayım. Tez aşaması devam ediyordu ve planladığım gibi olsaydı seneye mezundum. Ama şimdi... İki aydır tamamen bitik durumdayım. Ameliyatlara girmiyorum çünkü kendime güvenimi kaybettim. Sadece orada bulunuyorum. Bana neler olduğunu kimseye anlatamıyorum çünkü utanıyorum. Nişanlımla ayrıldığımızı söylersem ve bunu, halime sebep olarak gösterirsem bir daha kim beni ciddiye alır ki? Klinik ekibimize yalan söylemek zorunda kaldım, çok önemli bir aile meselesi ile uğraştığımdan söz ettim. Şimdilik idare ediliyorum."

Kafamda hızlıca bir "utanç" dosyası açılmıştı. Utanmak; öfke, endişe, hüzün, neşe kadar doğal bir insan duygusuydu ama belki de en yerli yersiz kullanılan, aidiyeti en belirsiz, muhataplarından kopuk bir duyguydu. Başkası adına mı kendi adımıza mı olduğu belirsiz bir adressiz mektup... Diğer duyguların hep bir teslim adresi varken utancı kendimize bile postalayamıyorduk. Çünkü insan utanmasından utanıyordu; öfkelenmeye öfkelenmesi gibi. Ama en fenası kişinin, utancı nedeniyle utanç duygusunu kimseyle paylaşamamasıydı. Acaba bir zamanlar kaç ömre yetecek kadar utandırıldık da sonuç böyle oldu? "Utanmaz" kelimesinin ağır hakaret kabul edildiği bir toplumda yaşıyorduk. Bu nedenle utanabilen insan toplumsal değerlerde yüceltilirken olması beklenen sağlıklı duygu sınırlarını aşmıştı. Birini utandırmak! Başkasını utandırmaya çalışan insanın derdi neydi? Önce ebeveynler tarafından çocuklara sınır koymak, biçimlendirmek, söz dinletmek için aracı edilmiş hatta kötüye kullanılmış, sonra toplum tarafından ele geçirilmiş; kurallara uyan, benzer tip insanlar yaratarak sözde güvenli bir ortam oluşturmak için harcanmış bir duyguydu utanç. Utanmazlık ve çok utanmak arasında bir uçtan bir uca salınan sarkaç…

Utanan kadını göklere çıkarmaya, utanan erkeği yerle bir etmeye müsait bir toplumda utanç, nasıl sağlıklı bir duygu olarak kalabilirdi ki? Bazı duygular toplumsal manipülasyon aracı olarak kullanılıyordu. Öfke erkeğe yakıştırılıyordu; neşe, korku, hüzün, utanç kadına. Endişe herkese meşru. Nitekim çağ endişe çağı. Kökeninden bu kadar sapmış duygularla yaşamak bir topluma, sanıldığından daha fazla hasar verebilirdi. Kendine ve çevreye yabancılaşmak böyle temellerde oluşuyordu.

"Peki," dedim usulca, "bu utanç meselesine sonra detaylı olarak bakarız ama önce ilişki ve ayrılık hikâyeni dinleyebilir miyim?"

"Olan şu," dedi, "Gizem'le aynı hastanede çalışıyorduk. İki yıl önce kadın hastalıkları ve doğum ihtisasına başlamıştı. Tanıştığımız ilk hafta âşık oldum ona. O da bana… Uzunca bir süre çok iyi gitti. Eğleniyor, geziyor, sevişiyorduk. Yaklaşık bir yıl sonra evlilik hakkında konuşmaya başladık. Gizem çok istekliydi. Açıkçası ben çok ikna olmuş vaziyette değildim. Gizem her erkek için ideal eştir. Evlilik için yaşımın erken olduğunu ya da böyle bir bağlılık türü için hazır olmadığımı düşünsem de evlilikten uzak durarak

Gizem'i kaybetmekten korktum. Zaten günün birinde olacak diyerek çok da sorun etmedim."

"Herkes için ideal eş derken neyi kastediyorsun?"

"Yani bilirsin işte. Çocuklarımıza iyi annelik yapabileceğinden emindim. Bana sadık kalacağına güveniyordum. Tam bir hanımefendidir Gizem. Nerede nasıl konuşacağını, nasıl davranacağını, nasıl giyineceğini çok iyi bilir. Annem ve kız kardeşlerim hatta geniş ailemiz onu çok seviyordu. Hastanedeki tüm arkadaşlarımız bizim ideal bir çift olduğumuzu düşünüyordu. Ben de onu sevdiğime emindim sonuçta."

"Peki. Sonra?"

"Sonra büyük bir kutlamayla nişan yüzüklerimizi taktık."

Gözleri öne düştü. Devamını anlatmak istemiyor gibiydi. Utanç duygusu yine yüzüne yerleşmişti; endişeli, hüzünlü bakışı tüm dikkati elaya çekmeye başlamıştı. "Kilit sorun geliyor," diye düşündüm. "Başlıyoruz işte."

"Nişanlandıktan ve onun kutsal karım olduğuna inandıktan sonra bana bazı şeyler oldu..."

"Hadi Selim," dedim içimden, "belli ki cinsellik hakkında konuşacağız."

"Ben Gizem'le sevişememeye başladım. Hiç tahrik olmuyordum. Nasıl olduğunu anlamıyordum ama asla ereksiyon olamıyordum. Dönemin heyecanına bağladık önceleri. Gizem zaten çok anlayışlıdır. Ama nadiren olabilen ereksiyon ve orgazmlar dışında aramızda hiçbir şey eskisi gibi olmadı."

"Gizem'in dahil olmadığı bir sahnede, zihninde, imgelemlerinde cinsellikle bağın nasıldı peki?" dedim.

"İşte bu daha da kafamı karıştırıyordu. Orada her şey yolundaydı. Zihnimin içinde eskisi gibi çok arzulu olabiliyordum ama kadınlarla bir araya gelince ne olacağını artık asla tahmin edemiyordum. Bu yüzden... Bilmiyorum ne sebeple ama sonra..."

Sustu. Uzun süre sustu. Yüreklendirici birkaç sözcük söyledim ama faydası olmadı. Burada yargılanmayacağına dair güvence verdim, yine etkili olmadı. Sözcükler içine kaçıyordu. Anlaşılan ağzından dışarı canavar fırlatırcasına yaşadığı bu korkuları, günah çıkarırcasına bir rahatlamaya dönene kadar biz onunla böyle saklambaç oynayacaktık.

Konuyu tahmin etmek gibi bir kumar oynadım. Bu bizim, terapilerde nadiren başvurduğumuz bir yöntemdir.

"Sonra kaybettiğini sandığın cinselliğinin zihninin dışında, gerçek kadınlarla nasıl olduğunu görebilmek için aldattın mı Gizem'i?"

Anlaşıldığını düşünen ferah bir bakışla süzdü beni. Rahatça yerleşti koltuğa.

Sanılanın aksine aldatmak bazı erkekler için bir tabudur. Genel geçer yorumların söylediği gibi erkekler çokeşli yaşamayı kendi doğasının parçası gibi kabul eden, buna hakkı olduğunu düşünen ve bunun için fırsat kollayan canlılar değillerdir. Değerler sisteminde sadakate inanan erkek sayısı azımsanmayacak derecededir. Böyle erkekleri tanıdıkça toplumun erkeklere biçtiği şu sekse şartlanmış; akıl fikirlerinin cinsellikte olduğu, "penise iliştirilmiş beden ve zihin" oldukları yönündeki acımasız ve yozlaşmış düşünceye üzülür ve adaletsiz olduğunu düşünerek buna karşı çıkarım. Bu bakış açılarının kadın karşılığı da aldatan ya da erkeklerle cinselliği evlilik gibi bir bağ olmadan yaşayan kadınları ahlak yoksunu, edepsiz ve hayasız olarak algılayan başka bir yoz düşüncedir. Her biri kendi içinde bayağılaştırılmış, kalitesizleştirilmiş bakış açılarıdır, engizisyon mahkemeleridir. Her iki cinsiyet de birbirini yargılamadan anlamaya başladığında ve davranışları, duyguları, düşünceleri, tutumları cinsiyetlere değil insanlara özel olarak gördüğünde kurtulacağız.

Özellikle Selim gibi bir insanı tanımlarken psikanalitik literatürde kullandığımız katı süperegoya sahip olması yani ahlak, tabu, günah, yasak kavramlarıyla fazla bastırılmış ve donatılmış bir birey olarak gelişmesi, seansta terapistine bile sevgilisini aldattığını anlatırken suçluluk duymasına sebep oluyordu. Bunu kendine bile itiraf etmek zordu onun için. Elbette etik olmayan davranışlarda bulunduğumuzda utanabilirdik ama bir yandan da daha olağan düzeylerde bir süperegoya sahip olursak kendimizi mahkemede yargılamadan anlamaya, sebep-sonuç ilişkisi kurmaya başlayabilir, ancak bundan sonra doğru davranışlara kavuşabilirdik.

"Evet, tam olarak öyle oldu," dedi. "Benim için hiçbir anlam ifade etmeyen kadınlarla birlikte olmaya başladım. Hatta seks işçileriyle... Kendimi kendime ispat ettiğime yeterince emin olduktan sonra Gizem'le cinselliği tekrar deniyordum ama yine olmuyordu. Üstelik Gizem bunu hâlâ bir sorun olarak görmüyordu. Bu, suçluluk duygumu daha da artırıyordu. Hatta ona da öfkeleniyordum. Evliliğe odaklanmıştı. Böylesine ciddi bir sorunu görmezden gelmesi ve evlilikten başka bir şey düşünmemesi beni iyice yalnızlaştırmaya başlamıştı. Sonrasını tahmin edebilirsin herhalde. İki ay önce Gizem, ben uyurken telefonumu karıştırıp onun dışında yarattığım bu dünyamı öğrenince ayrıldık. Ama hâlâ garip bir şekilde asaletini koruyor. Ayrıldığımızı ailemiz dışında kimse bilmiyor. Aramızda yaşananlardan ve benim bu kadar depresif hale gelmemden neredeyse hiç kimse haberdar değil."

Gizem'in bu davranışına, sözde asaletine veya ayrılık acısına odaklanmak yerine sürece bakmamızın daha iyi bir çıkış noktası olduğunu düşündüm. Odağımızı oraya çevirdim.

"Daha önceki ilişkilerinde hiç böyle bir süreç yaşadın mı? Her şey yolunda giderken ilişki ciddiye bindiğinde, ne bileyim daha düzenli bir ilişkiye döndüğünde, adı konduğunda, artık sevgiliyiz dediğinizde cinsel arzularını kaybettiğin oldu mu?"

"Bilmiyorum, bu konu üzerinde düşünmemiştim hiç. Bu açıdan bakmadım daha doğrusu," dedi hem düşünceli hem de, "Bununla ne ilgisi var?" diyen bir bakışla.

"Şimdi düşün. Sonuçta düşünmek için buradayız," dedim. "Ne oluyordu da sonlanıyordu ilişkilerin?"

Uzun bir es verdik yine. Kendi üzerinde yeterince düşünmemiş yirmi dokuz yaşındaki bir erkeğe eşlik etmek epey sabırlı olmayı gerektiriyordu. Benim gibi sabırsız birini hep seanslar eğitmişti. Yeterince bekleme ve sakince eşlik etme becerileri kazandırmıştı bana. Uzun sessizliklerin beklemeye değdiğini görürdüm. Konuşmaya başlayan kişi ufkumuzu açacak bilgileri getirir, sandık odasını açma cesareti gösterirdi. Selim de yanıltmadı.

"Evet, sevgililiğe dönen ilişkilerde hep cinsel arzumu kaybettiğimi düşünüyorum. Ben bunun olağan bir sıkılma süreci olduğunu zannetmiştim."

"Arkadaşlığınız, sohbetleriniz, paylaşımlarınız eskisi gibi canlı bir şekilde devam ederken mi?"

"Evet, diğer hiçbir alanda sorun yaşamazken. Hatta sıkılmamışken. Cinsellik bitince ilişkiyi bitirmem gerektiğini düşünüyordum. Tabii ki her şey bu kadar yolunda giderken onlardan uzaklaşmamı anlamıyordu karşımdaki kadınlar."

"Elbette bu nedenle senden ayrılmaları da zor oluyordu. Sorularına cevaplar arıyorlardı. Cinsellikte tıkanmanın geçici bir sorun olduğunu düşünüyor ve ilişkiye daha fazla tutunuyorlardı. Tıpkı Gizem gibi..." dedim.

"Bunları benimle birlikte yaşamış gibi anlatıyorsun. Evet, hep böyle oluyordu," dedi.

"Peki," dedim, "şunu merak ediyorum: Sevmeye meylettiğin kadınlarla cinsel yaşamın tam da fantezilerindeki gibi miydi?"

"Elbette hayır! Onlar saygın kadınlardı," deyiverdi.

Suçüstü yakalanmış gibi hissettiğinin farkına vardım. Oysa ben onu tuzağa falan düşürmek istememiştim ama söylediği cümle, üzerinde düşünmemizi gerektiriyordu. Mecburen üzerine gittim.

"Öyleyse fantezilerini saygın olmayan kadınlarla mı yaşayabiliyordun?"

Sıkılmış gibiydi. Bir yandan da meraklanmıştı. Çelişkilerine ve kaçma eğilimine galip gelen bir şeyler oldu ruhunda belli ki, açıkça ve vurgulayarak konuşmaya başladı. Belki bir yandan da kendini ikimizin gözünde aklamaya çalışıyordu... Oysa o benim gözümde ak ya da kara değil; kendine özgü renklere sahip, kendi sanat yolculuğunda olan biricik ve özel bir tuvaldi.

"Bilirsin işte," dedi, "kadınlara her fantezimizi yaşatmak istemeyiz. Bizi yanlış anlayacaklarından korkarız. Daha doğrusu onları kullandığımızı falan düşünmelerini istemeyiz. Ne bileyim galiba bazen de tuhaf bulunmaktan korkarız..."

O da herkes gibi genelleme yapmaya sığınmıştı. Ah o sürüye dahil olmanın verdiği rahatlık ve konfor... Erkek ve kadın zihniyetinin kaçış noktaları... İnsanı, kendini birey olarak görememeye, özel hissedememeye, yaratıcı olamamaya iten bir trajedi...

"Peki. Böylece sen de bunları saygın bulmadığın kadınlarla mı yaşamaya yöneldin?" diye yineledim.

Sesimde en ufak bir yargılama olmadığından emindim. Tam tersi kendi yaşamını böyle tabularla ikiye bölmek zorunda kalmış bu büyüyememiş adama karşı şefkat hissetmiştim. Herhangi bir arkadaş ortamında ya da sosyal medyada kadınları saygın olanlar ve olmayanlar olarak ayırsa linç edilecek olan bu büyüyememiş adamın zihnine yerleşmiş kavramlar tam tersi içimi acıtmıştı. Kimbilir kaç erkek ve kadın bu öğretilerin kurbanı olmuştu...

Onu anlamaya çalışmamdan kuvvet aldı ve içini açmaya devam etti.

"Evet," dedi, "cinsellikte rahat olan, hatta kendi fantezilerini açıkça ortaya koyan ve benden de bekleyen kadınlarla yaşıyordum bunları. Üstelik hiçbir zaman sevgililik, düzenli ilişki, sorumluluk gibi bir beklentileri de olmuyordu onların."

"Ama onları da sevemiyordun..."

"Evet."

Yine uzunca sayılacak bir süre sustuk.

Sevgili olma gibi bir sözleşme dayatmamaları o kadınların sevilme beklentisi içinde olmadığını gösterir miydi? Belki sadece açıkça söylemiyorlar ve sürece bırakıyorlardı ilişkiyi... Ama bu süreçte bir yandan da doğal bir şekilde cinsel arzularını yaşamak istiyorlardı. Bu onları daha mı az saygın yapardı? Bu fikirlerimi bir süreliğine kendime saklamaya karar verdim. Suçluluk duygularını katmerlerdi bu düşündüklerim.

Meselelerin buzdağının üzerinde görünenden daha fazlası olduğunu ikimiz de biliyorduk bence. Buzdağının altına inmek için yakınlaşmaya çalışıyorduk sadece.

Cevap arayışı içinde yüzüme baktığını görünce biraz daha yönlendirici olmaya cesaret ettim. Sonuçta tetiklendiğimizde içimizdeki en özgün, tabulaşmamış, çıplak olanla karşı karşıya kalabilirdik.

"Belki de cinselliği tam da arzuladığın ve gerçek kendin gibi yaşayabildiğin kadınlardan uzaklaşmamak için, aslında kendi cinsel dünyanı korumak adına onları gözünde, 'saygın olmayan ve sevilemez' diye ayırdın... Belki onları sevmeye kalkışsan onlarda da cinsellik artık belli kısıtlanmalarla ve geleneksel şekilde yaşanacak bir durum haline gelecekti..."

Seansımız bitmişti. Onu pek çok soru ve kaygıyla baş başa bıraktığımı biliyordum.

"Kafam çok karışık, yarın da gelebilir miyim? Ek bir seans açamaz mısın? Lütfen," dedi.

"Asıl yalnız kalıp kendinle ilgili bol bol düşünmen işine yarayacak. Haftaya görüşürüz. O zamana kadar üzerinde konuştuklarımızla ilgili korkmadan düşün. Endişelerin kimseye zarar vermediğini eski yıllardaki deneyimlerinden biliyorsun zaten. Kötü bir histir ama izin verirsek bize hiç tanışmadığımız kuytu köşelerimizi sunar. Kendi içine güven."

"Neler olmuş sence bana? Ben o hep bahsettikleri bağlanma sorunları olan ıssız adam mıyım yoksa? Ne olacağım ben? Sevdiğim kadınlarla devam edemeyecek miyim? Oysa ben bir kadına bağlanmayı çok istiyorum. Bundan son derece mutlu oluyorum. Bir aile kurmak, çocuk yetiştirmek benim yaşamdaki seçimimdir. Ben gerçekten ilişki adamıyım. Bunu biliyor, hissediyorum," dedi.

"Hislerine ve sezgilerine güven. Seni yanıltmayacak en anlamlı cevaplar oradan çıkacak," dedim.

Düşündükleri doğruydu. Selim bağlanma sorunları nedeniyle bir ilişkide kalamayan kaçıngan erkek modeli değildi. Cinsellikte sürekli yeni macera arayışlarında olan bir seks bağımlısı hiç değildi. Daha farklı bir sorunu vardı. Üstelik bizim gibi cinselliğin tabu olarak yaşandığı katı, geleneksel toplumun erkeklerinde hiç de az rastlanmayan bir sorundu bu: Sevgiyi ve cinselliği aynı kadında yaşayamıyordu. Sevgi ve sevgiye yüklediği değerler yerleşince cinsellik bitiyor, cinselliği doludizgin ve sınırsızca yaşadığı kadınları sevemiyordu. İkiye bölünmüş bir insandı. Biz psikiyatristler bunu resmî olmayan bir dilde şöyle kategorize ediyorduk: "Madonna-Fahişe Sendromu." Sevdiğiyle sevişemeyen, seviştiğini sevemeyen. İkisi bir arada tüm gerçekliğiyle bütünleşemeyen. Aynı kadında var olamayan. Her edim için farklı bir kişiye gerek duyan. Birini kutsal yaparak idealleştiren, diğerini köle yaparak değersizleştiren. Baktığınızda ikisi de kendi içinde çok değerli olan. Biri sevme duygusunu diğeri cinsel arzuyu deneyimleten. Bir diğerinin ötekinden asla üstün olamayacağı. Aynı kişide bütünleşebilecek olan çok elzem iki örüntünün bir yarık ile âdeta ortadan ikiye ayrılması.

Selim'e ne olduğu sorusu beni ele geçirmişti elbette. Beş yıl önceki dosyamızı daha bir dikkatle kurcaladım. Babasının ani ölümü Selim on altı yaşındayken gerçekleşmişti. "Babasına ait tutulmamış yas" notumu büyük harflerle yazmıştım. Annesine dair notlarım da ilgimi çekmişti. İlerleyen seanslarda çalışmak adına defalarca altını çizmiştim bazı satırlarımın. Hepsinde de annesine dair "kontrolcü, mesafesiz, Selim'in erken büyümesini gerektirecek şekilde ona aşırı sorumluluk yükleyen" gibi bilgiler vardı. Ancak o dönemde seanslar yarım kalmıştı. Buraları çalışmaya fırsat bulamamıştık. Sonraki seansta buralara odaklanmaya karar verdim. Bir hafta çabucak geçsin istiyordum. Ben de Selim gibi yarın devam etmek istiyordum ama birbirimizi demlenmeye bırakmamız, soluk alıp netleşmemizi sağlayabilirdi. Bir terapistin hikâyelerle ilgili merakına yenilme şansı yoktu. Bekleyecektik.

Hayatta herhangi bir bekleme süresindeki belirsizlikle baş etme becerilerim kendi yaşamıma odaklanmak şeklinde gelişmişti. Bunu bana başvuran hastalarıma da öneriyordum. Terzi artık kendi söküğünü dikiyordu sanırım. Bence bu, meslekte yıllanmış olmanın en güzel tarafıydı. Başka hastalarıma, arkadaşlarıma, aileme, varsa sevgilime, sağlığıma, hobilerime, eğlencelerime odaklanır ve hayatı ıskalamazdım genelde. Tabii acılara gömülme hakkımı da gözeterek...

Selim'le seans günümüz gelmişti.

"Seansa başlamadan önce sana söylemem gereken bir şey var," dedi. "Annem benim için çok endişeli. Bir sonraki seansa katılıp benimle ilgili bilgi almak istiyor. Sana da benim hakkımda bilgi verirse daha hızlı ilerleyeceğimizi düşünüyor."

"Sen ne istiyorsun? Ben kararı sana bırakırım. Bu özgürlük alanına kimi davet edip kimi etmeyeceğin ya da bu süreci tek başına mı sırtlanacağın, kaygıya ve belirsizliğe Selim olarak yalnız mı göğüs gereceğin önemli," dedim.

Benim ne düşündüğüm bu yorumumda gizliydi ama mesajı almadı.

"Ben gelmesini istiyorum. Belki benim hakkımda vereceği bilgiler önemlidir... Ya da onun kaygısının yatışması bana faydalı olur."

Ben mesajı almıştım. "Annemi rahatlat, benimle ilgili kaygısı azalsın ve beni rahat bıraksın," diyordu.

"Peki," dedim, "önce seninle bazı işlerimizi yoluna koyalım sonra da anneni seansa davet edersin."

Sonra seansın devamını ve sonraki bir ayı onun dağılmış yaşamını en yüzeyden başlayarak toplamakla geçirdik. Bir ay boyunca haftada iki kez görüşmeyi sonra haftada bir seansa inmeyi planladık. Bir ay sonra da annesiyle bir seans ayarladık. Alfabeyi yeni öğrenen bir çocuk çaresizliğinde olduğunu görüyordum. Oysa gerçek bu değildi, gerçek olan onun bir zamanlar önemli metinler yazmış biri olduğuydu. Ona bunu tekrar hatırlatmaya karar verdim. Kendi yetilerini birer birer tekrar kazanacaktı. Günlük rutinine döndükçe ve özgüvenini kazandıkça derinlemesine bir çalışma yapabilirdik.

Dış görünüşünden başladık. Tükenmiş giysilerini hızla değiştirdi. Aynaya bakmaya başladı. Karşılaştığı kişiyi yargılamak yerine anlamaya karar verdi. Kendiyle kavga etmeyi bıraktı. Sonra ameliyatlara tekrar başlayabilmesi için kendine en güvendiği yani ezberden yapabileceği kadar ustalaştığı vakaları seçerek ameliyathaneye girmesine karar verdik. Bu ona çok iyi geldi. Bir süre sonra öğrendiği her şeye tekrar güvenmeye başladı. Bedensel sağlık taramasından geçti. Yapmaktan en zevk aldığı şey olan yüzmeye başladı. Suda kendini özgür hissediyordu. Orada baskıcı mahkemeler susuyordu. Adalet sarayı yerine kendi sırça köşküne taşınabiliyordu. Bu arada aylardır görmediği yakın arkadaşlarıyla buluştu. Planlamamıştık ama kendine güveni sonucu onlara, yaşadığı süreci Gizem'le ayrılmak olduğunu anlattı. Sandığı gibi utanç verici bulmamıştı bunu. Hatta tüm erkek arkadaşları kendi ayrılık hikâyelerini ve nasıl sıkıntılar yaşadıklarını anlatmaya başlamıştı. Dış cephedeki bu düzelmeler her zaman işe yarar. Dışarıda koruyucu bir kaplama varken içeriyle uğraşmak daha konforlu olur. İç dekorasyon ancak dışarının sağlam olmasıyla mümkündür.

Ve annesi seansımıza geldi.

"Oğlum bir süredir size geliyor. Düzelmeye başladığını görmek elbette beni memnun ediyor ancak bu hale nasıl geldiğine inanamıyorum. Çok güvenirdim ona. Ailemizin temel direğiydi. Evimiz başımıza yıkılmış gibi hissettim."

Araya girip herkesin zaman zaman pes etmeye ya da tükenmeye ihtiyacı olduğuna dair bir şeyler geveledim.

"Tükenmeye ihtiyacı olmak mı? İnsan neden buna ihtiyaç duyar ki? Saçma geldi bana!" dedi.

"Evet, ağaçların budanması gibi düşünün. Ya da zararlı otları temizlemek isterken bazen faydalı olanları da keseriz ama günün sonunda köklerimiz sağlamdır ve tekrar, daha da zenginleşerek büyürüz," dedim.

Tuhaf tuhaf baktı yüzüme. Ah benim bazı meseleleri soyut ya da şiirsel anlatma ihtiyacım... "Herkeste kullanma bunu," dedim kendime. "Somut konuş. Anlaşılacağına emin olduktan sonra konuş."

"Evet, tükenmiş çünkü. Üzerindeki baskılar artık onu mutsuz bir insan yapmış. Üzgün ve endişeli. Nasıl devam edeceğini bilmiyor. Mesele bu," dedim.

Yine anlamsız bakmaya başladı Tülin Hanım. Yine mi soyut konuşmuştum? Mutsuzluk başka türlü nasıl anlatılırdı ki? Anlatmamaya karar verdim. "Madem gelmek istedi o bize anlatsın," diye düşündüm. Koltuğuma rahatça yaslandım.

"Peki, sizce oğlunuza neler oluyor?" dedim.

"Çok güzel bir hayatı vardı. Çok saygın bir mesleği, harika bir nişanlısı… İyi bir ailesi… Bir insan başka ne ister ki? Ben bu aileyi bir arada tutmak için çok çabaladım. Üç çocuğa yalnız başıma bakmak zorunda kaldığımda çok gençtim. Babasının yokluğunu aratmadığı için onunla hep gurur duydum. Onu babasının yerine koyduk. İki kızım da ben de onun her dediğini yaptık. Selim'in kararlarını hep en doğrusu olarak bildik. Biz ona bu kadar değer verirken Selim birden hayatını mahvetmeye başladı. Yaşadığım kâbusları ve çıkmazları anlamanız çok zor. Gözünüzün önünde çocuğunuz erimeye başlıyor ve siz hiçbir şey yapamıyorsunuz. Nasıl zordur bu bir bilseniz… Çocuğunuz var mı sizin?" dedi.

Evliliğinde sorun yaşayanlar, "Siz evli misiniz?" diye sorarlar, anne-babalar, "Çocuğunuz var mı?" derler, sevgilisinden ayrılanlar, "Siz hiç böyle sevdiniz mi?" diye ısrar ederler, iş güvencesi olmayanlar, "Ama sizin böyle garanti bir mesleğiniz var," derler, yakını ölenler, "Siz hiç yakınınızı kaybettiniz mi?" diye sitem ederler, erkekler, "Siz erkek olmak ne demek bilemezsiniz," derler, kadınlar, "Siz psikiyatrist olduğunuz için bu tuzaklara düşmezsiniz zaten," derler.

Hiç şaşırmazdım bu cümlelere çünkü bunlar ilk seansların güvenlik ve teminat arayan sorularıydı. Çok doğaldı. Herkes yaşadığını yaşayana yakın hisseder kendini ama iyileşmeyi sağlayanlar aynılarını deneyimlemiş olanlar değil, nasıl iyileşileceğini bilen kişilerdir. Empati yetmez, ilişki kurabilmeye teknik veriler, kuramsal bilgiler ve kuramı uygulamaya dökebilmiş beceriler eşlik etmelidir. Bizi iyi arkadaşlardan, anlayışlı komşulardan ayıran budur. Ehliyetim de benim teminatımdı.

Tülin Hanım'ın cevap vermeme fırsat bırakmadan odaya fırlattığı cümle tüm odağımızı değiştirdi. Odaya bomba atsa da olurdu. Seans boyunca onun hayatından yakınmalarını dinlemişken... Ara ara göz göze geldiğimiz Selim tamamen dışarıdaki manzarayı seyretmeye koyulmuşken...

"Babası intihar ettiğinde ben Selim'e tutundum. Onunla ayakta kaldım. Şimdi o yıkılırsa ben ne yaparım?"

Çiko'nun ela gözlerine bakakaldım. Bana bakmaması anlamını değiştirmiyordu. O gözlerin ıslandığını fark ettim. Ona baktığım için utandım. O da bana bakamadığı için utandı. Oysa ne gerek vardı bu kadar utanca? İnsanlar sır saklamaya muhtaçtı. İnsanlar sırlarıyla, sandıklarıyla, tavan arasında sakladıklarıyla insandı.

Annesini bireysel terapi alması için ikna etmeye çalıştığım birkaç cümleden sonra seansımız bitmişti.

Suçluluk duyma sırası bana gelmişti. Selim babasının intiharını neden bir kalp krizi olarak anlatmıştı bana? Onun kapanmasına veya bundan utanmasına sebep olacak bir duruşum olmuş muydu?

Son seans olmasının verdiği rahatlıkla ofisten çıkıp genelde tek başıma gittiğim, müdavimi olduğum bir kafenin her zaman tercih ettiğim masasına oturdum ve düşünmeye başladım. Bunda benim payım var mıydı? Nerede, nasıl bir ipucunu atlamıştım bu olayda? Bazen kendimi cinayeti aydınlatamamış ve yanlış hedefe kilitlenmiş bir dedektif gibi hissediyordum bazen de, "Böyle bir mesleğin getirdiği bunca sorumluluğu neden aldım?" diye kendime kızıyordum. Neden daha rahat edeceğim bir meslek seçmemiştim ki? Neden uykularıma karışmayacak, akşamlarımı bölmeyecek, işi işte bırakabileceğim alanlara kaymamıştım? "On yedi yıl," dedim kendime. "Meslekte on yedi yıl geçirdikten sonra kendine söyleyeceğin en iyi şeyler bunlar mı?" "Hayır," dedim gelen sese, "bunca zaman seni en çok kendin gibi hissettiren, iş yaptığını değil yaşamlara hayat kattığını düşündüren, bazen hobi olarak yaptığın halde yaşamını kazandıran, âşık olduğun meslek olduğu için yapıyorsun bu işi." Benimle ilgili olmadığını anladım bir süre sonra. Selim utanç duyduğunu saklamaya olan ezberiyle böyle yapmıştı. Ona olan şefkatim artmıştı ancak fazla duygu yükleyerek ona zarar veren annesi gibi yapmamak için sağduyumu takındım. Bir sonraki seansımız için hazırdım.

"Biliyor musun," diye söze başladı, "geçen haftadan beri üzerimdeki tüm ağırlıkların kalktığını hissediyorum. Seansın ertesi günü hastaneye gittim ve Gizem'le ayrıldığımızı açıkladım. Gizem'e de babamın aslında kalp krizinden ölmediğini, intihar ettiğini söyledim. Her şeyi kendi suçummuş gibi yaşamaktan sıkıldım. Her şeyi düzeltemem. Yapamam. Olmuyor işte. Her şeyin bittiği noktaya ulaşayım ve en korktuğum şey ne ise onu yaşayayım. Bitsin artık içimdeki kaos. Ne olacaksa olsun."

"Öyleyse bu hafta kendince en çok korktuklarını yaşadın... Hepimizle yüzleştin sonunda. Kendinle de... Korktuğun gibi mi oldu?" dedim.

Hayır, hiçbir gerçek, kendi senaryolarımız kadar yaratıcı olamazdı. Zihnimizde ürettiğimiz felaketler nadiren gerçekleşirdi. Gerçekleştiğinde ise biz nadiren zihnimizde ürettiğimiz miktarda endişe ve korku yaşardık. Gerçeğin bu kadar büyük bir becerisi yoktu. Bu yüzden endişeli kişilikler gerçek yaşamda karşılaştıkları olaylarda kendilerinden hiç beklemedikleri kadar sakin, çözüm odaklı ve sağduyulu olabiliyorlardı.

"Korktuğum gibi olmadı," dedi, "ancak ben her şeyden nasıl utandığımla yüzleştim. Babam intihar ettiğinde Konya'da yaşıyorduk. Olayı hızlıca örtbas ettik. İstanbul'da temiz bir sayfa açmaya karar verdik. O dönemde görüştüğümüz herkesle bağımızı kopardık. Annem sana anlattığımı sandı muhtemelen. Veya o da böyle bir aile sırrından yorulmuş olmalı ki söylemek istedi, bilmiyorum. Seanstan sonra bunun hakkında hiç konuşmadık."

İlişkilerle ilgili sorunlarla başladığımız seanslar nerelere gelmişti... Anlattıkça anlattı Selim. Kelimeleri ağzından zorla çektiğim adam susamayan birine dönüşmüştü.

Babasının, sebebi bir türlü açıklanamayan bir hastalığı vardı. Zamanla yetilerini kaybediyordu. Hastanede ameliyat yapamaz hale geldikten sonra erken emekliliğini istemişti. İntiharına kadar da evde kendini hayattan emekli etmiş; öz bakımını bırakmış, etrafla bağını koparmıştı.

"İş başa düşmüştü. Annem ve iki kız kardeşim çok endişeliydi.

Erkek olmam bana olayları kontrol etmem gerektiğini söylüyordu. Tuhaf bir biçimde bundan çok mutlu olmuştum. Babam hastalanmadan önce annem beni hiç görmezdi. Kendini kızlarına adamıştı. 'Onlar kız çocuğu bensiz yapamazlar, sen erkeksin tek başına her şeyin üstesinden gelirsin,' diyordu. Ağlamayı da okulda başarısız olmayı da korkmayı da yasaklamıştım kendime. Bildiğim tek duygu endişeydi. Onu da sessizce yaşıyordum. Okulda ya da evde öfkelendiğimde, kavga ettiğimde daha bir erkek gibi hissediyordum. Aile bana emanet gibiydi. Kendimle gurur duyuyordum. Babam intihar ettiğinde içimde üzüntü aramıştım ama bulamamıştım. Sadece aşırı derecede suçluluk hissediyordum. Onu ben öldürmüşüm gibi hissediyordum. Onun yarattığı bir aileye, bir tahta sahip olmuş; hazıra konmuş olmaktan ötürü utanıyordum kendimden. Sonra kendimi sakinleştiriyordum. Annemi ve kız kardeşlerimi çok seviyordum. Elbette böyle davranacaktım. Sevmek bunu gerektirirdi."

"Başkalarını çok sevmekle meşgul olan herkes gibi sen de kendini sevmeyi, kendine de değer vermeyi unuttun doğal olarak," dedim.

"Öyle olmuş. İnsan nasıl sever kendini? Nasıl değerli hisseder? Bunu nasıl anlarız?" dedi.

Ah! En zor soru. En dolaylı en cevapsız... Öyle çetrefilli bir yoldur ki bu... Eğer bu, ebeveynleriniz tarafından size aşılanmamışsa ve bir gün bu soruyla baş başa kalıp cevabı aramışsanız karşınızda büyük bir felsefi sorun vardır. Yeni bir bakış açısı, başka bir dünya algısı, zorlu bir yolculuk sizi bekliyordur. En umut verici tarafı, zamanla kavrayıp geliştirdiğiniz anlama ve sevme biçiminin, size kendinizi sevmeyi de öğretmesidir. Bu yolculuğa kalpten ve bilimsel olarak inanıyordum.

Kendini çocukluğunda "en çok ne zaman ve nasıl değerli hissettiğini" sordum. Referansımız olabilirdi o anlar. Amacım geçmiş hikâyeleri hakkında rahatça ve uzun uzun düşünmesini sağlamaktı. Bu vakitlerde genelde annesinin veya babasının kendini özel ve biricik hissettirdiği zamanları hatırlardı kişiler. Bunun nasıl bir his olduğunu konuşurduk. Bazen benim de beklemediğim yerlerden gelirdi yanıt. Buna endişelenmezdim. Mevcut kördüğümlerimiz için anahtarı bulmuş gibi oraya daha çok yönelirdim.

"Annem ve babam hep ayrı yataklarda yatardı. Cinselliği anladığım yaşlarıma kadar bu hiç ilgimi çekmemişti ama değerli hissettiğim zamanı sorduğun için şimdi düşünüyorum. Çocukken geceleri çok korkardım. Kâbuslar görürdüm. Oysa kocaman bir adam olduğumu zannediyordum. On iki yaşıma kadar devam etti bu korkularım. Bu anlarda anneme sığınırdım. Bana yatağında yer açardı. Sakince uykuya dalardım. Sabaha karşı uyandığımda kendimden utanır, yatağıma kaçardım. Ama beni yatağında korumaya alan annemin bana çok değer verdiğini hissederdim. Babamdan ayrı yatan annemin yatağı çok özel ve dokunulmaz gelirdi. Oraya kabul edildiğimde çok değerli hissederdim."

Annesi tarafından başka ne zaman değerli hissettirildiği zamanları düşündük birlikte. Bulamadı.

"Gündüz çok endişeli olurdu. Hep çok mutsuzdu. Kızların okuldan ne zaman geleceğini takip ederdi. Babamın hastalığıyla ilgili bana dert yanardı. Onun sırdaşı olmaktan mutluluk duyardım."

"Çok yapışmış" bir anne. "Yok" baba. Sevmeyi nasıl öğrenmişti

Selim? Erkek olmayı, insan olmayı el yordamıyla bulmaya çalışırken nasıl kazalara kurban gitmişti?

"Derken lisede bir kıza âşık oldum. Ona neden âşık oldum biliyor musun? Sırrımı paylaşabildiğim tek insandı. Lise dönemi İstanbul'a yerleştiğimiz zamanlara denk geliyor. Çok içekapanık biriydim. Hiç arkadaşım yoktu. Ela bir gün yanıma geldi. 'Bu kadar yalnız takılmaktan sıkılmıyor musun?' dedi. Önce soğuk davrandım. Ela konuşmam konusunda ısrarcıydı. Babamın intihar ettiğine dair sırrımızı ilk kez ona verdim. Çok olgun karşıladı. 'Bu senin suçun değil,' dedi. Öyle rahatlamıştım ki... Sevgi bu olmalıydı. Beni başka arkadaşlarıyla tanıştırdı, bu yabancı şehre yakınlaştırdı. Sevmek başka ne olabilirdi?"

Sevmek hakkında ilk kez düşünen biri gibiydi.

"Bir gün onu dudaklarından öptüm. Sevgimi bildirmek istedim, aslında sadece dudağına dokundum."

Sustu. Yine o sessizliği gelmişti Selim'in. Belli ki utandığı bir olayı anlatacaktı.

"O gün onu kaybettim," dedi. "Bir daha yanıma hiç yaklaşmadı. Lise hayatımız boyunca utandım. Arkadaşlarımı dinliyordum. Öpmenin ötesinde yaşadıkları cinsel deneyimleri anlatıyorlardı. O zaman yaptığımda bir yanlış olmadığını düşünüyordum ama sonra başka bir kızla yakınlaşmak söz konusu olduğunda kaçıyordum."

"Sonra da sevginin olduğu yerlerde cinselliğin yasak olduğu düşüncesini geliştirdin kendinde," dedim.

Anne-baba arasında olan sevgi hikâyesinin bir çocuk üzerinde sanıldığından büyük rolü vardır. Anne-baba, sevgi ve cinsellik ilişkisini nasıl yaşıyorsa çocuk kendine buradan bir öğreti çıkarır.

Selim'in annesi, cinsel olarak babasından ayrılmıştı belli ki. Anlattığı hikâyeye bakılacak olursa babasının hastalığından önce olmuştu bu. Her fırsatta eşini sevdiğinden bahseden bir annesi vardı bir yandan da. Seviyorsa öyledir ama çocuğun gözünde birbiriyle hiçbir teması olmayan bir çift vardı. Korktuğu gecelerde kendisi için yasak olan birinde sevgi buluyordu. Ama korkusu olmadığında yakınlaşabildiği "güvenli liman anne" ortada yoktu. Sevmenin cinsellikten ayrı tutulması gerektiğine dair inancının çekirdekleri ilk kez böyle yerleşmişti belli ki. Üstelik ona biçilen bir rol vardı: Erken erkek olmak. Çocukluğunu yaşamadan önce erkek gibi davranmayı öğrenmek. Sonra sevdiği ilk kişi olan Ela'da sevmeyi henüz öğrenirken yaşadığı reddedilme. Ela'nın yok edici tepkisi. Onu herkesin içinde fark eden, sırrını paylaştığı tek kişiyi bir öpücük yüzünden kaybetmişti. Cinsellik kabul ettiği öpücük, onu hayatındaki en değerli kişiden ayırmıştı. Sevmek ve cinsellik aynı kişide nasıl var olabilirdi artık?

Tespitler güzeldir. Hem terapist hem de hasta için büyük bir kılavuz ve yol haritası olur. Ancak bütün iş sonrasında başlar. Hatta sorunu tespit etmek işin en kolay kısmıdır. Teorik açılımlar bize nerede sorun olduğunu işaret eder. Aylarımızı alsa bile bu, bilindik ve güvenli yoldur. Asıl çalkantılar, değişime dirençler, her şeye rağmen orada kalabilmek, umudu yitirmemek, cesaretle yolun sonundaki, tünelin ucundaki ışığı görmek terapiste büyük görevler yükler. Bazen yılgınlık hissederiz ama çoğu zaman iyileşmeye olan umut galip gelir. Bunu nasıl başardığımıza bazen ben de şaşırıyorum. Teorilerin bize söylediklerinden daha fazlasına inanmakla ilgili olabilir. Psikiyatriyi seçme konusunda kararsız olan ve fikrimi soran meslektaşlarıma şunları söylerken buluyorum kendimi: "Şaşkın olduğunuzda sizi iyi şeyler olacağına dair kör bir inanca götüren o tuhaf dürtüye sahip misiniz? Etrafınızda size her söylenenin doğru olduğuna inanan saf bir romantik olduğunuzu söylüyorlar mı? Herkes pes etse bile siz umut etmeye büyük bir tutkuyla bağlanabiliyor musunuz? Bunlara sahipseniz hiç düşünmeyin, insan yaşamlarına dair teorik bilgileri zaten size ihtisas sürecinde öğretecekler. Ama yılmamak ve insana inanmak size düşecek."

Her acıyı geçiremeyiz ama acının kaynağını bulup onunla baş etmeye çalışabiliriz. Umutla ve bıkmadan... Her çıkmaza yol açamayız ama yolu tıkayan bariyerleri yıkmaya ya da onların üstünden atlamaya çalışırız. Can acısına katlanmayı öğreniriz birlikte. Hayatı öğreniriz. Neşe dolu olmasını umduğumuz bir yaşamda acıyı meşru kılarız. Acıdan öğreniriz. Korkmayız. Birlikte her duyguya göğüs gereriz. Gülün dikenlerini ayıklamayız. Güle, dikenine rağmen sarılan ruhu anlarız. Gülü sevmeyi öğreniriz hâlâ koklamak istiyorsak. Ölüme, özgürlüğe, sorumluluğa ve yalnızlığa rağmen var olmayı öğreniriz. Anlam ararız birlikte.

Selim'le yılmadan aylarca çalıştık. Babasının tutulmamış yası üzerine çalıştık. Annesine karşı sorumluluk hissedip onun sevgisini kazanmak uğruna erken büyümek zorunda kalmış adamın çocukluğunu dinledik, kavradık, keşfettik, anladık. Anneden ayrı bir birey olan Selim'in erkek olma yolculuğunda kendini buluşunu izledik.

Tüm bu yolculuk için gerekli olan aylara hatta bir yılı aşkın zamana izin verdiği için onun zekâsına çok saygı duyduğumu itiraf etmeliyim. Yaşamı boyunca yıpratılmış olanı onarmaya bu zamanı verdiğinden onu takdir ediyordum.

Sanırım on üç ay sonraydı. Seansa hevesle geldi Selim.

"Bir sonraki seansa birini getireceğim, tanışman için..." dedi. Onun adına çok heyecanlanmıştım.

"Nihayet çok rahat ve huzurlu hissediyorum. Hem çok sevdiğim hem de arzuyla seviştiğim bir kadınla tanışacaksın," dedi.

O akşam ofisimden kelebek kanatlarımla uçarak çıkmıştım. Ayrıca sevgilimle buluşacaktım. Kanatları takan Selim'di, kelebeklerin karnımda uçuşmasını sağlayansa "o adam"dı. İşim ve aşkım. Sevdiğim ikili.

Gözlerim parlıyordu. Buluştuğumuz anda yüzüne kararlı bir şekilde baktım. Dedim ki: "Siz erkekler sevdiğiniz kadınla sevişebildiğiniz kadın aynı kişi olduğunda ne yaşıyorsunuz tam olarak?"

Önce şaşırdı. Sonra o hayran olduğum kıvrak zekâsıyla bana ulaştı.

"Bunun hayatın sunduğu bir hediye olduğunu düşünüyoruz. Ama hayatın bir hediyesi. Doğum günlerimizde verilen gelişigüzel hediyelerden değil. Var olmayı başardığımız için verilen fırsat gibi bir hediye."

Kadın merakım doymak bilmiyordu. Karnı aç olduğu zaman genelde yemeğin gelmesini beklerdim. Bu kez şansımı zorladım. Onunla en güzel yanımız birbirimize olan sabrımızdı, buna güvenirdim. "Çok şiirsel bir açıklama. Tam benlik biliyorsun ama bu kadar mı?" dedim. "Hediye miyiz sadece?"

"Bir köke sahip olmak gibi..." dedi. "Tamamlanmak. Bir bütün gibi hissetmek. Eksik kalan bir erkeklik varsa onu onarmak gibi bir şey. Sevmek ve sevişmek aynı anlamı içeriyor böyle olduğunda. Farklı değerlerde değiller."

Yemekler gelmişti. Biraz daha ileri gitmek istedim. Cevap vermeyip oyunuma eşlik etmese de alınmazdım. Beni bilirdi. Buna güveniyordum.

"İlk lokmadan önce söyleyeceğin son bir söz var mı?" diye durdurdum onu. Ardından, "Sabrını deniyorum galiba," diye sözlerimi sonlandırdım utanarak.

"Son akşam yemeğimiz olmayacak. Sen hep dersin ya... Hiçbir şeyi son akşam yemeğinizmiş gibi yaşamayın."

Ne demek istediğini anlamıştım. İçimde ılık rüzgârlar esmişti. Ne donduran bir soğuk ne de kavuran bir sıcak... Sadece ılık. Hoşnutluk ve minnet. Güle neden sarıldığımı anlatıyordu. Bu adama bu yüzden bayılıyordum.

Ertesi hafta Selim seansa misafiriyle geldi. "Ne güzel bir kadın," diye düşündüm. Güzelliği tamamen özgüveninden geliyordu. Odaya girişi, kendine bir yer seçişi, her gün oturduğu koltuğa oturmuş gibi duruşu, her gün gördüğü insanları selamlayışı gibi tanıdıklığı, en özel sırların emanet edildiği biri gibi güven veren bakışları... Gelişigüzel toplanmış saçları, nöbet ertesi olduğunu belirtmesi, rahat kıyafetleri... Selim onu tanıtmadan kim olduğunu anlamıştım. Pek çok seansta hakkında konuştuğumuz kadın. Bence, Gizem. Yine de kumar oynamadım bu kez.

"Bizi tanıştırmak istersin belki," diyerek Selim'e döndüm.

"Yapma Bahar," dedi. "Anladığına eminim. 'O kadın' bu işte. Biliyorsun adını. Elbette o."

Üçümüz birbirimize baktık.

Gizem'in yüz ifadesindeki tatlı gururu görüyordum. Hangimiz "o kadın" olmayı istemezdik ki?

"Gizem," dedim. Yine de bir süre usulca bekledim. İkisi de büyük bir kahkaha attı.

"Riske girmeyi seviyorsun Doktor," dedi Selim. Dalga geçilmesi hiç bu kadar hoşuma gitmemişti doğrusu.

Şimdi düşünüyorum da seanslarda böyle risklere girmesem iyi olacak. Ya Gizem olmasaydı gelen kadın? Ah benim o romantik ve ufak ufak filizlenmiş inançlarım... O riskleri alabilen çocuksu inanışlarım... Kaçak veriyordu bazen böyle ama onları törpülememeye kararlıydım galiba. Beni o kadının Gizem olduğuna inandıran şey her neyse mesleğime de bu kadar tutunmama sebep olan o saf ve katıksız inancımın da o olduğuna karar verdim. Cesaret gibi geliyordu bunlar bana. Bedelini ödemeye hazırdım. El değmemiş toprakları canlandırmayı seviyordum. Olasılıklar sonsuzdu. Umudun bitmekte olduğu yerlerde tutunacak dalı o inancımda buluyordum. Umut ve hayal etmek tükenecek şeyler değildi benim gözümde. O kadının Gizem olduğuna dair inancım şuradan kaynaklanıyordu: Birbirini dost olarak görmeye çalışan iki insan vardı karşımda; birlikte eğlenen, günün getirdiklerini paylaşabilen, birbirini eleştirmeyen, diğerinin zaaflarını aşağılamayan, konuşabilen, sorunlarda kendine pay çıkarabilen...

Gizem kendini seansta anlatırken ilişkilerine ait detayları çok içten bir şekilde sunmuştu bize: "Selim'i sevdiğime emindim ama onu ne kadar anladığımı kaybettiğimde idrak ettim. Zamanın bize sunması gerekenin evlilik olduğuna inanmıştım. Bu kendi yetiştiriliş biçimimden kaynaklanıyor bence. Aramızda olanlara odaklanmak yerine yaşanacaklara fazlasıyla şartlandım. Karakterime dair beni en ufak şekilde yargılamayan, sahip olduğum her özelliği kabul eden bir adam vardı karşımda sonuçta. Cinsel hayatımızın gerilemesinden anlam çıkaramadım. Belki bu kendi deneyimsizliğimle ilgilidir ama onun gittikçe mutsuzlaşan gözlerini göremedim. Selim bir şeye üzüldüğünde içine kapanırdı. Aynı babam gibi... Belki bu yüzden seçmiştim onu... Belki bu yüzden sonra reddettim... Kabullenemedim onun hüzünlü olduğu zamanlarını. Öfkeleniyordum sadece. Hırçınlaşırsam onu elde edeceğimi sanıyordum. Evet, sözde şiddet uygulamıyordum, annem gibi bağırıp çağırmıyordum ama ben de o tekrar güçlenene kadar kendimi geri çekiyordum. Beni cinsel olarak aldattığını öğrendiğimde yıkıldım. Bunu onardığımı söyleyemem ama sanırım ikimiz de acemi iki çocuktuk. Belki birlikte büyürüz... Belki de yolların bize göstereceklerine bakarız... Ama sanırım artık ikimiz de tamamen özgürüz. Özgür kaldığımız duygularla artık birbirimizle olmaya karar vereceğiz. Selim'i suçladığım zamanlar çok oldu. Kendimi de... Onu duymadığım zamanlara kafa yorarken kendi hakkımda da epey düşündüm. Güçlü ve her şeye hakim bir erkek arıyormuşum. Yenilmeyen, yıkılmayan... Babasının intiharını benden sakladığını öğrendiğimde kendimi de sorguladım. Bu sırra tutunmak elbette onun karakteriyle ilgiliydi ama bunu neden benden saklamıştı? Ben Selim'e büyük güçler yükledim. Gözümde yenilmez bir adam olmaya çalıştığını fark edemedim. Kendi terapi sürecim bana gösterene dek... Ben onun gözlerini hep Çiko'nun gözlerine benzetirim oysa. Size de öyle geldi mi hiç? Kendi yargılarımızı bir kenara bırakabilirsek çok şey söylediğini görebiliriz."

İkimiz de Selim'e baktık. Selim bu kez manzaraya bakmak yerine ikimizin de gözlerine bakıyordu.

Evet o gözler çok şey söylüyordu: "Beni anla. Benimle olduğunda kaygı duyma. Bana güven. Beklemeye güven. Sana tutunmama izin ver. Her şeyimle buradayım; hatalı, eksik ama buradayım. Gör beni. Sırlarıma izin veremeyecek kadar açık olsun sana kalbim. Beni yargılama. Doğruyu gösterirken eğrime kızma. Aşka, sevdalanmama izin ver."

Belki cinsel aldatmaları nedeniyle sonrasında Selim'den vazgeçerdi Gizem. Ya da tam tersi olurdu... Bunun bilimsel bir yönü yoktur. Hepsi kişisel kararlardır. Önemli olan tüm yaşananların; kişiyi kendi üzerinde yeterince düşünmeye sevk etmesi, olayların üzerindeki kendi etkilerini görmesine ve kararlarını kendi özlerinden çıkaracak şekilde verebilmesine yol açmasıdır.

Kaygılarının, toplumun, ailesinin sesine kapılmadan... Sakince... Tadına vararak her lokmanın...

Sevgilimin bana hatırlattığı cümlem yankılandı zihnimde: "Hiçbir şeyi son akşam yemeğinizmiş gibi yaşamayın."

İçim tekrarladı: "Kaygı yok. Bekle. İzin ver. Anla. Güven. Şiddet yoksa, emek varsa sevgi vardır. Bu, her şeye değer."

-SON-

PSİKOLOJİ KİTAPLIĞI

küsurat
yayınları